상승장과 하락장에서
모두 수익을 올리는

알트코인
투자

상승장과 하락장에서 모두 수익을 올리는
알트코인 투자

1판 1쇄 펴낸 날 2025년 5월 2일

지은이 조동현(디파이 농부 조선생), 언디파인드랩스

펴낸이 유지은

펴낸 곳 옐로우바스켓

책임편집 유지은

디자인 BIG WAVE

팩스 02-6020-8533

전자우편 yellowbasket1010@naver.com(출간 문의)

ISBN 979-11-990298-4-2(13320)

상승장과 하락장에서
모두 수익을 올리는

알트코인
투자

조동현(디파이 농부 조선생), 언디파인드랩스 지음

옐로우바스켓

당신의 알트코인 투자 성공을 위한
객관적이고도 올바른 길잡이

우리는 블록체인 시장을 바라볼 때 종종 한 가지 의문과 마주한다. 바로 '이 시장은 단순한 투기의 장인가, 아니면 투자할 가치가 있는 자산인가?'라는 점이다.

이 질문에 대한 답은 시장 그 자체가 아니라, 우리가 시장을 이해하는 방식에 달려 있다. 기술을 모른 채 무작정 뛰어든다면 블록체인은 투기의 장이 될 것이다. 하지만 블록체인이 해결하려는 문제와 경제 구조를 이해한다면, 그것은 투자가 된다.

사실 이는 블록체인만의 이야기가 아니다. 모든 자산 시장이 동일한 과정을 거쳤다. 1970년대까지만 해도 대중은 주식을 '투기꾼들의 도박장'이라 여겼다. 그러나 시간이 지나면서 기술 발전과 기업의 성장 가능성이 주목받으며 주식은 '투자가치가 있는 자산'으로 자리 잡았다. 역시나 블록체인도 같은 길을 걷고 있다.

그렇다면 우리는 블록체인을 어떻게 바라봐야 할까? 그 속에서 어떻게 올바른 투자 기회를 포착해야 할까? 이 질문에 대한 해답을 찾기 위해서는 블록체인과 내러티브Narrative, 일련의 사건이 가지는 서사성를 이해하는 것이 중요하다.

블록체인과 내러티브: 시장을 움직이는 힘

투자의 본질은 내러티브이다. 우리는 종종 가치투자의 대명사로 워렌 버핏Warren Buffett을, 거시경제 투자의 거장으로 스탠리 드러켄밀러Stanley Druckenmiller를 떠올린다. 이 두 사람이 각기 다른 투자 방식을 가졌음에도 공통적으로 지닌 강점이 있다. 그들은 숫자가 아니라, 인류의 역사와 금융의 내러티브를 읽을 줄 알았다.

크립토 시장 역시 역사적 내러티브의 연장선상에 있다. 비트코인은 기존 금융 시스템의 한계를 극복하고자 '신뢰Trust의 보편화'를 이루었으며, 이후 등장한 알트코인들은 비트코인이 해결하지 못한 영역을 채우며 새로운 시장을 만들어 나갔다. 그러나 여기서 중요한 질문을 해야 한다.

우리는 진짜 내러티브와 가짜 내러티브를 구분할 수 있는가?

과거의 금융 시장을 되돌아보면, 단순한 기대감에 의존한 내러티브는
결국 본질적 가치를 갖추지 못한 채 사라졌다. 반면, 실질적인 기술적
혁신과 함께한 내러티브는 시간이 지나며 시장을 바꾸고 새로운 기회를
만들어 냈다.

이 책은 바로 그 점을 다룬다. 2020년부터 2024년까지 블록체인에서
벌어진 주요 기술 변화와 내러티브의 전환을 살펴보고, 투자자가 이 시
장을 어떻게 이해해야 하는지를 깊이 탐구한다. 이 책은 크게 두 가지
흐름으로 구성된다.

파트1에서는 블록체인의 탄생과 발전 과정, 탈 중앙화 금융 DeFi의 등
장과 그 의미를 다룬다. 비트코인이 처음 등장한 배경과 금융 시스템의
신뢰 문제, 이더리움과 스마트 컨트랙트가 만들어낸 금융 혁신, 그리고
그 연장선에서 태어난 디파이 DeFi의 개념을 설명한다.

디파이는 단순한 투기적 거래가 아니라, 탈 중앙화 금융 시스템을 통

해 새로운 형태의 자산 운용과 수익 창출이 가능하게 만들었다. 디파이의 핵심 기술인 AMM(자동화된 시장 메이커), 오라클, 자산 토큰화, 리퀴드 스테이킹과 LSD(리퀴드 스테이킹 파생상품)의 등장과 발전 과정을 살펴본다.

그러나 디파이는 완벽한 금융 시스템이 아니다. 유동성 채굴 모델, 리스테이킹, 스테이블코인의 활용 등에서 나타난 문제점들도 있다. 우리는 이 기술이 단순한 거품인지, 지속 가능한 금융 시스템이 될 수 있는지를 고민해야 한다.

파트2에서는 크립토 시장의 내러티브가 어떻게 변화해 왔는지 살펴보고, 향후 시장에서 주목해야 할 새로운 흐름을 분석한다. USDT와 스테이블코인이 크립토 시장에서 차지하는 역할, 계정 추상화Account Abstraction와 인텐트Intent 기술이 금융 UX에 미칠 영향, 비탈릭 부테린이 제안한 새로운 기술인 EIP-7702와 같은 최신 혁신을 다룬다.

특히, 비트코인 인스크립션Ordinals과 BRC-20 토큰의 등장, BTCFi(비트코인 디파이)의 성장과 바빌론 체인의 등장, 비트코인의 확장성과 롤업Rollups, BitVM, UTXO 클라이언트 검증과 같은 주제들은 향후 크립토 시장에서 중요한 흐름이 될 것이다.

비트코인은 과거 단순한 가치 저장 수단으로 여겨졌지만, 룬Runes 프로토콜과 같은 기술을 통해 보다 적극적인 활용이 가능해지고 있다. 크립토 시장이 단순한 가격 변동성을 넘어 실제 금융 시스템으로 자리 잡을 수 있을지 고민해야 한다. 또한, 크립토 시장의 거시경제적 위치를 분석하고 2024년 이후 크립토 시장에서 투자자들이 주목해야 할 기회를 탐색한다.

우리는 왜 이 책을 썼는가

이 책은 언디파인드랩스 조동현(디파이 농부 조선생)과 모종우, 김성리, 김동환이 함께 집필했다. 우리는 2020년부터 2024년까지 블록체인 시장에서 벌어진 주요 변화를 직접 경험했고, 이를 체계적으로 정리하여 투자자와 연구자들에게 도움이 되고자 했다.

이 책은 단순한 개념서가 아니다. 실제 블록체인 시장에서 벌어진 사건들과 내러티브의 흐름을 분석하고, 이를 통해 투자자들이 스스로 올바른 판단을 내릴 수 있도록 돕는 것이 목표다. "투자는 내러티브다."라는 말처럼, 크립토 시장에서 성공하는 투자자는 단순히 숫자를 분석하는 것이 아니라 기술의 발전과 시장의 흐름을 읽을 줄 알아야 한다.

성공한 프로젝트를 면밀히 살펴보면 단순히 토큰의 가치를 높이려고 하기보다 블록체인 기술을 통해서 이루려는 비전과 목표, 그리고 방향성을 진지하게 고민한다. 이 과정에서 내러티브가 형성된다. 다시 말해서 내러티브에 대한 진지한 고민이 없다면 알트코인 투자에 있어 성공은 무척 어렵다. 이 책을 통해서 독자는 내러티브를 선점할 수 있다. 내러티브를 선점한다는 것은 투자의 관점에서 좋은 자산을 선점한다는 의미와 일맥상통한다.

우리는 이 책을 통해 블록체인의 본질과 내러티브를 탐구하며, 크립토 시장에서 올바른 투자 기회를 발견할 수 있는 안목을 기르는 데 기여하고자 한다. 이 책이, 블록체인 시장을 단순한 투기가 아닌 새로운 시대의 금융 시스템으로 이해할 수 있는 계기가 되기를 바란다.

대표저자 조동현

CONTENTS

PART 1
투자를 위해 꼭 알아두어야 할 디파이의 모든 것

PART 2
미래 투자 세상을 바꿀
블록체인의 모든 것

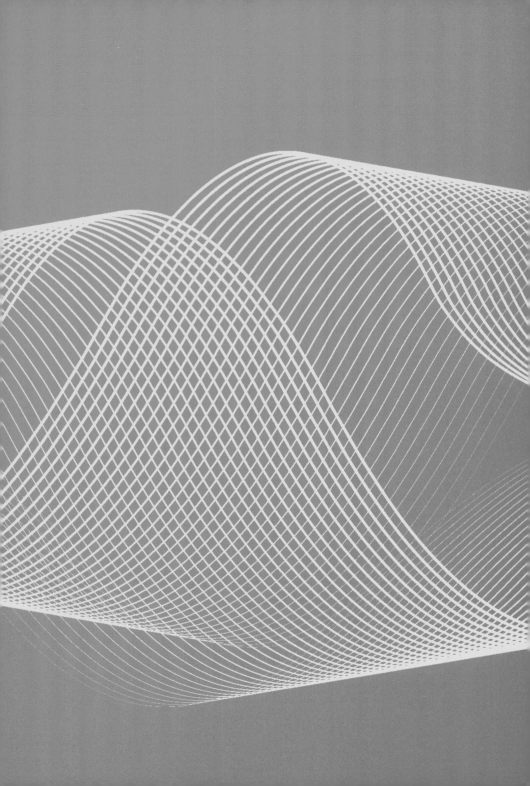

PART 1

투자를 위해
꼭 알아두어야 할
디파이의 모든 것

블록체인은 왜 필요했을까?
그 탄생의 이유

지난 2008년, 세계는 금융위기의 충격에 휩싸였다. 미국에서 형성됐던 거대한 부동산 거품이 급격히 터져버리며 글로벌 실물 경제를 타격했기 때문이다. 부실 채권은 휴지조각이 됐고, 채권을 다루던 월가의 금융 기관들은 도미노처럼 무너져갔다. 세계 금융의 중심인 미국에서 터진 금융위기라니. 물론 하루 아침에 생긴 일은 아니었다. 앞서 1990년대 말 불었던 IT광풍 끝에 닷컴버블이 터지자 미국 연방준비제도FED는 버블의 잔해를 걷어내고 경제를 부양하기 위해 이를 악물었다. 2000년 6.5% 였던 기준금리를 2001년 2%, 2003년에는 1%로 빠르게 낮춰간 것이다. 금리가 낮아지자 너도나도 은행에서 자금을 빌려가기 시작했다. 사람들은 모두 손에 쥔 돈을 불려 줄 수익성 높은 자산을 찾아나섰다. 그 종착지는 부동산이었다. 즉, 닷컴버블이 부동산 버블로 옮겨간 셈이다. 당시 미국 주요 도시들의 주택가격지수는 2000년 1월 대비 단 6년 만에 100에서 200까지 상승했다. 당시 주택 가격 상승률은 물가 상승률의 4배에 달했다.

은행들은 저금리로 조달한 자금을 수익성 있게 운용할 방법을 모색했다. 이때 등장한 것이 바로 '서브프라임 모기지 대출Subprime Mortgage Loan : 비우량주택담보대출'이었다. 미국 은행들은 신용등급이 낮아 이전에는 돈을 빌릴 수 없었던 가계들을 대상으로 주택담보대출을 확대했다. 주택 가격이 계속 오르는 상황에서 서브프라임 모기지 대출 확대는 은행 입장에서 손해보는 장사가 아니었다. 원리금 상환을 못하면 저당 잡힌 주택을 시장에 매각하여 환수하면 되었기 때문이다.

대출 확대만으로는 투자처가 모자랐다. 필요는 발명의 어머니다. 은행들은 여러 주택담보대출을 묶어 부채담보부증권CDO : Collateralized Debt Obligation 등과 같은 파생상품을 만들어 내놓았다. 신용 등급이 엉망인 서브프라임 채권에 금리가 낮은 대출 채권들을 섞어서 CDO를 만들면 신용등급이 올라가는 마법 같은 일이 벌어진다. 신용평가회사들은 CDO 같은 파생금융상품에 높은 신용 등급을 부여했고, 이런 기법들은 채권의 부도 위험을 분산시켜 금융의 안정성을 높이는 묘수로 평가받았다. 파생금융상품의 거래가 증가하면서 금융 기관들의 수수료 수익은 배로 늘어났고, 자본가들과 친자본 언론들은 파생금융상품의 발전을 '혁신적인 금융 기법'이라며 칭송하기 바빴다.

금융인들 입장에서는 매우 큰 호황을 누리게 된 것이다. 학계에서는 기술의 발전 및 중앙은행의 개입과 금융 기법의 발달로 호황과 불황의 순환이 완전히 사라졌다는 '신경제 이론'이 유행을 끌었다. 당시 연준 의장이던 벤 버냉키Ben Bernanke, 1953~는 "지난 20년 동안 경제 지형의 가장 두드러진 특징 하나는 거시경제의 변동성이 상당히 감소한 것이다."라며 안정적 호황을 낙관했다. 많은 주류 경제학자와 정치인이 그의 견해를 받아들였다.

하지만 가난한 사람을 상대로 한 대출 경쟁은 무한정 지속될 수 없었다. 부동산 거품이 커지는 것에 대한 우려가 커지면서 2006년부터 연준이 금리를 올리자 부동산 대출금을 갚지 못하는 사람들이 급증하게 된다. 수많은 주택이 압류와 경매에 넘어갔고, 집값이 하락하기 시작했다. 그 결과, 2007년 미국에서만 무려 200만 명이 집을 잃었다.

150년의 역사를 자랑하던 리먼 브라더스Lehman Brothers Holdings Inc.의 파산 이후, 단 며칠 만에 거의 모든 주요 서방 국가에서 은행들이 파산 위기에 몰렸다. 많은 국가들이 파산 직전까지 몰린 은행들을 구제하기 위해 수천억 달러 규모의 세금을 투입해 국유화 조처를 포함한 구제금융을 진행했다. 국유화 논의가 있을 때마다 사회주의적 발상이라는 비판을 내놓으며 열을 올리던 경제학자들은 입을 다물었다. 막대한 세금이 들어간 구제금융으로 위기의 확산을 막았지만, 월가의 일부 금융맨들은 그 돈으로 성과급 잔치를 벌여 따가운 눈총을 받았다.

상황이 이렇게 되다 보니 보통의 노동자들은 정부와 금융 시스템에 대한 불신을 갖게 되었다. 사람들은 정부가 관리하는 금융 시스템이 안전할 것이라 믿었지만, 현실은 그렇지 않았다. 좋은 수트를 입은 금융인들이 안전하다고 추천했던 금융 상품은 실상 쓰레기나 다름이 없었다. 수많은 사람들이 금융 시스템에 기만당했다고 느꼈다. 결국, 떨어진 시스템의 신뢰는 다른 돌파구에 대한 수요를 증가시켰다.

그 대안은 바로 '어떤 중앙화된 관리 기구 없이, 어떠한 금융 정책에도 구애 받지 않고, 자연발생적으로 문제가 된 금융시스템'을 대체할 수 있는 기술 개발이었다. 익명의 개발자인 '사토시 나카모토Satoshi Nakamoto' 가 비트코인을 떠올리게 된 순간도 이 즈음이었다.

02

블록체인,
금융시스템의 신뢰를 재정의하다

금융에 대한 신뢰는 무너졌다. 한 번 무너진 신뢰를 회복하기 위해서는 오랜 시간이 걸리지만, 대체할 수 있는 체계가 없기에 불신하면서도 어쩔 수 없이 기존의 시스템에 의존할 수밖에 없는 현실이었다.

이때 등장한 사토시 나카모토는 P2P 전자화폐 시스템에 대한 논문을 발표하고, 당시 암호기술을 이용해 기존의 중앙집권화된 국가와 기업구조에 저항하려는 사회운동가들에게 참여를 독려했다. 이렇게 사토시 나카모토가 발표한 논문을 근간으로 블록체인 기술을 기반으로 한 '비트코인BTC'이 탄생하게 되었다.

블록체인 기술은 중앙화된 기관의 통제 없이 사람 간의 거래를 검증하고 영구적으로 추적할 수 있는 시스템이다. 현재 우리가 사용하는 금

Bitcoin: A Peer-to-Peer Electronic Cash System

Satoshi Nakamoto
satoshin@gmx.com
www.bitcoin.org

Abstract. A purely peer-to-peer version of electronic cash would allow online payments to be sent directly from one party to another without going through a financial institution. Digital signatures provide part of the solution, but the main benefits are lost if a trusted third party is still required to prevent double-spending. We propose a solution to the double-spending problem using a peer-to-peer network. The network timestamps transactions by hashing them into an ongoing chain of hash-based proof-of-work, forming a record that cannot be changed without redoing the proof-of-work. The longest chain not only serves as proof of the sequence of events witnessed, but proof that it came from the largest pool of CPU power. As long as a majority of CPU power is controlled by nodes that are not cooperating to attack the network, they'll generate the longest chain and outpace attackers. The network itself requires minimal structure. Messages are broadcast on a best effort basis, and nodes can leave and rejoin the network at will, accepting the longest proof-of-work chain as proof of what happened while they were gone.

[그림 1] 비트코인백서

융시스템과 비교하면 반대적인 개념이기 때문에 독자분들은 다소 생소할 수 있다. 예컨대, 인터넷 뱅크로 돈을 이체하면 중앙화된 금융회사인 은행이 거래를 확인하고 검증하며 이체를 처리한다. 이때의 거래 내역은 은행의 서버에 보관된다. 오로지 당사자만이 거래내역을 볼 수 있고, 실제 거래는 며칠 후에 완결된다. 물론 우리 눈에는 거래가 즉각적으로 완결된 것처럼 보인다.

하지만 블록체인은 이와는 정반대다. 블록체인 네트워크를 운영하는 수많은 자발적 주체들이 블록체인에서 발생한 거래를 확인하고 검증하며 영구적으로 보관한다. 특히, 이 방식은 누구나 거래를 확인할 수 있다는 장점이 있다. 금융 기관의 장막 뒤에서 무슨 일이 벌어지는지 금융

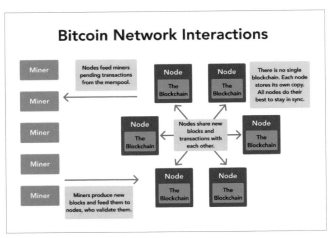

[그림 2] 비트코인 네트워크 상호작용

위기가 터지기 전까지 알 수 없었던 이들은 이 지점에 열광했다.

블록체인 네트워크를 움직이는 동력은 이른바 '검증자들'이다. 검증자들은 블록체인 네트워크가 작동하는데 필요한 컴퓨팅 파워를 제공한다. 검증 작업은 다수결의 원칙과 동일한데, 과반수 이상이 검증 결과에 동의하면 그 거래는 '참Truth'으로 간주된다. 몇몇 검증자들이 네트워크를 운영하면 서로 단합할 수 있지만, 이해관계 없는 검증자들이 전 세계에 물리적으로 이격되어 검증하게 되면 그 결과는 더욱 신뢰를 갖게 된다.

예를 들어, 대표적인 가상화폐인 비트코인 네트워크를 살펴보면 17,000개의 검증자들이 전 세계에 퍼져 있다. 이 네트워크 안에서의 모든 거래는 탈 중앙화 방식으로 운영되며, 높은 확률로 위변조가 불가능한 거래를 가능하게 한다. 이로써 누구나 경제적 가치를 지닌 비트코인을 P2P 방식으로 상호간 거래하면서 기존 금융 시스템을 넘어 자금을 보낼 수 있는 힘을 갖게 되었다.

03

비트코인 네트워크의
문제점은 무엇일까?

비트코인 네트워크는 신뢰 높은 거래를 가능케 하는 인프라로써, 스위
프트SWIFT와 같은 전통 금융 거래망과는 다르게 즉시 거래가 종결된다
는 특징이 있다. 일례로, 국내 은행에서 미국에 있는 뱅크오브아메리카
BOA로 자금을 송금하면 2일이 넘는 시간이 소요된다. 거래의 종결은 뱅
크오브아메리카에 자금을 수신한 사람의 계좌로 자금이 넘어가고 인출
가능한 상태가 되어야 하는데, 이 블록체인은 불과 10분 이내로 종결이
일어나는 장점이 있다. 48시간을 10분으로 줄이는 일대 혁신을 보여주
는 것이다.

하지만 비트코인 네트워크가 가지고 있는 중대한 문제는 비트코인
전송 외에는 할 수 있는 것이 없다는 점이다. 물론 블록체인이 기존 금

융 시스템의 문제를 해결하기 위해 나온 기술이지만, 금융 상품을 비트코인 네트워크 기반으로 만들 수는 없었다. 이는 비트코인 네트워크가 '단순 전송'에 특화되어 있어, 네트워크 상에서 프로그램을 통한 애플리케이션을 만들거나 새로운 가치를 갖고 있는 토큰을 발행할 수 없기 때문이다. 결국, 은행의 이체 기능 외에는 할 수 있는 것이 없어서 기존 금융 시스템을 대체하기에는 역부족이었다.

이 문제를 해결하기 위해 등장한 것이 바로 '이더리움Ethereum 네트워크'이다. 이더리움 네트워크는 비트코인과 동일하게 과반수 이상의 검증자들이 거래를 처리하며, 이해관계 없는 검증자들이 전 세계에 퍼져 있어 신뢰 높은 거래를 가능케 하는 네트워크를 재구현했다.

하지만 이더리움은 비트코인과 한 가지 다른 점이 있는데, 네트워크

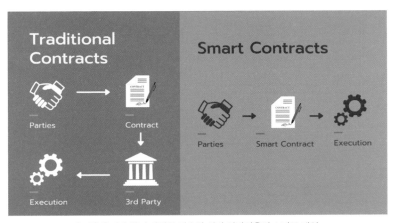

[그림 3] 거래 처리 과정을 단순화 시킨 이더리움의 스마트 계약

위에 다양한 애플리케이션을 배포할 수 있는 구조를 갖추고 있다는 점이다. 이더리움에서는 상호 간 특정 조건을 담은 계약을 할 수 있고, 기계적으로 계약 조건이 완결되면 거래가 일어나는 P2P 방식의 계약 및 실행을 가능케 했다. 이를 스마트 계약Smart Contract이라 말한다.

이로 인해 이더리움 네트워크는 비트코인보다 한층 유연하고 다양한 금융 상품과 서비스를 제공할 수 있는 플랫폼으로 자리매김하게 되었다. 아울러 다양한 디앱DApp: Decentralized Application이 개발되어 금융, 게임, 소셜 미디어 등 다양한 분야에서 활용되고 있으며, 스마트 계약을 통해 자동화된 계약 실행이 가능해져 새로운 경제적 기회를 창출한다.

이더리움,
네트워크에 확장성을 더하다

비트코인 네트워크의 장점이자 단점은 신뢰 높은 거래 전송을 가능하게 한다는 점이다. 물론 10분 만에 거래가 종결되는 것만으로도 혁신적이라 불릴 만하다. 그러나 비트코인 네트워크가 탄생한 배경에는 중앙화된 집단에 간섭받지 않고 관리되지 않으며, 누구나 거래를 확인할 수 있는 소위 '탈 중앙화 금융 시스템'을 구축하려는 목적이 있었다. 이는 비트코인 자체가 앞서 언급했듯 글로벌 금융 위기의 부작용을 대체하고 보완하기 위해 탄생한 것이기 때문이다.

그런데 여기서 비트코인 네트워크의 한계가 명확히 드러난다. 높은 보안성은 있지만 낮은 확장성으로 인해 다양한 금융 상품이 파생될 수 없다는 것이다. 왜냐하면 비트코인 네트워크는 자금의 전송에 특화된

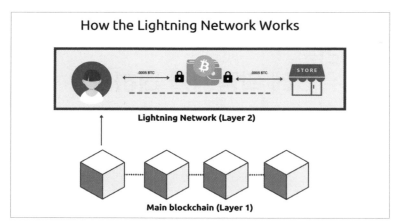

[그림 4] 비트코인의 단점인 느린 전송을 보완한 라이트닝 네트워크

체인이지 다른 애플리케이션들이 연동되어 새로운 형태의 서비스를 만들 수 없기 때문이다.

　물론 비트코인 네트워크에서도 다양한 시도가 없었던 것은 아니다. 비트코인 네트워크 기반의 리테일 결제 시스템을 구축하거나, 비트코인 네트워크와 유사한 네트워크를 새로 구축하여 비트코인 네트워크가 하지 못하는 일을 하고자 시도했다. 대표적으로 라이트닝 네트워크나 도지코인 Dogecoin 등이 이에 해당한다. 하지만 신뢰 높은 블록체인 네트워크를 만들기 위해서는 검증 역할을 수행할 채굴자들을 조직하고, 다수의 사람들에게 신뢰를 얻어야 했다. 무엇보다 새로운 시스템을 구축하는 것이 어려웠기 때문에 다양한 형태로 시도되었다. 대표적인 예가 '합병 채굴'이다. 이는 라이트코인 마이너들이 도지코인을 채굴하면서 라

상승장과 하락장에서 모두 수익을 올리는 알트코인 투자

이트코인의 네트워크 보안성을 도지코인에 빌려주는 방식이다. 그렇지만 합병 채굴은 채굴자에게 충분한 인센티브가 제공되지 않으면 특정 행동을 강제할 수 없다는 한계가 있었다.

이때 신뢰 높은 네트워크 기반으로 새로운 가치를 담은 코인을 자유롭게 만들고, 기존 금융 시스템과 유사하게 다양한 금융 거래를 할 수 있는, 다시 말해 '계약'을 기반으로 한 금융 거래를 할 수 있는 네트워크가 필요했는데, 이것이 바로 '이더리움 네트워크'다. 이더리움은 스마트 계약Smart Contract을 도입하여 네트워크 위에 다양한 애플리케이션을 배포할 수 있는 구조를 갖추고 있다. 스마트 계약은 프로그래밍된 조건이 충족되면 자동으로 실행되는 계약으로써 이를 통해 P2P 방식의 거래뿐만

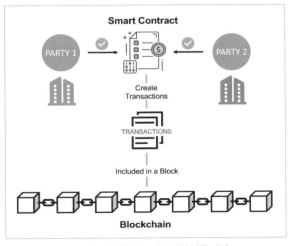

[그림 5] 이더리움의 스마트 계약 작동 과정

아니라 다양한 금융 상품과 서비스를 제공할 수 있게 되었다. 이더리움 네트워크는 초기에 비트코인과 같이 작업증명PoW을 탑재하여 탈 중앙화된 방식으로 신뢰 높은 거래를 가능하게 하므로 비트코인 네트워크의 한계를 극복하고 확장성을 더할 수 있었다.

나아가 이더리움 네트워크는 탈 중앙화된 애플리케이션DApps을 통해 금융, 게임, 소셜 미디어 등 다양한 분야에서 활용되고 있다. 이로써 이더리움 네트워크는 기존 금융 시스템의 문제를 해결하고 새로운 경제적 기회를 창출하는 플랫폼으로 자리매김하게 되었다. 이더리움이 이러한 확장성을 갖게 된 핵심 요소 중 하나는 바로 '자산 토큰화Tokenization'라고 할 수 있다. 다음 장에서는 이더리움의 핵심 가치인 자산 토큰화에 관해 자세히 살펴보겠다.

05 _____

이더리움의 핵심은
자산 토큰화

이더리움의 핵심 개념 중 하나는 자산 토큰화이다. 자산 토큰화는 스마트 계약과 블록체인 기술을 활용해 자산의 소유권이나 권리를 거래 가능한 온체인On Chain 토큰으로 표현하는 것을 의미한다. 이 개념은 전통적인 시장의 '증서Receipt'와 유사하다. 예를 들어, 콘서트 티켓을 온라인으로 예매하면 전자 형태의 티켓이 발행되어 공연을 관람할 수 있는 권리를 나타내듯, 은행에서 예금 증서를 받거나 펀드 가입 시 수익증권을 받는 것과 동일하다. 온체인 토큰도 이와 같이 특정 행위를 증명하는 역할을 한다.

이와 같은 자산 토큰화는 이론적으로 금전적 가치를 지닌 모든 것을 토큰화하는 것을 의미한다. 따라서 자산 토큰화는 블록체인의 장점을

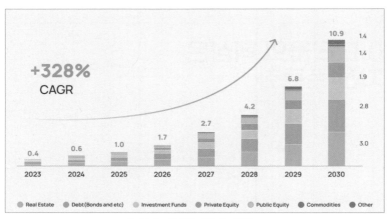

[그림 6] 토큰화된 자산의 시장규모

살린 대표적 사용 사례 중 하나이며, 자산 토큰화 시장의 잠재적 규모는 거의 모든 인간 경제 활동을 포괄할 수 있고, 연간 100조 달러 이상의 가치가 있을 것으로 추정된다.

이렇게 인간의 삶에 유용한 자산 토큰화가 어떠한 방식으로 작동하고, 또 왜 중요한지 이해하기 위해서는 '웹3 기술의 기본'을 다시 살펴보는 것이 좋다. 스마트 계약은 컴퓨터 코드로 생성되고 블록체인이라는 매우 안전한 유형의 데이터베이스에 저장되는 암호화된 보안 디지털 계약을 일컫는다.

이때 토큰을 발행하기 위해 개발자는 일련의 지갑이나 스마트 계약 주소 및 해당 주소를 제어하는 사용자가 잔액을 더하거나 뺄 수 있도록 해당 기능과 함께 잔액을 매핑하는 스마트 계약을 블록체인에 작성한다.

자산 토큰화의 대표적 예로는 법정 화폐나 주식, 신용, 상품, 탄소배출권, 지적 재산, 미술품과 같은 실물 자산을 토큰화하여 블록체인에 저장하는 방식이 있다. 금괴 워런트 및 주택 증서는 보유자에게 실물 자산에 대한 소유권을 부여하는 무기명 자산인데, 블록체인의 토큰화된 무기명 자산과의 주요 차이점은 블록체인 네트워크 전반에서 자산을 저장, 거래, 담보로 사용할 수 있다는 점이다. 블록체인 네트워크에서 디지털 형태로만 존재하는 자산을 토큰화하는 것은 웹3에 있어 매우 중요하다. 소유자가 기초 자산에 대한 소유권을 보유하는 동시에 어느 중앙화된 집단이 간섭할 수 없게 만들기 때문이다.

이와 같은 자산 토큰화가 어떻게 작동하는지를 보다 자세히 살펴보면, 토큰화는 생성, 유통, 거래, 청산, 결제, 보관을 단일 계층으로 통합함으로써 블록체인 기술로 뒷받침되는 간소화되고 효율적인 금융 시스템

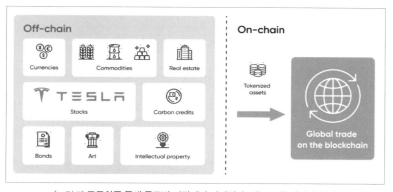

[그림 7] 토큰화를 통해 글로벌 시장에서 거래될 수 있는 모든 자산의 형태

을 가능하게 한다. 토큰화된 자산을 생성하는 과정에는 토큰 유형(대체 가능 또는 대체 불가능) 정의, 토큰을 발행할 블록체인 선택, 오프체인 자산을 검증할 제3자 감사자 선정, 자산 발행 등의 여러 단계가 포함된다. 특히, 토큰화된 자산은 블록체인 네트워크의 탈 중앙화된 특성으로 인해 자산 소유권 기록이 변경되지 않고, 또한 변조될 위험도 없으므로 '투명한 보관'을 보장해 사용자에게 시스템의 무결성을 담보해 준다.

현재 시점에서의 자산 토큰화의 성공과 장기적인 잠재력의 핵심은 토큰화된 자산이 토큰화되지 않은 자산에 비해 사용자들에게 제공해 주는 수많은 장점과 추가적인 유용성이다. 토큰화는 전통적으로 비유동적이었던 자산의 유동성을 증가시키고, 폐쇄적이었던 투자 기회에 대한 접근성 및 용이성을 높이며, 소유권 및 소유 이력에 대한 투명성을 향상시킨다. 아울러 관리, 발행, 거래 중개자 등 자산 거래와 관련된 관리 비용도 획기적으로 감소하게 한다.

마지막으로 토큰화는 이전에는 디파이DeFi 생태계에 접근할 수 없었던 자산도 접근할 수 있는 길을 열어주며, 잠재성 높은 자산 기반 구성을 통해 완전히 새로운 영역으로 사용자들의 경험을 확장시킨다.

기존의 전통적인 금융 시장에서는 일반적으로 금융 데이터가 서로 분리되어 저장, 관리되기 때문에 비용 증가와 결제 시간 연장 등 상당한 시장 비효율이 발생했다. 이처럼 서로 다른 시스템 간의 상호 운용성 부족은 자산 토큰화가 상호 운용 가능한 토큰화된 자산을 통해 유동성 부족 문제를 해결할 수 있는 중요한 기회가 된다.

토큰화는 역사적으로 유동성이 부족했던 자산의 유동성을 개선하는 데 도움이 될 수 있다. 토큰화를 통해 자산을 수백만 개 또는 수십억 개의 토큰으로 표현하여 부분적인 소유권을 창출할 수 있으며, 이후 널리 이용 가능하고 접근 가능한 다양한 거래소에 상장할 수 있다. 이렇게 하면 비용이 많이 드는 거래 중개자가 필요 없고 잠재적인 구매자 풀을 확장하는 동시에 토큰을 고유한 자산에 묶어둘 수 있게 된다.

접근성의 상승 가능성이 가장 높은 자산 중 상당수는 재정적 또는 규제적 제약으로 인해 일반 투자자가 접근할 수 없는 상황이 많다. 예를 들어, 막대한 예산의 영화에 자금을 조달한다고 가정하면, 제작진은 예산을 초과할 위험과 초기 비용 투입으로 인해 부담을 느낄 수밖에 없다. 그러나 자산 토큰화를 통해 흥행에 성공하게 되면 비교적 단기간에 투자금의 몇 배 이상의 수익을 올릴 수 있게 된다. 낮은 접근성 및 고수익률의 또 다른 예로는 스포츠카 수집이나 부실 국외 자산에 대한 투자, 다가구 부동산 매입 및 임대 등이 있다.

이때 토큰화의 이점은 본질적으로는 크라우드 펀딩과 유사하지만, 자산에 자금을 조달하거나 구매하는 투자자 그룹도 참여에 따른 금전적 보상을 받는 모델이라는 점에서 다르다. 이를 통해 소액 투자자는 상대적으로 적은 자본으로 위험성은 더 높지만 상승 가능성 역시 한층 높은 자산에 투자할 수 있다.

자산 토큰화를 위해
변화가 필요했던 이더리움

자산의 토큰화를 위해 등장한 이더리움이지만 처음부터 그 과정이 순탄했던 것은 아니다. 수많은 유형의 자산을 토큰화하기 위해서는 그에 걸맞는 속도와 정확성을 갖춘 네트워크가 필요했다. 하지만 블록체인이 가진 기술의 한계로 인해 초기에는 이론적인 부분을 구현하는데 어려움이 있었다. 이러한 블록체인이 가진 기술의 한계를 '트릴레마Trilemma'라고 부른다.

트릴레마는 '블록체인 기술이 확장성, 보안성, 탈 중앙화성을 동시에 충족하지 못한 상태'를 말한다. 예컨대 중앙화된 서버처럼 탈 중앙화성이 낮으면 보안성도 떨어지지만 속도가 빨라져 확장성이 좋아진다.

반면 비트코인이나 이더리움 네트워크처럼 탈 중앙화성이 높으면 속

[그림 8] 이더리움의 첫 위기를 가져온 크립토키티

도가 느려져 확장성이 떨어지지만 보안성은 높다. 어떤 요소가 더 중요한지는 사용자들이 선택해야 할 문제지만, 블록체인 시장에서는 이 문제에 대해 꽤나 오랫동안 고민해 왔다. 이때 이더리움의 역사를 바꾸는 일대 사건이 발생한다.

2017년, 이더리움 네트워크에서 등장한 '크립토키티CryptoKitties'라는 NFT 게임은 대중의 큰 인기를 끌었다. 이 게임은 귀여운 고양이 캐릭터를 수집하고 교배시키는 콘텐츠로 많은 사람들의 관심을 받았고, 이를 통해 NFT에 대한 대중의 인식이 높아졌다.

하지만 이 인기는 동시에 이더리움 네트워크에 큰 부담을 주었다. 이더리움 시스템은 거래가 발생하면 순차적으로 처리하는 방식을 취하고 있었는데, 당시 약 15,000명의 사용자가 동시에 거래를 시도하면서 시스템이 다운되었기 때문이다. 이러한 대량의 트래픽은 크립토키티의 인기 때문이었다. 이처럼 크립토키티는 출시된지 한 달도 되지 않아 약 7백만 달러의 매출을 기록하며 큰 인기를 끌었다.

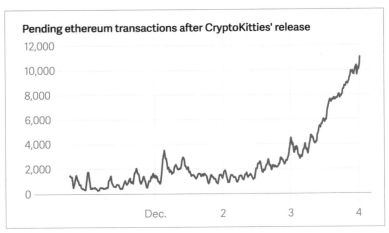

Pending ethereum transactions after CryptoKitties' release

[그림 9] 거래 처리를 신속하게 못하게 된 이더리움 네트워크

이 사건은 이더리움 창시자인 비탈릭 부테린Vitalik Buterin, 1994~에게 큰 고민거리를 안겨주었다. 2017년 당시 이더리움은 초기 정착 단계로써 가격이 약 500달러에 불과했고, 해당 네트워크는 주로 금융 거래를 원활하게 처리하기 위해 설계되었다. 따라서 단 15,000명의 사용자에 의해 네트워크가 멈춘 것은 큰 문제였다. 고심에 빠진 비탈릭 부테린은 비트코인 네트워크에서 동일한 현상을 겪고 해결책을 연구해온 조셉 푼Joseph Poon을 찾아갔다. 조셉 푼은 비트코인 기반 블록체인의 처리 속도를 향상시키기 위한 라이트닝 네트워크를 개발한 인물이다.

1년 뒤인 2018년, 비탈릭 부테린과 조셉 푼은 플라즈마Plazma라는 새로운 기술을 개발한다. 플라즈마는 트랜잭션을 오프체인에서 처리하고,

상승장과 하락장에서 모두 수익을 올리는 알트코인 투자

중요한 데이터만 이더리움 메인체인에 기록함으로써 네트워크의 부담을 줄이려는 시도였다. 그렇지만 플라즈마도 중앙화된 오퍼레이터가 데이터를 관리하는 구조적 문제로 인해 한계가 있었다.

플라즈마는 이더리움 네트워크 밖에서 대규모 거래를 처리한 후, 중요한 거래 정보만을 이더리움 메인 네트워크에 전송하는 방식을 채택했다. 이를 통해 주 네트워크의 부하를 줄이고 전체적인 트래픽 관리 효율을 높일 수 있었으나, 플라즈마 기술은 외부에서 처리된 데이터가 얼마나 신뢰할 수 있는지에 대한 의문을 가지고 있었다. 이더리움 네트워크 외부에서 처리되는 데이터가 조작되거나 숨겨질 가능성이 있었고, 이더리움 네트워크가 그 데이터를 검증하기 어려운 문제가 있었던 것이다.

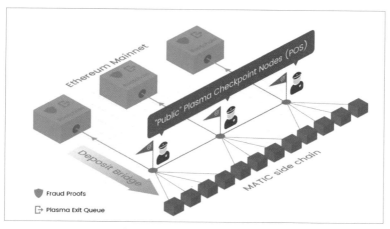

[그림 10] 플라즈마의 거래 처리 과정

게다가 이더리움 메인체인에 올라올 원장을 일일이 검증하지 못했기 때문에 플라즈마 체인의 오퍼레이터를 완전히 신뢰하기 어려웠다. 또한, 오퍼레이터가 마음만 먹으면 거래를 누락시킬 수 있다는 치명적인 위험도 있었다. 2019년, 이러한 플라즈마의 문제를 해결하기 위해 데브콘 5에서 옵티미스틱 롤업 기술이 제안되었다. 옵티미스틱 롤업은 이더리움 메인체인에서 데이터를 검증하고 관리하는 방식으로써 플라즈마의 중앙화 문제를 극복하고자 했다. 이 기술은 이더리움 네트워크의 확장성을 크게 향상시킬 수 있는 잠재력을 가지고 있었다.

이더리움 네트워크 외부에서 처리된 데이터의 신뢰성을 강화하는 방법 중 하나는 이더리움 내에서 데이터 저장 및 관리를 진행하는 것이다. 이 방향에서 개발된 옵티미스틱 롤업 기술은 이더리움 네트워크 밖에서 처리된 거래 내역을 검증하고 이더리움에 업로드하여 데이터의 완결성을 확보하는 방식이다.

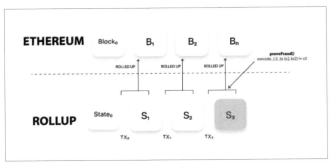

[그림 11] 롤업 기술 처리 과정

2019년, 데브콘Devcon에서 주목받은 이 기술은 퓨엘랩스Fuel Labs가 이 더리움 기반의 옵티미스틱 롤업 사이드체인을 통해 스테이블코인 페이 먼트 서비스를 개발하는 데 사용되었다. 옵티미스틱 롤업은 데이터 완 결성을 보완하고 처리 속도를 향상시켰지만, 페이먼트 서비스 운영에 있어 성능상의 한계가 드러났다. 이에 퓨엘랩스는 거래 처리 속도를 더 욱 개선할 수 있는 방법을 모색하던 중, 주요한 병목 현상을 발견했다.

블록체인 네트워크에서 거래는 일반적으로 다음의 단계를 거쳐 처리 된다. 먼저, 익스큐션 레이어Execution Layer에서 거래를 처리하고, 세틀먼 트 레이어Settlement Layer가 거래의 진위를 판단한다. 이후 진위 여부가 확인되면 컨센션스 레이어Consensus Layer가 유효한 거래를 블록에 기록 할지 결정하여 순서를 정하며, 데이터 가용성 레이어Data Availability Layer 를 통해 모든 거래 내역을 공개하여 전체 네트워크가 확인할 수 있도록 한다.

퓨엘랩스는 이더리움의 거래 처리 속도를 저해하는 주요 원인이 플 라즈마의 단점을 보완하기 위해 도입된 데이터 가용성 레이어에 있음 을 파악했고, 이 문제를 해결하기 위해 셀레스티아Celestia 서비스를 개발 한다.

셀레스티아는 이더리움의 합의 메커니즘과 데이터를 관리하는 기능 을 분리하여 모듈화한 블록체인이다. 이를 통해 데이터 가용성과 확장 성을 크게 향상시켰다. 셀레스티아는 코스모스 SDK를 기반으로 텐더

민트 합의 메커니즘을 사용하여 빠르고 효율적인 데이터 처리가 가능했다.

이더리움 기반의 스테이블코인 결제 서비스를 개발하던 퓨엘랩스는 자체 서비스의 품질 향상을 위해 셀레스티아를 창안했다. 셀레스티아는 블록체인 네트워크 상에서 데이터 가용성Data Availability을 개선하는 프로젝트다. 비트코인, 솔라나 같은 체인들이 단일 구조로 4단계 거래 처리를 진행하는 반면, 이더리움처럼 여러 단계를 분업하여 처리하는 체인을 '모듈러 블록체인'이라 정의한다. 셀레스티아는 이 모듈러 블록체인 개념을 대중화하는 데 중요한 역할을 했다.

셀레스티아는 새로운 블록체인들에게 데이터 가용성과 컨센선스 레이어 서비스를 제공함으로써 네트워크 속도를 크게 향상시키는 솔루션

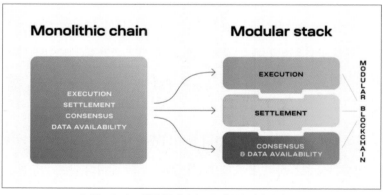

[그림 12] 모놀리칙 블록체인과 모듈러 블록체인의 차이점

상승장과 하락장에서 모두 수익을 올리는 알트코인 투자

을 제공하고 있다. 대표적으로 폴리곤, 이클립스, 베라체인 등이 셀레스티아 솔루션을 사용한다. 셀레스티아는 코스모스 SDK를 활용해 텐더민트 합의 메커니즘을 도입했으며, 샘플링을 통해 모든 데이터가 완결한지를 판별하는 기술을 데이터 가용성 레이어에 적용하여 빠른 속도로 검증할 수 있는 체계를 구축했다.

이처럼 셀레스티아는 이더리움 네트워크의 확장성을 개선하는 데 크게 기여했으며, 독립적인 컨센션스를 활용하여 데이터 가용성을 다른 체인에 제공하는 솔루션을 통해 이더리움과 경쟁하는 다양한 블록체인을 지원하게 되었다. 이더리움을 창시한 비탈릭 부테린은 2024년에 셀레스티아 솔루션을 사용하는 프로젝트들이 이더리움에 이른바 '숟가락을 없는' 형태를 취하고 있으며, 이는 결국 이더리움 롤업 기반의 블록체인으로 불릴 수 없을 정도로 보안성을 떨어뜨린다고 지적하였다. 이렇듯 프로젝트들에 대한 불편한 심정을 표현하기도 했다.

셀레스티아는 블록체인의 모놀리틱과 모듈러 접근 방식을 구분하여 모듈러 블록체인의 장점을 최대한 활용하고자 했다. 모놀리틱 블록체인은 모든 기능을 한 체인에서 처리하는 방식으로, 비트코인과 솔라나가 여기에 해당한다. 반면, 모듈러 블록체인은 각 기능을 분리하여 처리함으로써 효율성을 높이고 확장성을 강화한다. 셀레스티아는 이러한 모듈러 블록체인의 개념을 도입하여 데이터 가용성과 합의 기능을 분리하여 처리했다. 결국, 이더리움의 첫 스트레스 테스트와도 같았던 크립토키티 사건은 이더리움 네트워크가 가지고 있는 고질적인 병폐라 할 수 있는 '블록체인 트릴레마'를 해결하는 단초가 되었다.

토큰화와 블록체인의
첫 성공사례, 디파이^{DeFi}

디파이는 디센트럴라이즈드 파이낸스Decentralized Finance의 약자로써 '탈
중앙화 금융'을 뜻한다. 이를 이해하기 위해서는 먼저 반대 개념인 '중앙
화 금융'에 관해 살펴 보아야 한다.

중앙화 금융은 우리가 살아가는 현실 세계에서 일어나는 모든 금융
활동을 말한다. 다시 말해, 한 국가가 정해 놓은 법률 아래에서 은행, 증
권, 보험, 연기금 등을 통해 이루어지는 금융 활동을 망라한다. 여기서
의 모든 활동은 국가라는 중앙 기관이 여러 부처를 통해 톱 다운Top-Down
방식으로 통제하기 때문에 중앙화 금융이라고 부른다. 예를 들어, 우리
는 은행에서 예금 서비스를 이용하여 돈을 예치하고 3% 내외의 이자 소
득을 얻는다. 이는 예금보험공사가 1인당 최대 5,000만 원을 보호해 주

는 대신, 낮은 금리를 제공하는 중앙화 금융의 특징을 잘 보여준다. 또한, 우리는 은행으로부터 대출 서비스를 통해 자신의 신용 혹은 자산을 담보로 3~20% 내외의 이자를 지불하고 자금을 빌린다. 이 과정에서 자금의 비효율이 발생하지만, 고금리를 감수하고 자금을 융통하게 된다.

반면, 탈 중앙화 금융은 가상세계에서 일어나는 모든 금융 활동을 일컫는다. 이는 블록체인 기술을 기반으로 사전에 정해 놓은 규칙을 기계적으로 이행하는 스마트컨트랙트Smart Contract를 통해 서로 모르는 사람들과 금융 거래를 한다는 점에서 차이가 있다. 초기 설정 이후 통제 기관이 아닌 금융 활동에 참여한 사람들이 거버넌스 투표를 통해 보텀-업 Bottom-Up,상향식 방식으로 운영되기 때문에 탈 중앙화 금융이라 일컫는다.

우리는 자동화된 시장 메이커AMM에서 예금 서비스를 이용하여 토큰을 예치하고 20% 내외의 이자 소득을 얻을 수 있다. 그러나 탈 중앙화 금융은 누구에게도 보호받을 수 없으며, 불미스러운 일로 금전 손실이 발생해도 구제해 줄 기구는 존재하지 않는다. 이러한 위험에도 불구하고 사람들은 높은 금리를 획득하기 위해 지속 예치를 하고 있다. 랜딩 프로토콜을 통해 토큰을 담보로 대출받을 수 있는데, 담보 가치의 100% 내외의 금액을 빌릴 수 있으며, 자금의 높은 효율성을 통해 유연한 자금 융통도 가능하다.

여기서 한 가지 재미있는 점은 현실 세계에서는 존재하지 않는 디파이 생태계만의 금융 서비스가 존재한다는 것이다. 이 서비스는 '농사Farm'라고 불리는데, 농사는 '씨를 뿌려 농작물을 수확한다'는 의미를 내포하고 있다. 디파이에서는 거래를 원활하게 하기 위한 자금 유동성을 공급한 자들에게 AMM의 자체 토큰을 보상으로 주게 되는데, 이 과정이 농사를 짓는 것과 유사하여 '팜농사, Farm'이라는 이름이 붙여졌다. 일각에서는 같은 의미로서 파밍Farming 또는 이자농사Yield Farming라 부르기도 한다.

이와 같은 농사를 이해하기 위해서는 디파이와 은행의 환전 서비스 간 차이점을 먼저 살펴 보아야 한다. 보통 우리는 국외로 여행을 가기 전에 은행에서 목적지의 국가 화폐로 환전한다. 따라서 은행은 이러한 불특정 다수의 요구에 대비해 다양한 화폐를 구비해 두어야 한다.

반면, 디파이 내 은행 역할을 하는 탈 중앙화 거래소들은 자동화된 시장 메이커AMM, Automated Market Maker 기술을 활용하여, 다양한 토큰을

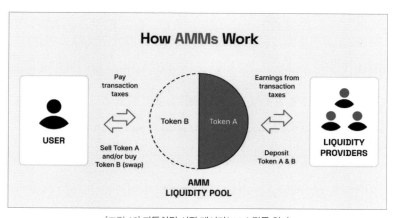

[그림 13] 자동화된 시장 메이커(AMM) 작동 원리

고객을 위해 자체적으로 구비해 두는 것이 아니라 이용자들에게 그 역할을 넘겨준다. 다시 말해, 은행과 달리 유저들이 토큰을 탈 중앙화 거래소에 구비할 수 있게 하고, 공급한 토큰에서 나오는 환전 수수료와 AMM의 자체 토큰을 보상으로 제공하는 것이다. 유동성을 공급한 자들은 거래 수수료와 자체 토큰을 이자로 받아 수익을 창출할 수 있는 기회를 얻고, 이를 통해 시스템이 작동이 되는 형태다.

이렇게 디파이 내 자동화된 시장 메이커들은 유저들을 통해 환전에 사용될 여러 토큰들을 조달하고, 해당 토큰의 유동성 풀을 이용하면서 거래 수수료를 분배한다. 많은 입문자들은 유동성 풀에서 분배받는 수수료가 이자농사의 주요 이자라고 생각하지만, 좀더 세부적으로는 두 가지 보상으로 구성된다.

첫 번째는 유동성 공급한 풀에서 나오는 거래 수수료이다. 예를 들어, A토큰과 B토큰을 유동성 풀에 공급하면, 유동성을 공급한 대가로 거래 수수료를 받게 된다. 두 번째는 플랫폼 성장에 기여한 대가로 지급되는 인센티브이다. 우리는 이것을 '일드 파밍Yield Farming 보상'이라 부른다. 유저들이 AMM에 유동성을 공급하면 플랫폼 자체에서 발행한 네이티브 토큰을 유동성 풀에 배분하여 보상을 제공하는 것이다.

즉, 디파이 생태계는 환전에서 나오는 거래 수수료와 플랫폼 성장에 기여한 대가로 제공하는 일드 파밍 리워드가 이자농사에서 나오는 주요한 이자 구성 요소라 하겠다. 이런 점에서 '디파이는 폰지다'라는 말은 시스템의 몰이해에서 비롯된 매우 잘못된 표현이다. 디파이 유저들은 거래소에 유동성을 공급하고, 거래소 고객들이 토큰을 환전할 때마다 거래 수수료의 일부를 유동성 공급자들에게 수익 배분하여 이자농사의 수익을 창출한다. 거래소는 플랫폼 성장에 기여한 유동성 공급자들에게 네이티브 토큰을 보상으로 지급함으로써 더 많은 수익을 제공할 수 있다.

탈 중앙화 거래소는 다양한 금융 상품들을 일드 파밍 농부들에게 제공하며, 운영비, 인건비, 마케팅비 등의 제반 비용을 충당하기 위해 파밍 일드의 일부를 수수료로 차감한다. 아울러 탈 중앙화 거래소는 서로 다른 수수료를 부과하며, 유저들은 자신이 이를 감내할 수 있는지 반드시 확인해야 한다.

디파이에서 일반적으로 사용하는 서비스들의 비용 항목은 많으며, 이자농사를 하면서 지불하는 비용도 상당하다. 모든 비용이 탈 중앙화 거래소의 수익으로 귀속되는 것은 아니며, 일부는 토큰 가격 유지를 위한 바이백, 소각 등 목적으로 사용된다. 예치Stake는 은행의 예·적금과 유사하며, 한 종류의 토큰을 일드Yield가 발생하는 유동성 풀에 예치하여 높은 이자를 받는 방식이다. 따라서 예치 예금 상품은 시중은행 금리보다 수십 배 높지만, 신용도와 원금 보장 측면에서 낮은 안정성을 가진다.

이러한 탈 중앙화 금융의 대표적인 상품인 이자농사와 스테이킹은 규모의 경제가 작용한다. 디파이 시장에서는 더 큰 수익을 보장받을 수 있으며, 이를 통해 유동성 풀의 지분별로 N 분의 1 하여 투자 수익을 얻는다. 이때 더 큰 수익을 위해서는 대출을 일으켜 레버리지를 이용하기도 한다.

디파이 내에서는 토큰 담보부 대출을 통해 자금을 융통하며, '담보부 대출'과 '초과 담보부 대출'로 구분된다. 담보부 대출은 차주의 토큰을 담보로 하여 담보 가치 이내에서, 초과 담보부 대출은 토큰 담보 가치를 초과해 빌려주는 것이다. 이는 자금의 효율성을 높여주는 장점이 있다. 이렇게 디파이는 탈 중앙화된 금융 생태계에서 다양한 금융 서비스를 제공하며, 기존 중앙화 금융의 한계를 극복하는 혁신적인 시스템으로 자리하고 있다.

지난 2009년, 비트코인이 출시되면서 탈 중앙화된 디지털 화폐의 가능성이 활짝 열리게 된다. 비트코인은 중앙 기관 없이 개인 간에 직접 거

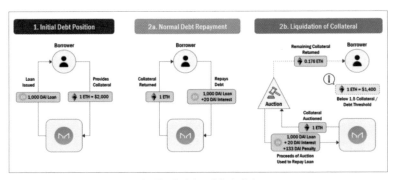

[그림 14] 과담보 대출의 예시

래할 수 있는 시스템을 제공하여 많은 관심을 받았다. 이는 기존의 금융 시스템에 대한 중대한 도전이었으며, 중앙은행이나 정부의 통제 없이 운영될 수 있는 새로운 화폐의 가능성을 보여주었다. 그러나 비트코인은 일상생활에서 기존의 화폐를 대체하거나, 또 다른 공용화폐로 사용되기에는 여러 한계가 있었다. 예를 들어, 거래 속도가 느리고 변동성이 크다는 점을 들 수 있다. 이로 인해 비트코인은 가상 자산으로서의 가치는 인정받았지만, 실생활에서 화폐로 사용되기에는 부족함이 있었다.

이더리움은 비트코인이 지니고 있던 블록체인 기술에 큰 변화를 불러왔다. 이더리움은 스마트 컨트랙트 기능을 도입하여, 프로그래밍 가능한 계약을 블록체인 위에 구현할 수 있게 했다. 이는 단순한 화폐로서의 역할을 넘어서 다양한 금융 서비스를 탈 중앙화된 형태로 제공할 수 있는 가능성을 열어주었다. 스마트 컨트랙트는 코드로 작성된 계약으로, 계약 조건이 충족되면 자동으로 실행되는 특징이 있다. 이는 중개자 없이도 신뢰할 수 있는 거래를 가능하게 하여 금융 거래의 효율성을 크게 높였다.

메이커다오 MakerDAO는 2016년, 이더리움 블록체인을 기반으로 출범한 오픈 소스 프로젝트이자 탈 중앙화된 자율 조직으로서, 이더리움을 담보로 하여 스테이블코인인 '다이'를 발행하는 시스템을 구축했다. 특히, 매이커다오는 변동성이 큰 가상 자산을, 안정적인 가치를 가진 스테이블코인으로 바꾸어 주었는데, 이더리움을 담보로 예치하고 그 가치의 일정 비율만큼 다이를 발행하는 방식을 사용했다.

예를 들어, 이더리움의 가치가 150달러라면 100달러 상당의 다이를 발행할 수 있다. 이는 디파이 생태계의 첫 걸음을 내딛는 중요한 사건이었다. 다이를 통해 디지털 자산의 변동성을 헤지하고 안정적인 가치를 보유할 수 있게 되었다.

한편, 컴파운드가 등장하면서 디파이의 대출 프로토콜이 활성화되었다. 컴파운드는 디지털 자산을 담보로 예치하면 이를 기반으로 대출을 받을 수 있는 플랫폼을 제공했다. 한 가지 예로 이더리움을 담보로 예치하고 그 가치의 일정 비율만큼 다른 디지털 자산을 대출받을 수 있다. 대출자는 담보를 제공하고 이자를 지불하며, 예치자는 예치한 자산에 대해 이자를 받는다. 이는 P2P^{Peer-To-Peer} 금융의 새로운 형태를 제시하였으며, 디파이 생태계에서 대출과 예치를 보다 쉽게 할 수 있는 기반을 마련했다.

아울러 유니스왑^{Uniswap}은 기존의 중앙화된 거래소와 달리, 탈 중앙화된 방식으로 토큰을 거래할 수 있는 플랫폼을 제공했다. 유니스왑은 자동화된 시장 조성자^{Automated Market Maker, AMM} 모델을 도입하여, 유동성 풀에 자산을 예치하면 이를 기반으로 거래가 이루어지게 했다.

이는 주문서 기반의 거래 시스템보다 효율적이고 빠르게 거래할 수 있게 하였으며, 누구나 유동성 공급자가 되어 수수료를 받을 수 있는 기회를 제공했다. 유니스왑은 디파이 프로젝트들이 초기 자금을 모으고 토큰을 유통시키는 데 큰 도움을 주었다.

아베AAVE는 디파이의 또 다른 중요한 기능인 플래시 론Flash Loan을 도입했다. 플래시 론은 담보 없이도 대출받을 수 있는 기능으로, 트랜잭션이 완료되는 동안만 대출을 받고 즉시 상환하는 구조이다. 이는 매우 짧은 시간 내에 자금을 대출받아 다양한 금융 활동을 할 수 있게 하였으며, 디파이 생태계의 유동성을 크게 증가시켰다. 이로써 플래시 론을 활용하여 차익 거래, 담보 스왑, 부채 재조정 등의 활동을 효율적으로 할 수 있게 되었다.

탈 중앙화 금융 시스템은 자산 토큰화를 통해 개발도상국에서도 금융 서비스를 받을 수 있는 가치 있는 일을 만들어 냈다. 그렇지만 여기에는 기술적인 문제가 있었다. 대표적으로 인터넷 상에서 스마트 컨트랙트로 구동되는 디파이들은 수많은 토큰의 가격을 어떻게 결정해야 하는지에 대한 큰 고민이 있었던 것이다. 이 문제를 해결하기 위해 블록체인 기술도 함께 발전하기 시작했다.

디파이 거래소들의 가격결정자, AMM

디파이 내 가격 결정에 대한 고민은 다양한 방식으로 이루어졌다. 이러한 고민은 2017년의 ICO로 거슬러 올라갈 수 있다. 2015년, 이더리움이 출시된 이후에도 블록체인 기반의 다양한 토큰은 많이 출시되지 않았다.

그러나 2017년, 스타트업들이 자금 조달을 위해 이더리움 네트워크의 스마트 컨트랙트와 이더리움 자산을 이용하기 시작하면서 상황이 급변하게 된다. 이때부터 수많은 토큰이 범람하기 시작한다. 토큰의 수가 급증하면서 교환과 전송 등 다양한 수요가 생겼지만, 중앙화 거래소가 토큰을 지원하지 않으면 거래가 어려웠다. 이러한 문제를 해결하기 위해 가장 혁신적인 방법을 제시한 사례가 바로 '유니스왑Uniswap'이다.

유니스왑은 2018년 11월, 헤이든 아담스Hayden Adams에 의해 설립되었으며, 이더리움 네트워크에서 운영되는 탈 중앙화 거래소 프로토콜로서 이더리움 재단의 지원을 받았다. 유니스왑의 개념은 간결하면서도 교묘하다. 동등한 가치의 ETH 및 ERC-20 토큰을 사용하여 블록체인 기반 유동성 풀을 구축하여 거래를 지원하며, 자동으로 마켓 메이커 알고리즘을 사용하여 거래를 실행하고 중앙화 거래소가 사용하는 호가창 방식의 메이커Maker와 테이커Taker를 대체하는 방식을 사용했다.

이러한 유니스왑의 스마트 계약 설계는 거래 수수료(이더리움 내 가스비)를 낮추게 했다. 물론 유니스왑의 메커니즘에 익숙해지는 데에는 시간이 소요되지만, 다른 탈 중앙화 거래소에 비해 몇 가지 중요한 이점이 존재한다.

자동화된 시장 메이커AMM는 탈 중앙화 거래소DEX 프로토콜의 일종으로 자산 가격을 산출하기 위해 수학적 공식을 사용한다. 자산 가격은 가

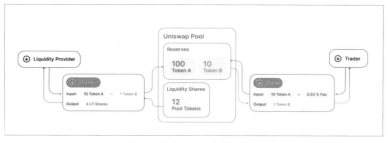

[그림 15] 자동화된 시장 메이커 작동 원리

격 계산 알고리즘을 따른다. 유니스왑은 x × y = k 공식을 사용한다. 여기서 x는 유동성 풀 안의 한 토큰의 수량을 의미하며, y는 다른 토큰의 수량을 의미한다. 이 공식에서 k는 고정 상수이다. 즉, 풀의 전체 유동성은 언제나 동일하게 유지된다.

이와 다른 자동화된 시장 메이커는 활용 목적에 특화된 또 다른 공식을 사용하지만, 알고리즘적으로 가격을 결정한다는 유사점이 존재한다. 기존의 시장 메이킹은 풍부한 자금을 보유한 마켓메이커가 주도한다. 바이낸스Binace와 같은 거래소의 오더북Order Book에서 좋은 가격과 촘촘한 매수 매도 스프레드를 이용할 수 있도록 도와준다. 자동화된 시장 메이커는 이러한 과정을 탈 중앙화했으며, 기본적으로 누구나 블록체인 상에 시장을 생성할 수 있게 해주었다.

이때의 참여자를 '유동성 공급자LP'라 부른다. 유동성 공급자는 유동성 풀에 자금을 추가하는 역할을 하는데, 유동성 풀은 트레이더들이 거래할 수 있도록 자금을 쌓아둔 바구니와 같은 것이다. 유동성 공급자들은 프로토콜에 유동성을 공급하는 대가로 거래 수수료를 얻는다. 유니스왑의 경우, LP는 동등한 가치의 두 가지 토큰을 예치한다. 예를 들어, ETH와 DAI를 50%씩 ETH/DAI 풀에 예치하는 방식이다.

유동성 풀에 자금을 추가하는 일은 매우 간단하다. 이때 보상은 프로토콜에 따라 결정되는데, 유니스왑 v2는 트레이더에게 0.3%의 수수료를 부과하며 이는 유동성 공급자에게 직접 전달된다. 다른 플랫폼이나 포크는 더 많은 유동성 공급자를 끌어오기 위해 더 적은 수수료를 부과할 수 있다.

여기서 유동성을 확보하는 것이 중요한 이유는 자동화된 시장 메이커의 작동 방식 때문이다. 풀에 유동성이 많을수록 대량 주문 시 주문이 체결될 것이라고 예상한 가격과 실행된 가격의 차이인 슬리피지Slippage가 줄어들게 된다. 이는 플랫폼의 거래량을 증가시키는 결과를 가져온다. 자동화된 시장 메이커 설계에 따라 슬리피지 문제는 달라질 수 있지만, 반드시 고려해야 할 사항이다. 가격은 알고리즘에 의해 결정된다. 쉽게 말해, 가격은 거래 후 유동성 풀 내 토큰 간의 비율에 따라 결정된다. 만약 그 비율이 높게 변하면 상당한 슬리피지가 발생할 수 있다.

예를 들어, 유니스왑의 USDT/ETH 풀에서 모든 ETH를 구매하려고 한다면, 이는 불가능하다. 이더를 추가로 구매할 때마다 기하급수적으로 커지는 프리미엄을 지불해야 하며, 풀의 모든 이더를 구매할 수는 없다. 이는 $x \times y = k$ 공식 때문이다. x 또는 y가 0이라는 것은 풀에 ETH 또는 DAI가 하나도 없음을 의미하며, 이때 방정식이 성립하지 않기 때문이다. 자동화된 시장 메이커와 유동성 풀의 전부는 아니다. AMM에 유동성을 공급할 때는 비영구적 손실도 고려해야 한다.

디파이 거래소들의 해결사, 오라클

유니스왑의 성공은 블록체인 기반 금융 시스템인 디파이DeFi의 성공을 이끌었다. 하루에도 수백 개씩 발행되던 토큰의 유동성 풀을 자유롭게 만들 수 있었기 때문에, 팬덤이 있는 커뮤니티만 있다면 토큰의 유동성 풀은 점차 높아졌고, 중앙화 거래소 의존 없이 자유로운 거래가 가능해졌다.

2019년, 디파이 섹터가 급부상하면서 가격 결정을 도와주는 블록체인 오라클 솔루션이 주목받았다. 오라클 기술의 출발은 2015년, 이더리움 출시로 거슬러 올라간다. 이더리움은 스마트 컨트랙트를 도입하여 비트코인과 차별화되었으며, 이를 통해 블록체인 기술의 새로운 가능성을 열었다. 스마트 컨트랙트는 신뢰할 수 없는 거래 당사자들 간의 거래를 자동화하고 중개인을 배제함으로써 거래의 효율성을 높였다. 그러나 스마트 컨트랙트는 외부 데이터를 직접 접근할 수 없는 구조적 한계를 가지고 있었다. 이러한 한계를 극복하기 위해 등장한 것이 바로 '오라클 Oracle 기술'이다.

오라클은 블록체인 외부의 데이터를 블록체인 내부로 가져와 스마트 컨트랙트가 해당 데이터를 기반으로 작동할 수 있도록 한다. 예를 들어, 금융 계약에서 자산의 현재 시장 가격이나 스포츠 경기 결과와 같은 외부 데이터를 스마트 컨트랙트에 제공함으로써 계약 조건을 충족시키는 역할을 한다. 따라서 오라클은 블록체인 기술의 필수적인 요소로 자리 잡게 되었다.

이 기술이 탄생한 이유는 블록체인 생태계 내에서 외부 데이터를 신뢰성 있게 사용할 수 있는 방법이 필요했기 때문이다. 스마트 컨트랙트는 블록체인 내에서 자율적으로 작동하지만, 외부 데이터를 필요로 하

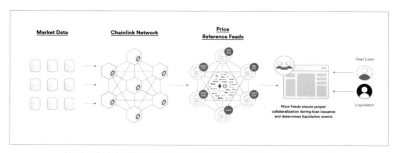

[그림 16] 시장 데이터를 검증하여 블록체인에 활용하는 오라클 솔루션

는 경우가 많다. 이러한 데이터를 신뢰할 수 없는 방법으로 가져오게 되면, 스마트 컨트랙트의 신뢰성과 효율성이 떨어지게 된다. 따라서 오라클은 외부 데이터를 안전하고 신뢰성 있게 블록체인으로 가져오는 방법을 제공하게 되었다.

디파이에서 오라클 기술이 필요하게 된 이유는 디파이 프로토콜이 외부 데이터에 크게 의존하기 때문이다. 디파이 프로토콜은 탈 중앙화된 금융 서비스를 제공하며, 대출, 예치, 거래 등 다양한 금융 활동을 자동화하고 탈 중앙화된 방식으로 운영한다. 이러한 금융 활동은 자산의 현재 시장 가격, 이자율, 환율 등 외부 데이터가 필요하다. 예를 들어, 대출 프로토콜에서는 담보 자산의 현재 시장 가격을 알아야 하고, 예치 프로토콜에서는 이자율 정보가 요구된다. 만일 이러한 데이터를 신뢰할 수 없는 방법으로 가져오면 디파이 프로토콜의 신뢰성과 안정성이 떨어지게 된다. 따라서 오라클 기술은 디파이 프로토콜이 외부 데이터를 신뢰성 있게 사용할 수 있도록 하는 필수적인 기술로 자리 하게 되었다.

오라클의 데이터 제공 과정은 다음과 같다. 먼저 퍼블리셔Publisher를 통해 다양한 소스에서 데이터를 수집한다. 다음으로 퍼블리셔는 트레이더들의 거래 정보, 주문서 데이터, 거래소에서 형성된 가격 정보 등을 모아온다. 이후 수집된 데이터는 밸리게이터Validator에 의해 검증된다. 이때 밸리게이터는 블록체인 토큰을 예치한 사용자들로 구성되며, 데이터를 검증하고 정확한지를 판단한다. 데이터가 정확하다고 판단되면, 이를 사용자에게 제공한다. 검증된 데이터는 확률적 범위 내에서 제공된다. 이는 데이터의 정확성을 높이고, 잘못된 데이터 제공으로 인한 위험을 줄이기 위함이다.

이 기술은 데이터 검증 과정에서 슬래싱Slashing 메커니즘을 도입하여, 밸리데이터가 잘못된 데이터를 검증할 경우 처벌받게 한다. 반면, 정확한 데이터를 검증하면 사용자로부터 받은 사용료의 일부를 밸리데이터에게 분배한다. 이러한 구조는 오라클 기술의 데이터 신뢰성을 높이는 동시에, 참여자들에게 강력한 인센티브를 제공한다.

이와 같은 오라클 기술은 디파이 프로토콜뿐만 아니라 다양한 블록체인 응용 분야에서 활용될 수 있다. 일례로, 메이커다오MakerDAO의 스테이블코인인 다이DAI의 발행 과정에서 이더리움의 가격 정보를 제공하거나, 컴파운드Compound와 같은 대출 플랫폼에서 담보 자산의 평가에 사용될 수 있다. 또한, 유니스왑Uniswap과 같은 탈 중앙화 거래소에서는 거래쌍의 가격 정보를 제공하여, 거래의 정확성과 신뢰성을 높일 수 있다.

오라클 기술은 블록체인 생태계에서 매우 중요한 역할을 담당하고 있다. 외부 데이터를 신뢰성 있게 블록체인으로 가져오는 해당 기술은 디파이 프로토콜의 신뢰성과 안정성을 높이는 데 필수적이다. 따라서 오라클은 앞으로도 블록체인과 디파이 생태계에서 중요한 플레이어로서의 역할을 하게 될 것이다.

디파이 실물자산과의
첫 번째 연결

유니스왑의 AMM^{Automated Market Maker} 구조와 가격 발견 메커니즘, 그리고 오라클의 발전으로 중앙화 거래소의 가격 정보와 다양한 블록체인 외부 정보를 이더리움에 연동하며 디파이는 더욱 빠르게 발전했다. 대표적인 사례로는 '신세틱스^{Synthetix}'가 있다. 신세틱스는 블록체인 기반 합성 자산을 만드는 디파이 프로젝트로써 유로, 일본 엔, 한국 원, 호주 달러, 금 등의 가격을 추종하는 토큰을 발행했다. 오라클 기술을 통해 블록체인 외부의 가격 데이터를 가져와 이더리움의 스마트 컨트랙트와 연결하여 해당 토큰을 발행했으며, 미국 달러를 추적하는 스테이블코인도 보유하고 있었다.

예를 들어, 신세틱스 사용자는 미국 달러를 추종하는 sUSD를 사용해 BTC를 BTC당 10,000달러에 sBTC로 거래할 수 있었다. 이후 BTC 가격이 12,000달러로 오르면 이를 다시 12,000달러의 sUSD로 거래하여 2,000달러의 수익을 얻을 수 있었으나 오라클에는 문제도 있었다. 기본적으로 오라클은 블록체인에서 현실 정보를 검증하고 그 결과를 블록체인에 보고하여 스마트 컨트랙트의 실행을 트리거하는 역할을 한다. 하지만 신세틱스가 사용하는 오라클이 2019년 6월 25일, 잘못된 데이터를 전송한 사건이 발생했다. 이를 알아차린 사용자가 이를 악용하여 그의 잔고가 잘못된 가격 피드로 인해 부풀려졌고, 이러한 금액을 이더리움으로 전환한 사건이 발생했다. 이 사건의 규모는 약 10억 달러였으며, 사용자와 협상을 통해 펀드를 회수했다.

최근 오라클 기술은 빠르게 발전하고 있다. 주기적으로 데이터를 업데이트하는 푸시Push 방식과 사용자의 요청에 따라 데이터를 갱신하는 풀Pull 방식을 혼합하여, 기존 시장을 장악했던 체인링크Chainlink의 점유율을 빼앗으려는 레드스톤RedStone, 피쓰네트워크Pyth Network 등의 프로젝트가 등장하고 있다. 레드스톤은 블랙록BlackRock이 설정한 토큰화된 펀드인 비들BUIDL에 오라클 솔루션을 제공하기로 했다.

피쓰네트워크는 유럽 자산운용사들이 설정한 가상화폐 펀드인 ETP 및 반에크VanEck가 운용하는 ETN 투자 비클에 오라클 솔루션을 제공하며, 실물 자산과의 접점을 확대하고 있다.

11

디파이 썸머의 도래

탈 중앙화 거래소디파이, DeFi는 금융 거래를 블록체인 위에서 수행하기 때문에 충분한 유동성의 존재 여부가 프로토콜의 핵심이다. 디파이 거래소가 정상적으로 작동하려면 유동성 공급자들에게 경제적 이익을 제공해 동기를 부여해야 한다.

여기서 '풍부한 유동성'은 낮은 슬리피지Slippage를 가능하게 하여 사용자 경험을 개선한다. 많은 거래자들이 디파이 거래소를 사용할수록 유동성 공급자에게 배분되는 수익도 높아지기 때문에, 풍부한 유동성을 확보하는 것이 디파이 거래소에 가장 중요하다.

디파이는 중앙화 거래소와 비교할 때 한 가지 혁신점을 갖고 있다. 바로 '자동화된 마켓 메이커AMM' 기술로, 시장 조성자 없이 사용자가 직접 디파이에 유동성을 제공하여 거래 수수료를 배분받을 수 있다는 점이다.

일반적으로 금융 시장에서 유동성을 제공하는 행위는 전문 시장 조성자만 참여할 수 있는 영역이었다. 2015년, 이더리움이 출시되었을 당시만 해도 시장 조성자가 제어하는 유동성은 시세 조정 등 수많은 부작용을 낳았으며, 소매 투자자와 시장 조성자 사이의 정보 비대칭성으로 인해 소매 투자자들이 막대한 손해를 입는 일이 많았다. 시장 조성자의 부도덕한 행위는 중앙화 거래소의 신뢰를 훼손했다. 이로 인해, 블록체인 이념과 맞는 투명하고 공평한 환경이 필요하다는 목소리가 높아졌다.

그 결과, 2018년 탈 중앙화 거래소^{프로토콜}인 유니스왑이 자동화된 마켓 메이커 기술을 선보였고, 시장 조성자 없이 누구나 유동성을 공급하여 가격 형성에 기여하고 경제적 이익을 얻을 수 있게 되었다. 하지만 디파이 초기에는 충분한 유동성과 거래자를 모으기 어려웠기 때문에 소매 투자자들이 유동성을 제공하여 얻는 인센티브가 미미했다. 심지어 디파이에서 스테이블코인을 이더리움으로 교환하면 중앙화 거래소보다 적은 이더리움을 얻는, 즉 높은 슬리피지로 사용자 경험을 해치는 일이 빈번하게 발생하였다.

결국, 이러한 문제를 해결하기 위해 디파이 거래소들은 소매 투자자들이 제공하는 유동성에 대한 기회비용을 충분히 보상할 수 있는 대책을 강구하면서 유동성 인센티브 모델인 '유동성 채굴 모델'을 도입하기 시작했다.

유동성 채굴 모델은 디파이 거래소에 자금을 공급한 만큼 거래소가 발행한 토큰을 리워드 형태로 지급하는 방식이다. 초창기 모델에서는 자산의 가격 변동성 때문에 유동성 공급자들이 손해를 보곤 했는데, 디파이 거래소들이 제공된 유동성의 손실보다 더 많은 토큰 리워드를 제공하면서 유동성 공급자들의 참여를 독려할 수 있는 모델로 변경되었다. 2019년부터 2025년 4월 현재까지 디파이 거래소 또는 유사 속성을 가진 서비스들은 필수적으로 유동성 채굴 모델을 도입할 만큼 성공적이었다.

이 모델을 최초로 채택한 프로토콜은 합성 자산을 발행할 수 있는 '신세틱스'다. 신세틱스는 이더리움 위에서 블록체인 외부 데이터를 내부로 옮겨주는 오라클 기술을 통해 주식, 외화, 레버리지 토큰, 타체인 토큰을 토큰화하여 거래할 수 있는 플랫폼이었다. 신세틱스는 합성자산을 프로토콜 위에서 많이 발행하면 프로토콜 수익이 증가되었기 때문에 이더리움과 1:1 교환 가능한 합성자산인 sETH를 민팅하고 sETH/ETH 페어를 유니스왑 유동성 풀에 예치한 사용자들에게 자신들이 발행한 거버넌스 토큰인 SNX 보상으로 지급했다.

이 유동성 풀은 sETH/ETH 가격 변동성이 거의 없기 때문에 유동성 포트폴리오의 손실을 줄였으며, 교환 비율에 프리미엄이나 디스카운트가 있을 때 차익거래 수요를 높였다. 이러한 높은 수요는 많은 거래 수

상승장과 하락장에서 모두 수익을 올리는 알트코인 투자

수료를 발생시켰으며, 사용자들에게 SNX를 리워드로 제공할 수 있게 했다. 이로 인해 상당한 sETH 발행량이 증가하여 합성자산 발행에 대한 초기 수요 문제를 해결할 수 있었다. 또한, 유니스왑 v1 당시 최대 유동성 제공자로서 초기 디파이 사용자들에게 유동성 채굴의 개념을 알리는 첫 사례가 되었다.

신세틱스를 통해 유동성 채굴이 디파이 프로젝트의 초기 유동성 문제를 해결할 수 있는 솔루션으로 시장에 인식되었다. 대표적으로 디파이 대출 프로토콜인 컴파운드가 예치자와 대출자에게 거버넌스 토큰인 COMP 리워드를 지급하는 유동성 채굴 프로그램을 출시한 것은 상당한 의미가 있었다. 컴파운드는 최초로 유동성 풀을 활용한 대출 프로토콜이었기에 사용자들이 예치한 유동성 양에 따라 대출할 수 있는 양이 제한되어 있었는데, COMP 유동성 채굴 프로그램을 출시하면서 2주 만에 출시 대비 10배 넘는 유동성과 유저 수가 2배 증가할 수 있었기 때문이다. 이는 전반적인 디파이 생태계에 유동성을 공급하는 대표적인 성공 사례였다. 이처럼 컴파운드 덕분에 유동성 채굴은 다양한 모델로 진화하면서 디파이 시대를 여는 계기가 되었고, 이를 일컬어 '디파이 썸머'라고 부른다.

컴파운드의 성공적인 런칭은 디파이 후발 주자들이 '유동성 채굴 모델'을 적용하는 다양한 사례들을 만들어 냈고, 새로운 리워드 모델을 창안하는 계기가 되었다. 이를 정리하면 다음과 같다.

- 타 프로토콜의 유동성을 유인시키기 위한 더 좋은 유동성 채굴 모델 구축
- 유동성 채굴 복리 파생상품 개발
- 유동성 채굴 리워드 공급 압력 감소 및 수익률 상승

첫 번째 모델은 신규 디파이 서비스들이 기존의 유동성 채굴 모델을 적용하여 더 많은 유저를 보유한 서비스를 상대로 더 높은 인센티브를 제공하여 신규 유저 유치를 하는 모델이다. 이를 디파이 내에서는 '뱀파이어 어택Vampire Attacks'이라 부른다. 기존 디파이 프로젝트들이 갖고 있는 유동성을 흡수하여 초기 콜드 스타트 문제를 해결했다. 대표적인 케이스는 유니스왑 모델을 그대로 복사하여 따로 유동성 채굴 모델을 도입한 프로젝트인 스시스왑이 있다. 그 당시에 유니스왑은 디파이 거래소 선두주자로서 유동성 채굴의 활용을 통해 거래 수수료를 받을 수 있는 인프라로 성장했지만, 더 많은 신규 유저에게 분배할 수 있는 인센티브 정책은 부재한 상태였다.

스시스왑은 유니스왑의 인센티브 정책이 부재함을 간파하여 유니스왑 사용자들이 유동성 공급에 사용한 'LP 토큰'을 스시스왑으로 옮기면 스시스왑이 발행한 '스시 토큰'을 리워드로 추가 제공하는 정책으로 초기 유니스왑의 유동성을 흡수했다. 당시에 70% 이상의 유니스왑 유동성이 스시스왑에 넘어가면서 경쟁이 치열한 DEX 시장에 성공적으로 론

칭되었다. 머지않아 유니스왑은 스시스왑에 흡수된 유동성을 되찾아오기 위해서 자체 거버넌스 토큰 UNI를 발행해 유동성 채굴 정책을 발표했다.

이는 한 섹터에 초기 론칭하여 수혜를 받지만 언제든지 후발주자의 유동성 채굴 정책으로 인해 시장 점유율을 뺏길 수 있는 첫 번째 케이스다. 섹터의 성장성이 지체되면 후발주자가 새로운 유동성과 기존 유동성을 유입시킬 수 있는 모델을 구축할 수 있기 때문에 이더리움이 아닌 메인넷들도 동일한 방식으로 유동성 경쟁에 참여했다. 대표적인 사례는 BNB 체인(당시 BSC)이다.

두 번째 모델은 디파이의 전성기 시절 출시되었다. 대다수의 디파이 프로젝트들은 각자 유동성 채굴 프로그램을 갖고 있었다. 유동성 채굴을 위해 2개의 토큰을 50:50 비율로 유동성하면 제공 받는, 일종의 '증서'인 LP 토큰을 통해 리워드를 얻는 구조였다. 디파이 거래소들이 제공하는 리워드를 수령하기 위해서는 사용자가 직접 거래소에 방문하여 일일이 리워드를 받아야 하는 불편함이 있었다. 이를 해결하기 위해 사용자의 'LP 토큰'을 위임받아 자동으로 리워드를 수령해주고, 즉시 매도하여 얻은 수익금을 재예치해 주는, 즉 복리Compound 효과를 얻을 수 있는 볼트 제품이 출시되었다.

볼트 제품은 사용자가 위임한 LP 토큰의 복리 수익률과 추가적인 볼트 제품의 거버넌스 토큰 리워드 덕분에 많은 사용자들이 사용했다. 이후 각종 LP 토큰들을 관리하여 리워드 수익률을 레버리지하는 상품까지 발전하여 사용자는 단순 디파이 트레이딩뿐만 아니라 유동성 채굴하는데에 수익률을 극대화할 수 있었다. 이 사례는 LP 토큰의 첫 번째 머니레고 형태로 확장하여 디파이 유동성 팽창하는데에 크게 일조했던 유동성 채굴이 진화된 모델이다. 한 때 유동성 채굴 볼트 생태계의 총 TVL 약 $12B 도달했을 정도로 매우 큰 섹터였다.

세 번째 모델은 디파이 전성기일 때 유동성의 규모가 $150b(180조 원)을 달성할 때 출시된 것이다. 수많은 사용자들이 유동성 채굴 리워드(거버넌스 토큰)를 채굴했으며 점점 많아지는 토큰으로 거품이 생겼다. 이에 따라 디파이 사용자들의 유동성 이탈주기가 가속화되었다. 유동성 채굴은 초기 유저를 손쉽게 유치하고 디파이 거래소들이 수익을 얻을 수 있으며 자금 유동성을 쉽게 유입할 수 있다는 장점이 있었다. 하지만 리워드로 제공되는 토큰이 지속적으로 희석되어 유동성 채굴의 리워드가 낮아지게 되면서 유저가 쉽게 이탈할 수 있는 부작용이 있었다.

당시 많은 프로젝트들이 거버넌스 토큰 방출량을 제어하려는 시도가 있었는데, 토큰을 락업하는 기간에 따라서 추후 제공되는 리워드의 양을 결정할 수 있는 제어권과 추가적인 인센티브를 지급하는 ve메커니즘을 도입하기 시작했다. 대표적으로 스테이블코인의 허브라 불리는 '커브 파이낸스'는 매년마다 유동성 채굴로 인한 초기 토큰 인플레이션이 2000% 이상 발생되었는데, 토큰 방출량을 줄기 위해 CRV 토큰을 최대

상승장과 하락장에서 모두 수익을 올리는 알트코인 투자

4년 락업시킬 수 있는 방안을 만들었다. 락업기간이 긴 만큼 사용자가 커브 파이낸스에 제공한 최대 2.5배의 유동성 리워드를 더 많이 얻을 수 있게 만들었다. 사용자는 본인이 제공한 LP 풀에 더 많은 리워드를 제공하기 위해 CRV 토큰을 락업했다.

이 모델도 사용자가 직접 토큰을 락업하여 LP풀 리워드를 부스팅하는 행위가 번거롭고, 높은 이더리움 가스비 때문에 사용자가 아닌 프로토콜 측에서 편의성을 높혀 주려는 시도들이 나오기 시작했다. 대표적인 시도는 다음과 같다.

- 볼트 제품들이 커브파이낸스에 특화된 볼트를 만들었다. 사용자의 리워드 부스트를 자동화할 수 있었다. 이 볼트는 커브 파이낸스의 자산 관리에 발생하는 수익을 일부 커브 토큰을 구매하여 다시 플랫폼에 예치하기 때문에 사용자들의 부스트의 일정 수준을 유지할 수 있었다.

- 당시 스테이블코인 프로젝트들은 자신들이 발행한 스테이블코인의 사용처를 확장하기 위해서 커브 파이낸스가 필요했다. 더불어 신규 유저들이 스테이블코인을 활용하게 만들기 위해서는 커브 파이낸스의 리워드에 의존할 수밖에 없었다. 새롭게 발행된 스테이블코인에 충분한 인센티브가 없으면 신규 유저들의 관심을 못 받

왔기 때문이다. 이에 스테이블코인 유동성 풀에서 발생하는 일부 수익을 커브 파이낸스의 토큰인 CRV를 매수하여 리워드로 제공했다. 이는 사용자들이 해당 스테이블코인을 갖고 유동성을 제공하면 추가적인 유동성 채굴 리워드도 얻을 수 있는 새로운 기회였다.

ve메커니즘은 유동성 채굴 리워드와 토큰의 방출량을 동시에 제어할 수 있게 만들어 새로운 토큰의 수요처를 만들 수 있는 특징이 있다. 이 덕분에 유동성 채굴의 주기가 길어지면서 프로토콜은 일정 기간 동안 유동성을 바인딩하여 선순환 구조를 만들어서 내재가치를 만들 수 있었다.

상기의 세 가지 모델은 디파이 썸머에 유동성 팽창하는 데에 크게 일조했던 것들이다. 이러한 모델 단기간 마케팅과 리워드를 일시방편으로 만든 모델이므로 장기적으로 과도한 리워드는 곧 부채가 될 수 있다는 점에서 완벽할 수 없다. 디파이는 본질적으로 시장의 유동성 주기와 매우 밀접한 관계가 있기 때문에 과도한 토큰 리워드를 방출한 프로젝트와 공격적으로 유동성 채굴을 진행한 사용자 행위는 매우 위험한 행위다.

그렇지만 크립토 프로젝트들은 디파이 썸머의 사례를 활용하여 어떻게 초기 유저를 더 많이 확보할 수 있을지, 초기 유입된 유저들의 이탈 방지 메커니즘 전략은 무엇인지에 관해 끊임없이 연구하고 있다.

상승장과 하락장에서 모두 수익을 올리는 알트코인 투자

이더리움의 작업증명(POW)
포기 선언과 새로운 도약

이더리움 출범 이후 가장 큰 업데이트는 이더리움 2.0을 위한 '더 머지 The Merge'라 할 수 있다. 구체적으로 '더 머지'는 이더리움 1.0의 블록 생성 방식인 PoW작업증명, Proof Of Work를 PoS지분 증명, Proof Of Stake로 전환하여 블록들을 블록체인에 추가시키는 속도를 향상시키고 확장성을 확보하기 위함이었다.

PoW 시스템에서는 블록 생성 속도가 제한적이다. 이는 거래 처리 속도를 제한하며 네트워크의 확장성을 저해한다. PoS로 전환함으로써 이더리움 네트워크는 블록 생성 속도를 향상시켜 더 많은 거래를 처리할 수 있게 되었다. 이것은 이더리움 네트워크의 확장성을 크게 높이는 중요한 변화였다.

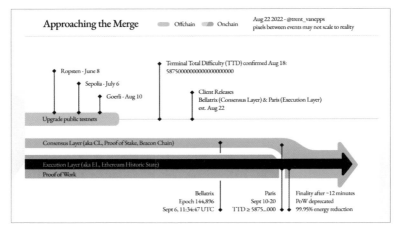

Approaching the Merge   Offchain   Onchain

Aug 22 2022 - @trent_vanepps
pixels between events may not scale to reality

Terminal Total Difficulty (TTD) confirmed Aug 18:
58750000000000000000000

Ropsten - June 8

Sepolia - July 6

Goerli - Aug 10

Client Releases
Bellatrix (Consensus Layer) & Paris (Execution Layer)
est. Aug 22

Upgrade public testnets

Consensus Layer (aka CL, Proof of Stake, Beacon Chain)

Execution Layer (aka EL, Ethereum Historic State)
Proof of Work

Bellatrix
Epoch 144,896
Sept 6, 11:34:47 UTC

Paris
Sept 10-20
TTD ≥ 5875...000

Finality after ~12 minutes
PoW deprecated
99.95% energy reduction

[그림 17] 이더리움의 작업증명(POW)가 지분증명(POS)이 되기까지

채굴 파워가 일부 집단에게 집중되었을 때 시스템 전체를 위험에 빠뜨릴 수 있는 PoW의 보안 문제는 PoS를 통해 해결하고자 했다. PoW 시스템에서는 해시 파워가 소수의 대규모 채굴자에게 집중될 가능성이 있다. 이는 네트워크의 탈 중앙화와 보안을 저해할 수 있으며, 51% 공격과 같은 보안 위협을 증가하게 할 수 있다. PoS는 이러한 문제를 해결하기 위해 설계되었다. PoS에서는 검증자들이 자신이 소유한 코인을 네트워크에 스테이킹하고, 이 스테이킹된 코인들이 검증의 기초가 된다. 따라서 네트워크의 보안은 코인을 많이 소유한 사용자들이 검증을 담당하게 되어, 시스템 전체의 보안이 한층 더 강화된다. 만약 고의적으로 잘못되게 판단하여 네트워크 보안을 해친다면, 스테이킹된 코인을 몰수

하여, 검증자가 올바른 행위를 할 수 있도록 제재하였다.

PoS는 네트워크 참여자들이 네트워크를 안정적으로 유지할 수 있는 경제적 인센티브를 제공한다. 검증자들은 자신이 스테이킹한 코인을 통해 보상받게 되며, 네트워크의 안정성을 유지할 경제적 동기를 부여받는다. 이는 PoW에서 채굴자들이 고가의 채굴 장비와 전기 요금을 감당해야 하는 경제적 부담을 줄이는 대신, PoS에서는 단순히 코인을 스테이킹함으로써 네트워크에 기여할 수 있게 한다.

그러나 이더리움 2.0의 전환 후 얼마 지나지 않아 '검열저항성' 문제가 수면 위로 떠올랐다. 블록체인의 검열저항성이란 '누구나 기록을 확인할 수는 있지만 막을 수는 없는 것'으로서, 이는 암호화폐가 존재감을 가질 수 있는 유일한 이유이기도 하다.

토네이도캐시를 제재 대상으로 포함시킨 미국 재무부 산하 국외자산통제국OFAC이 이더리움 블록체인 자체를 검열 대상으로 올릴 수 있다는 우려가 제기되었다. 이는 PoS의 한계로 지적되었으며, 당시 70% 이상의 이더리움 벨리데이터가 OFAC 규제를 받아들였고, 51% 이상의 생성된 이더리움 블록이 검열되고 있었다. 이로 인해 블록체인의 '검열저항성' 논란은 현재까지도 끊이지 않고 있다.

이더리움이 PoW에서 PoS로 전환하기 위해 벨리데이터를 모집했었다. 최소 32 ETH, 장기 락업, 노드 운영을 위한 기술 지원이 필요했기 때문에 보상이 높아도 일반 투자자들이 참여하기 어려웠다. 이더리움 2.0

의 PoS 시스템 체인 '비콘 체인'이 출시된 후, 론칭된 Lido리도 누구나 이더리움 2.0 벨리데이터에 손쉽게 참여할 수 있도록 하여 큰 호응을 얻었다.

쉽게 말해, '이더리움 조각 투자'라고 생각하면 이해가 쉽다. 당시 Lido에 이더리움을 예치하면 $stETH를 예금 증서처럼 제공했다. 이더리움 $ETH과 1:1로 페깅되거나 프리미엄이 붙을 정도로 $stETH의 유동성이 좋았기 때문에, 이를 담보로 하여 $ETH를 대출해주는 Aave아베 등 디파이 프로토콜이 인기를 얻었다.

새로운 기회, LSD : 캐시 우드가
코인베이스 주식을 추매한 이유

이더리움의 지분증명Proof Of Stake, POS 전환 선언은 시장에 일대 큰 파장을 불러일으켰지만, 이더리움 디파이 시장에는 새로운 기회를 제공했다. 그 대표적인 사례가 바로 '리퀴드 스테이킹유동성 스테이킹, Liquid Staking Derivatives, LSD' 섹터의 출현이다. 지난 2022년 12월, 미국의 펀드매니저 캐시 우드Cathie Wood가 이끄는 아크 인베스트Ark Invest는 코인베이스 주식을 550만 달러 추가 매입했는데, 이는 많은 사람들에게 상당히 의아한 결정으로 다가왔다.

당시 FTX 사태로 주식이 86%나 급감한 상황에서 일명 '돈 나무(캐시 우드) 누나'라 불리는 그녀는 왜 코인베이스 주식을 추가 매입했을까? 필자는 이 결정이 '리퀴드 스테이킹사업 부문에 대한 재평가 때문'이라고 여겨진다.

이에 관한 더 깊은 이해를 위해서는 먼저 '리퀴드 스테이킹Liquid Staking' 이란 무엇인지를 알아야 한다. 지분 증명은 블록체인에서 거래를 처리하고 새로운 블록을 생성하는 데 사용되는 지분증명 합의 메커니즘이다. 거래를 처리하는 벨리데이터들은 자신들의 코인을 예치하여 거래를 확인하고 거래 수수료를 받을 수 있다. 하지만 이 과정에서 두 가지 주요 문제가 발생한다.

첫째, 예치된 토큰은 일정 기간 동안 인출이 불가능하여 유동성이 떨어진다. 둘째, 벨리데이터의 서버가 다운되어 체인 운영에 문제가 생기면 예치된 토큰이 몰수될 수 있는 위험이 있다. 이러한 문제를 해결하기 위해 등장한 것이 바로 리퀴드 스테이킹이다.

리퀴드 스테이킹은
어떻게 작동되는 걸까?

1) 리퀴드 스테이킹 시장이 커진 이유

이더리움 2.0 로드맵의 일환으로 이더리움은 2020년 12월, 비콘체인을 선보이며 작업증명PoW에서 지분증명PoS 합의 메커니즘으로 전환하는 길을 열었다. 비콘체인에 밸리데이터로 참여하려면 32개 ETH를 스테이킹하고 노드 운영에 참여해야 한다. 예치한 32개 ETH는 2022년 4월에 있었던 '상하이 업그레이드' 전까지 인출할 수 없었다. 또한, 이더리움 노드 운영 중 원활하게 체인을 운영하지 못하면 불이익을 받을 수 있었다.

리도Lido, 록커 풀Rocket Pool, 스테이크하운드Stakehound 등은 리퀴드 스테이킹Liquid Staking 서비스를 제공하여 이러한 불편함을 해소하였다. 이 서비스들을 통해 누구나 적은 금액의 이더리움을 예치하여 노드 운영에 참여할 수 있다. 서비스 제공자들이 대신 노드 운영을 하고, 오프라인 패널티와 슬래싱에 대한 리스크를 감수해 주기 때문에 사용자들에게 편리함을 제공한다.

여기서 가장 중요한 점은, 사용자들이 ETH를 예치하면 예금 증서인 stETH를 발행해준다는 것이다. 사용자는 이 예금증서인 stETH를 활용하여 탈 중앙화 금융(디파이) 프로토콜의 금융상품에 투자하여 추가 수익을 얻을 수 있다. 이는 장기간 락업되어 있는 토큰에 유동성을 부여하는 것으로, 안정성은 높지만 수익률이 낮았던 스테이킹과 안정성은 낮지만 수익률이 높았던 디파이 상품을 결합한 것이다.

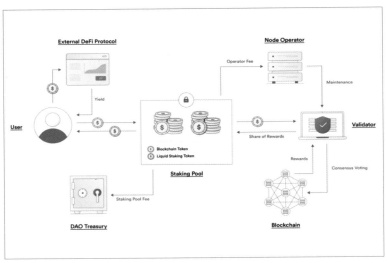

[그림 18] 리퀴드 스테이킹 메커니즘

상승장과 하락장에서 모두 수익을 올리는 알트코인 투자

〈1〉 상대적으로 높은 안정성을 담보로 고수익을 추구

당시 이더리움 밸리데이터로서 기대할 수 있는 수익은 두 가지로 구성된다. 첫째, 이더리움 인플레이션 보상으로 약 5% APY를 기대할 수 있다. 둘째, 기존 채굴자들이 가져갔던 MEV 리워드로 약 2%가 추가되어 총 약 7%대 수익을 기대할 수 있다. 여기에 리퀴드 스테이킹 서비스 제공자들이 제공하는 stETH 등의 예금 증서를 활용하여 Curve^{커브} 등 디파이 프로토콜에 유동성을 공급하면 약 3% APY를 추가로 확보할 수 있게 된다. 즉, 이러한 전략을 통해 스테이킹의 안정성을 유지하면서 두 자릿수 수익률을 달성할 수 있다. 이러한 이유로 유동성들이 리퀴드 스테이킹 시장으로 집중되었다.

〈2〉 상하이 업그레이드 후 리퀴드 스테이킹으로 자금 유입

2020년, 비콘체인 출시 이후 스테이킹된 이더리움의 양은 약 1,600만 개에 달하며, 이는 한화로 약 30조 원 규모이다. 2022년 3월, 상하이 업데이트 후에는 예치된 이더리움을 인출할 수 있었다. 시장으로 출하되는 이더리움 대부분은 리퀴드 스테이킹 시장으로 재유입될 가능성이 있었다. 30% 내외의 자금이 유입될 시, 시장 규모는 약 40% 커질 수 있는 기회였다.

2) 리퀴드 스테이킹의 현 상황

이더리움 블록체인의 합의 메커니즘이 이더리움 2.0 로드맵에 따라 지분증명PoS으로 변경됨으로써, 2020년 12월에 약 12조 원($10bn) 규모의 리퀴드 스테이킹 섹터가 생성되었다. '상하이 업그레이드'로 예치된 1,600만 개의 이더리움이 2023년 3월에 인출되었고, 시장에 출하되는 이더리움의 대부분이 리퀴드 스테이킹 시장으로 유입될 것으로 예측했다.

시가 기준으로 약 $25bn에 달하는 자금이 리퀴드 스테이킹 시장으로 유입될 가능성이 제기되면서, 2025년 현재, $10bn 규모에 머물러 있던 리퀴드 스테이킹 시장의 크기가 $25bn으로 커질 것으로 기대되고 있다. 캐시 우드는 이러한 리퀴드 스테이킹 시장의 성장 가능성에 배팅한 것으로 보인다.

〈1〉 당시 리퀴드 시장 참여자 현황

2023년 $10bn 상당의 시장 규모를 갖고 있는 리퀴드 스테이킹 섹터는 상위 두 주요 플레이어가 시장을 양분하고 있다. 탈 중앙화 시장의 'Lido'와 중앙화 시장의 '코인베이스Coinbase'가 그 주인공이다. 탈 중앙화 프로토콜인 Lido는 전 세계의 이더리움이 모이는 허브로, 시장의 1위를 지키고 있다. 반면, 크인베이스는 미국 크립토Crypto 자본시장을 리드하는 중앙화 거래소로서 약 17%의 시장 점유율을 가지고 있다.

'상하이 업그레이드'로 출하될 이더리움의 규모는 약 $25bn으로, 현재 리퀴드 스테이킹 시장의 2.4배에 해당한다. 리퀴드 스테이킹 시장에 예치된 이더리움의 양은 발행된 이더리움(약 $190bn) 대비 약 13% 수준이기 때문에, '상하이 업그레이드' 이후 이 섹터가 활성화되면서 추가적으로 높아질 가능성이 있다.

〈2〉 재평가 되었던 리퀴드 스테이킹

시장이 커짐에 따라 수혜를 받을 것으로 예상되는 업체들은 리도와 코인베이스이다. 이들 업체는 운용수수료 명목으로 5~10%를 선공제하기 때문에 매출 증가에 따른 기업가치 재평가가 이루어질 것으로 보인다. 이더리움 밸리데이터 운영에 따른 연간 수익률 5%에 5% 운용수수료를 부과하여 계산할 때, 코인베이스의 리퀴드 스테이킹 부문 연간 매출은 약 $4.2M으로 추정되지만, 2023년 3월에 신규 이더리움 물량이 유입된다면 최대 $26M까지 커질 가능성이 있었다. 캐시 우드의 코인베이스 주식 추가 매수는 이러한 전망에 따른 합리적인 선택이었을 것이다. 그녀는 다가올 리퀴드 스테이킹 부분의 성장을 예측했기 때문이다.

15 _____

LSD 머니레고의 중심,
아이겐 레이어(Eigen Layer)

1) 아이겐 레이어란?

이더리움 2.0의 두 번째 주요 업그레이드인 상하이 업그레이드가 지난 2023년 4월 12일 시행되었다. 상하이 업그레이드의 핵심은 이더리움 지분증명PoS을 위해 예치되었던 $ETH가 출금 가능한 상태로 전환되는 것이다. 출금 가능한 $ETH는 이더리움 네트워크가 제공하는 연 보상률 4.8%를 수취할 목적으로 재예치될 가능성이 크며, 리퀴드 스테이킹 디리버티브 DerivativesLSD 시장의 성장을 견인할 것으로 기대되었다.

2020년 12월, 비콘체인 발표 이후 1,700만 개 이상의 이더리움이 예치되었다. 당시에는 이더리움이 언제 지분 증명PoS으로 전환되어 출금이 가능할지 알 수 없었기 때문에 예치자들은 자금을 효율적으로 운용

할 수 없었다. 불편함을 해소하기 위해 리도는 이더리움을 예치한 사람
들에게 '예금 증서'인 $stETH를 발행해 주었다. 여러 디파이 프로토콜이
$stETH를 기초자산으로 한 디파이 상품을 출시하며 고질적인 문제였던
'자금 운용의 제약'을 해결할 수 있게 되었다. 아이겐 레이어는 같은 맥
락에서 예치된 '이더리움의 기회비용'을 해소하기 위해 개발되었다.

아이겐 레이어는 미들웨어 서비스들에게 이더리움 네트워크 수준의
높은 보안을 제공해 주는 프로토콜로, 트러스트 레이어Trust Layer라고 불
린다. 이더리움 네트워크가 $ETH를 예치받아 생성된 블록을 검증하여
네트워크 보안을 유지한다면, 아이겐 레이어는 LSD 서비스 제공자들
이 발행한 Staked ETH를 예치받아 미들웨어 서비스들의 데이터를 검
증해 준다.

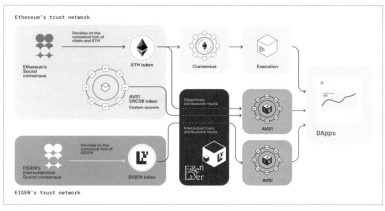

[그림 19] 아이겐 레이어의 리스테이킹 매커니즘

이더리움 네트워크에 $ETH를 예치하면 연 환산 수익률 4.8%를 수취할 수 있는데, 아이겐 레이어의 출시에 따라 이더리움 예치자들이 추가 수익을 얻을 수 있는 길이 열렸다. 리도, RocketPool로켓풀 등의 LSD 업체들은 자신들의 플랫폼에 $ETH를 예치해준 대가로 stETH 같은 Staked ETH를 발행해주는데, 이제 Staked ETH를 아이겐 레이어에 예치함으로써 추가 수익을 얻을 수 있다. 아이겐 레이어로부터 발생된 수익은 미들웨어 서비스 제공자들이 인프라를 활용한 서비스 대가이기 때문에 Real Yield(할 수 있는 직관적인 내러티브)인 Real Yield(실제 수익이 발생하는 프로토콜에서 파생된 수익이라는 의미)라고 말할 수 있어 의미가 깊다. 다시 말해, 미들웨어 서비스 제공자들은 높은 수준의 보안을 저렴하게 유지할 수 있어 좋고, 이더리움 예치자들은 이더리움 네트워크에서 수취하는 4.8% 이외의 Real Yield를 얻을 수 있어 좋다.

2) 아이겐 레이어의 활용 사례

대표적인 미들웨어 서비스는 '오라클Oracle 서비스'이다. 블록체인 밖의 데이터를 블록체인에 기록할 때 사용된다. 예를 들어, 한국과 독일 축구 경기에서 한국이 승리하면 A에게 100 이더리움 코인을 지급한다는 스마트 컨트랙트가 있다고 가정해 보자. 블록체인 밖의 데이터는 한국과 독일 축구 경기의 결과이다. 스마트 컨트랙트를 통해 보상을 지급하려면 축구 경기 결과를 누군가 검증하여 블록체인 위에 입력해 주어야 한다.

현재까지는 체인링크 등 오라클 서비스 제공 업체를 통해 축구 경기 결과를 검증하고 블록체인에 기록했다. 문제는 체인링크가 검증한 축구 경기 결과를 어디까지 신뢰할 수 있느냐는 것이다. 또한, 체인링크는 축구 경기 결과 같은 오프체인 데이터를 검증하기 위해 수많은 검증자가 필요하다. 검증 신뢰도를 높이려면 높은 탈 중앙화 수준이 요구되기 때문에 검증 비용도 천문학적으로 높아진다. 오라클 서비스 제공자는 어느 정도 선에서 타협할 수밖에 없다.

이때 아이겐 레이어는 축구 경기 결과(오프체인 데이터) 검증을 체인링크 검증자들이 아니라 이더리움 네트워크의 검증자들이 대신 담당하게 한다. 사용자 입장에서는 훨씬 신뢰도 높은 오프체인 데이터를 블록체인으로 가져올 수 있으며, 체인링크는 정확한 검증을 위해 사용했던 비용을 절약할 수 있다.

기술적인 측면에서 아이겐 레이어가 갖고 올 수 있는 장점도 크지만, 투자자 입장에서 아이겐 레이어가 가져올 LSD 생태계가 기대된다. 디파이 썸머를 견인할 수 있었던 동기는 '거버넌스 토큰' 발행으로 유동성 공급 수요를 자극할 수 있었다는 점이다. 반대로, 디파이 썸머의 끝은 프로토콜의 가치가 거버넌스 토큰에 반영되지 못했다는 것이다.

아이겐 레이어는 이더리움 네트워크에 투자자들이 $ETH를 예치할 동기를 만들어 주었다. 4.8% APR은 낮을 수 있지만, 아이겐 레이어 기반 위에서 미들웨어 서비스 업체들이 인프라 사용 대가로 지불할 비용이 4.8% APR에 가산되어 리스크 대비 안정적 수익을 만들어낼 것이다. 디파이 썸머의 거버넌스 토큰과 다른 점은, 추가 수익의 원천이 '인프라를 사용한 대가'이기 때문에 Real Yield라는 것이다. 검증인의 실수로 예치된 이더리움이 슬래싱(몰수)되는 리스크가 상존하지만, 디파이 대비 안정적인 투자처가 될 것으로 기대되었다.

상승장과 하락장에서 모두 수익을 올리는 알트코인 투자

디파이 위기를 가져올
리스테이킹Re-Staking

1) 새롭게 등장한 공짜 점심 리스테이킹, 과연 공짜일까?

이더리움의 아이겐 레이어와 비트코인의 바빌론 체인Babylon 같은 리스테이킹 프로젝트들이 거액의 투자를 받으면서 리스테이킹에 대한 관심이 매우 높아지고 있다. 리스테이킹이란 간단히 말해 일종의 '공유 경제'라 생각하면 된다.

신규 블록체인 프로젝트를 만들 때 가장 골치 아픈 문제가 충분한 보안성을 확보하는 것인데, 리스테이킹은 비트코인이나 이더리움처럼 이미 보안성이 증명된 큰 프로젝트들로부터 보안성을 빌려오는 방식이다. 이는 코인 프로젝트를 성공시키기 위해 필요한 고난도의 작업 중 한 가지를 쉽게 해결해 주기 때문에 코인 제작자에게는 매우 유용한 아이디어라 할 수 있다.

홍미로운 점은 프로젝트 빌더들뿐 아니라 일반 리테일 사용자들에게
도 리스테이킹이라는 아이디어가 상당히 매력적으로 다가온다는 점이
다. 이는 이 프로젝트들이 그 배후 논리를 설명할 때 매우 직관적인 논
리를 사용하기 때문이다.

이더리움의 PoS 안전성은 이더리움이 창출한 거대한 사회적 경제가
치에서 기인한다. 사회적 경제가치는 단순히 PoS의 자본 가치를 활용하
는 것뿐만 아니라 개발자, 검증자, 투자자 등 다양한 이해관계자의 생태
계 참여로 구축된다. 필자는 현재 크립토 마켓에서 이더리움만큼 경제
시스템을 구축한 네트워크는 없다고 단언한다.

리스테이킹을 통해 이더리움 경제 시스템을 다른 프로젝트에서도 사
용할 수 있다면, 더 많은 프로젝트가 자체 경제 시스템의 악성 순환(제
시 예: 테라와 아발란체 생태계 붕괴)을 방지하기 위해 이더리움을 사용하고
싶어할 것이다. 이로써 신규 프로젝트들도 론칭부터 이더리움과 동등한
경제 보안을 갖출 수 있다.

나아가 리스테이킹을 사용하는 프로젝트는 자체 프로토콜 수익성
및 토큰 리워드 기반의 높은 수익률을 제공함으로써 다량의 $ETH 기반
TVL^{Total Value Locked}을 끌어들일 수 있다. 이는 높은 TVL이 높은 시가총
액과 높은 토큰 가격을 의미하기 때문이다. 사용자가 stETH와 같은 다
양한 1차 유동성 자산을 리스테이킹하면 추가 수익을 얻을 수 있어 자본

의 사용 효율성이 크게 높아진다. 따라서 사용자에게도 큰 이점이 적용된다.

하지만 '공짜 점심'과도 같은 리스테이킹에는 실제로 숨겨진 위험이 있다. 리스테이킹 설계를 깊이 분석하면, 이더리움이나 비트코인 같은 대형 프로젝트에도 큰 위험이 될 수 있음을 알 수 있다. 리스테이킹을 통한 공유 경제 안전은 검증자의 행동이 목표에 부합하는지를 판단하는 슬래시(처벌) 및 리워드 규칙에 의존한다. 이러한 규칙은 아이겐 레이어가 통제할 수 없으며, 전적으로 프로젝트 팀의 결정에 달려 있다. 대부분의 투자자는 높은 수익률에만 현혹되어 프로젝트의 기본적인 신뢰성은 단지 큰 투자 유치를 통해 판단하는 경향이 있다. 게다가 슬래시 규칙과 프로젝트의 검증자 클라이언트에 대한 리스크를 판단할 수 있는 투자자는 매우 드물다.

리스테이킹과 공유 경제 안전은 네트워크의 중앙화 증가라는 위험을 내포하고 있다. 리스테이킹이 호황을 누릴 때, 높은 수익률을 제공하는 몇몇 프로젝트에 투자자들이 자본을 집중시키는 것은 일반적이다. 이러한 집중화는 특정 프로젝트나 그룹에 과도한 영향력을 부여하며, 장기적으로 네트워크의 안정성과 보안에 심각한 위협을 가할 수 있다. 예를 들어, 한 리스테이킹 검증자가 여러 프로젝트에 영향을 미친다면, 악의적인 공격으로 상호운용성이 요구되는 브릿지나 공유 시퀀서 프로젝트들이 타격을 받아 전반적인 상호운용 생태계가 손상될 위험이 있다.

일부 사람들은 리스테이킹된 자산을 슬래시하는 것이 프로젝트 수익에 도움이 되지 않는다고 주장할 수 있다. 이는 아이겐 레이어의 설계에 따라 슬래시된 자산이 블랙홀 주소로 이전되기 때문에 프로젝트 소유자가 직접적으로 해당 자산을 회수할 수 없기 때문이다. 그러나 겉보기와는 달리, 프로젝트는 아이겐 레이어와 $ETH의 가격 하락을 예상하여 공매도 포지션을 취함으로써 상당한 수익을 얻을 수 있다. 이는 자산이 슬래시되면서 시장에 불확실성이 증가하고, 이에 따라 아이겐 레이어의 네이티브 토큰과 $ETH의 가치가 하락할 가능성이 있기 때문이다.

2) 디파이, 위기로 치달을 수 있다

이 과정은 다음과 같다. 먼저 프로젝트는 자신을 합법적으로 보이게 하기 위해 영향력 있는 인플루언서들을 통해 자본을 모집한다. 그 후, 높은 APY(연간 수익률)를 제시하여 사용자를 유혹하고, 이를 통해 프로젝트의 경제적 안정성을 확보하기 위해 자산을 리스테이킹한다. 동시에, 프로젝트는 아이겐 레이어와 $ETH에 대해 다수의 공매도 포지션을 축적한다. 그리고는 검증자가 설계 규칙을 따르지 못하게 하여 의도적으로 리스테이킹된 자산을 삭감하는 허점을 찾는다.

이후 사용자는 자신의 리스테이킹된 자산이 갑자기 사라진 것을 발견하게 되고, 이로 인해 리스테이킹된 자산이 대량으로 회수된다. 그 결과, 아이겐 레이어의 네이티브 토큰과 $ETH의 가격이 급락하게 된다. 최종적으로 프로젝트 소유자는 아이겐 레이어의 네이티브 토큰과 $ETH를 공매도하여 큰 이익을 얻게 된다. 이러한 전략은 명백한 시장 조작 행위로 간주될 수 있으며, 투자자들에게 큰 손실을 초래할 수 있다.

이러한 점에서 경제 보안의 공유는 실제로 이더리움 사회적 경제 시스템 가치에 큰 손해를 일으킬 수 있다. 이더리움의 사회적 경제 가치는 생태계의 장기적인 기술 개발, 브랜딩 및 커뮤니티 구축에서 비롯된다. 따라서 이와 같은 사회적 자본을 누구나 사용할 수 있다면, 이는 큰 가치가 없는 쓸모없는 것이 된다.

ETH/BTC의 경제적 보안을 무분별하게 사용하는 것은 펀더멘탈 가치에 큰 해악을 끼친다. 이러한 경제적 보안을 사용하는 프로젝트가 선의의 프로젝트라 하더라도, 오랜 시간 동안 검증되지 않은 프로젝트의 기술에 취약점이 없다고 보장할 수 있는 방법은 현재로서는 없다.

해커는 이러한 취약점을 악용하여 리스테이킹된 자산을 공격하고 악의적으로 삭감하여 특정 자산 공매도 포지션을 통해 이득을 취할 수 있다. 리스테이킹된 자산이 파괴된 주소로 전송되면 원래 스테이킹된 자산은 아무도 소유하지 않는 자산이 되며, 리스테이킹된 자산의 경제적 보안 가치는 즉시 0이 된다. 만약 대량의 이더가 아무도 소유하지 않는 자산으로 바뀌면 이더리움 경제 시스템의 보안에 큰 영향을 미친다.

3) 리스테이킹의 문제점

따라서 리스테이킹 네러티브는 전반적인 이더리움에 큰 부채를 떠안길 수밖에 없다. 개인적으로 리스테이킹 이후 생태계에 문제가 발생할 수 있는 지점을 짚어보면, 아이겐 레이어 재단이 공식적으로 검증된 리스테이킹 프로젝트 리스트를 오픈하더라도, 리스트에 포함된 프로젝트가 기술적으로 완벽하고 신뢰할 수 있다고 보장할 수는 없다고 판단한다.

물론 아이겐 레이어가 특정 오퍼레이터를 모아 위원회를 구축하여 매 건의 슬래시를 검토할 수 있는 시스템을 구축할 수 있지만, 앞으로 생태계에 수천수만 가지 상황이 발생할 것이기 때문에 슬래시하기 위한 책임과 신뢰를 담보하기는 어려울 것으로 여겨진다. 아울러 네트워크에 영향을 미칠 정도로 다량의 리스테이킹된 자산이 악의적인 행위로 인해 슬래시될 경우, 이더리움은 롤백/하드포크할 준비가 되어 있을 것이다. 따라서 마치 The DAO 사태처럼 가치가 희석된 새로운 이더리움이 탄생할 것이다.

이상에서 살펴볼 수 있듯, 리스테이킹이 제공하는 이점들은 분명하지만, 그에 따른 위험성도 상당하다는 것을 인지해야 한다. 리스테이킹 인프라와 이를 활용하는 프로젝트들은 이러한 위험성을 최소화하기 위한 철저한 안전 대책을 마련하고, 투자자들은 고수익률의 유혹에만 사로잡히지 않아야 한다.

또한, 프로젝트의 실질적인 안전성과 지속 가능성을 깊이 분석하는 것이 좋으며, 검증자의 선택과 관리, 프로젝트의 코드 검증에 있어서는 더욱 신중한 접근이 요구된다. 결국, 리스테이킹과 공유 경제 안전은 이더리움 생태계에 새로운 기회를 제공할 수 있지만, 그에 수반되는 위험성 역시 면밀히 검토하고 관리하는 것이 중요하다.

2008년, 서브프라임 금융위기를 잊어서는 안 된다. 금융에서 여러 레이어가 현란하게 겹치면서 연결되는 것은, 일견 새로운 부가가치가 생기고 유동성이 개선되는 것으로 보이지만, 그 속에는 항상 보이지 않는 부채가 있다. 생태계 참여자들이 스스로 무덤을 만드는 셈이다. 특히, 리스테이킹은 블록체인 보안성이 이더리움뿐 아니라 여러 레이어에 동시에 중첩될 수 있으며, 전체 크립토 차원의 금융위기를 조성할 수 있는 큰 잠재력을 가지고 있다.

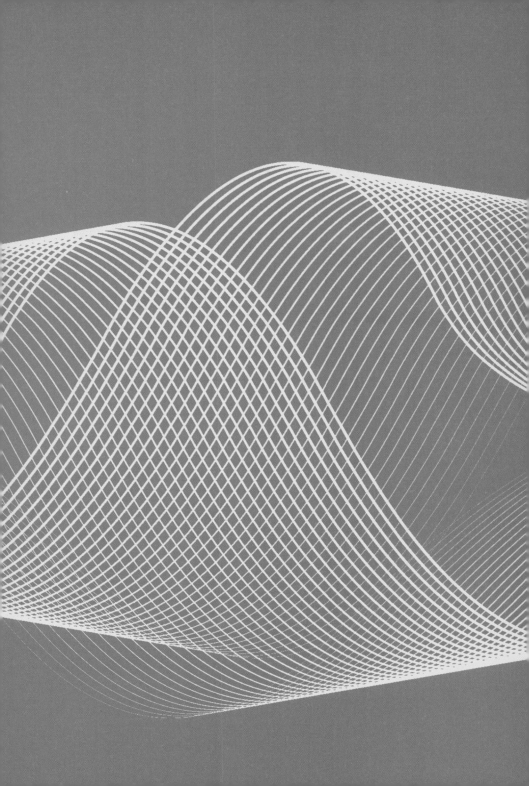

PART 2

미래 투자
세상을 바꿀
블록체인의
모든 것

17

블록체인 시장의 주요 가상자산, USDT

1) USDT는 어떻게 주요 가상자산이 될 수 있었을까?

테더사가 발행한 USDT는 1달러의 가치를 유지하도록 설계된 스테이블코인이다. 이 코인은 현금, 현금성 자산, 회사채, 비트코인 등 다양한 자산을 기초자산(이하 '지급준비금')으로 하여 발행되고 있다. 테더사는 이와 같은 지급준비금에 대해 정기적으로 공정가치 평가를 수행하며 그 결과를 공시한다.

무엇보다 지급준비금의 가치와 안정성은 경제의 외생 변수와 내생 변수에 영향을 받는다. 과거 테더의 담보자산과 투명성에 대한 의문이 다수 제기되기도 하여, 미국 뉴욕 법원은 테더사에 유보금 내역을 공개하도록 명령했으며, 이후 주기적인 회계감사를 통해 시장 참여자들에게

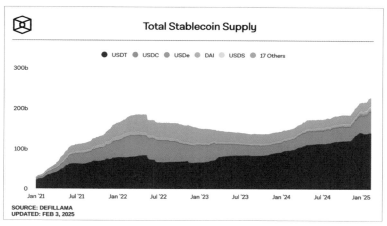

[그림 20] 지속적인 성장세를 보이고 있는 스테이블코인 발행량

보다 정확한 정보를 제공하고 있다.

이러한 노력을 통해 시장 참여자들은 현재 USDT의 안정성을 높이 평가하고 있다. 테더사의 발표에 따르면, 부채 대비 자산 규모가 103% 수준이다. 이는 USDC와 비교했을 때 3% 높은 수치다. 이는 USDT 발행 대금보다 더 많은 자산을 보유하고 있는 상황으로 해석할 수 있다.

USDT는 현재 75%의 시장 점유율을 기록하고 있다. 이더리움 네트워크에서 발생하는 USDT 거래량은 일 평균 약 130조 원($10bn)에 육박하며, 이는 국내 유가증권시장 일평균 거래대금 보다 10배 높은 수준이다.

블록체인 이용자들은 USDT와 같은 스테이블코인을 통해 시장의 변동성을 관리할 수 있으며, 토큰 간 교환이나 담보 대출, 결제 수단 등 매우 다양한 용도로 활용할 수 있다. 이처럼 블록체인 시장의 교환 매개 역할을 하는 USDT는 오늘날 주요 가상자산으로 자리 잡고 있다.

이더리움 네트워크 기반의 USDT 사용자들은 초창기 높은 네트워크 수수료와 느린 거래 처리 속도로 인해 큰 불편함을 겪었다. 이후 2019년, 탈 중앙화 금융(디파이)의 성장과 더불어 USDT는 멀티체인 지원에 대한 수요를 인식하고 트론Tron 네트워크에서 USDT를 최초로 발행했다. 트론 네트워크는 이더리움에 비해 상대적으로 낮은 거래 수수료와 빠른 처리 속도를 제공했으며, 바이낸스와 OKX 등 주요 거래소에서 네트워크 지원을 받았기 때문에 USDT 생태계를 확장하기에 매우 용이했다.

이렇게 트론 네트워크를 활용한 USDT는 낮은 거래 수수료와 빠른 처리 속도로 거래소, 장외거래OTC, 디파이 등 다양한 영역으로 사용처를 확장해 나갔다. 2021년에는 '디파이 썸머' 기간 동안의 트론 네트워크에 기반한 USDT 발행량은 이더리움에 기반한 USDT 발행량을 초과했다. 그 결과, 현재 USDT의 총 발행량 중 약 50%가 트론 네트워크를 통해 이루어지고 있다.

2) USDT 원화 상장의 시사점

한국 거래소 사용자들은 주로 트론과 이더리움 네트워크를 통해 해외 및 국내 거래소 간 자금 이체를 진행한다. 필자는 2024년 11월 7일간의 국내 거래소 입·출금 트랜잭션 분석 결과, 트랜잭션의 약 75%가 트론 네트워크를 통해 이루어졌음을 확인할 수 있었다. 특히, $10,000 이상 규모의 자금 입출 내역을 살펴보면, 일일 평균 약 $7M(대략 90억 원)이 트론을 통해 처리되는 것으로 나타났다. 이는 매월 약 $210M(약 2,700억 원)에 해당하는 거래대금이 트론 네트워크를 통해 발생하는 것을 의미한다.

이처럼 한국 거래소 사용자들이 유달리 트론을 선호하는 이유는 트랜잭션 비용이 이더리움에 비해 저렴하고, 네트워크 처리 속도가 빠르기 때문이다. 만약 국내 거래소가 USDT 원화를 트론 네트워크에서 지원한다면 어떻게 될까? 결과는 해시키 홍콩 거래소 사례를 통해 유추해 볼 수 있다.

2023년 8월, 중국계 벤처캐피탈인 해시키 캐피탈Hashkey Capital은 홍콩 금융 당국으로부터 라이선스를 취득하고 해시키 거래소를 출범했다.

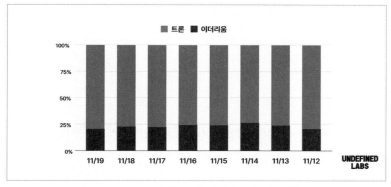

[그림 21] USDT 스테이블코인을 지원하는 네트워크 점유율

출시 초반에는 비트코인과 이더리움 페어를 홍콩 달러로 지원했지만, 2023년 10월 24일부터 USDT를 홍콩 달러로 지원하면서 거래량이 눈에 띄게 증가했다.

구체적으로, USDT의 홍콩 달러 지원 전 평균 거래량은 $20M(약 260억 원)이었으나, 지원 이후에는 5배 증가한 $100M(약 1,300억 원)을 기록했다. 해시키 거래소가 USDT를 홍콩 달러로 현금화할 수 있는 주요 창구로서의 역할을 수행하면서, 특히 중국 내 거래소 이용자들의 수요가 증가한 것으로 해석된다. 이 사례는 국내 거래소들이 USDT를 원화로 지원할 경우 비슷한 현상이 발생할 가능성을 시사한다. 이처럼 USDT와 원화 간의 거래 지원은 거래량 증가와 함께 시장에 큰 영향을 미칠 수 있다.

3) 테더 USDT 활용법

〈1〉 디파이 서비스를 활용한 부가가치 창출

디파이 서비스 내 스테이블코인을 활용할 수 있는 방안은 크게 첫째, 유동성 공급 둘째, 대출 서비스 활용이 있다. 사용자들이 USDT와 같은 스테이블코인을 유동성 공급하면, 스테이블코인을 다른 토큰으로 교환하면서 발생하는 거래 수수료를 일부 지급받는다. 커브 파이낸스, 아베, 컴파운드 같은 디파이 거래소가 대표적인 사례다.

커브 파이낸스는 AMM 방식의 DEX로 스테이블코인을 다른 토큰으로 스왑하는 서비스를 제공한다. 커브에 유동성을 공급하면, 스왑에서 발생한 거래 수수료의 일부가 유동성 공급자에게 분배되며, 유동성 공급자는 수수료와 더불어 LP 토큰(거래소 토큰)을 얻어 새로운 부가가치를 창출할 수 있다. 특히, 아베나 컴파운드 같은 랜딩 플랫폼들은 스테이블코인을 다른 사용자에게 빌려주고 이자를 얻거나, 해당 스테이블코인을 담보로 다른 토큰을 얻는 서비스를 제공하고 있다.

〈2〉 중앙화 거래소의 부가가치 서비스

아울러 USDT를 전통 금융권의 예, 적금과 같은 부가가치 상품에 예치할 수 있다. 여기서 가장 큰 장점은 자유로운 입출금과 다른 코인 대비 안정적인 수익률과 낮은 변동성을 가진다는 것이다.

중앙화 거래소의 이러한 상품들은 마진 및 선물 거래를 위해 준비금이 필요한 유저들에게 USDT를 빌려주고, 그에 따른 부가가치를 창출하는 형태를 띤다. 이때, 교환 주체는 중앙화 거래소로 사용자가 간편하게 해당 서비스를 이용할 수 있다.

오늘날 USDT는 명실상부한 블록체인 시장의 주요 가상자산으로 자리 잡았다. 국내 시장에서도 USDT에 대한 관심은 여타 다른 스테이블코인보다 높다. 이는 해외 거래소에서 주로 사용되는 스테이블코인이기 때문인데, 한국 거래소에서의 USDT 원화 상장으로 인해 이용자들이 가격 변동 리스크를 효과적으로 관리하고 다양한 활용 기회를 얻을 수 있을 것이다.

　이러한 국내 거래소의 USDT 원화 상장은 국내 시장의 스테이블코인에 대한 선호도를 반영한 전략적 결정으로 보인다. 본 결정에 의한 거래의 유연함 덕분에 국내 시장에서의 거래 활성화 등 긍정적인 영향을 가져올 것으로 기대된다.

　상승장과 하락장에서 모두 수익을 올리는 알트코인 투자

18

왜 비자(VISA)는 계정 추상화에 눈독을 들이고 있을까?

1) 이더리움 계정이란?

2024년 3월에 발표된 ERC-4337 규격을 통해 계정 추상화 개념이 구현되면서, 새로운 지갑이 암호화폐 시장의 미래에 미칠 영향에 대한 논의가 활발해졌다. 대부분의 논의는 시드 문구, 가스비 대납 등 사용자 편의성에 초점을 맞추고 있지만, 필자는 계정 추상화가 사용자 편의성을 높이는 것 이상의 큰 변화를 가져올 수 있다는 점에 더 주목한다.

계정 추상화는 필연적으로 블록체인의 '밸류체인Value Chain 변화'를 가져온다. 여기서 밸류체인이란 기업이 제품과 서비스를 생산하고 부가가치를 생성하는 전체 과정을 의미한다. 블록체인 네트워크에서 사용자가 거래를 생성하고 이를 승인하기까지는 많은 이해관계자를 거쳐야 하

는데, 계정 추상화의 도입으로 본 과정 중 일부는 계정 추상화 서비스를
제공하는 회사에 의해 대체될 수 있다.

전 세계에서 해외 결제를 가능하게 하는 비자VISA 사가 계정 추상화를
새로운 기회로 선정한 이유도 바로 이 때문이다. 이 변화를 이해하기 위
해서는 기본적으로 이더리움 계정과 이를 활용한 지갑에 대해 이해하
고 있어야 한다. 이에 이어지는 내용에서는 계정 추상화 서비스 제공자
들이 블록체인 밸류체인 중 어느 부분을 변화시키는지에 관하여 살펴
보겠다.

이더리움은 계정Account을 통해 트랜잭션에 의해 변화하는 '상태'를 저
장한다. 여기서 말하는 상태란 잔액의 변화와 같이 트랜잭션을 통해 바
뀌는 것을 말한다. 예를 들어, 자신의 지갑에 보관 중인 10ETH를 다른
사람에게 전송하면 자신의 잔액은 줄어들고, 이것을 일러 '상태가 변했
다'고 표현한다.

이더리움 네트워크는 상태 변화를 저장하기 위해 두 가지 계정 유형
을 사용한다. 그것은 EOA Externally Owned Account와 CA Contract Account이다.
두 계정 모두 '0x…' 형식의 알파벳과 숫자로 구성된 고유한 공개 주소를
가지고 있으며, 이더리움을 전송하거나 저장하거나 수신하는 데 사용할
수 있다. 이들 계정은 잔액뿐만 아니라 코드를 저장할 수 있으나 EOA와
CA는 제어 방법과 사용 방법에 있어서 차이가 있다.

〈1〉 EOA Externally Owned Accounts

이더리움 네트워크는 '비대칭 키' 개념을 사용한다. 비대칭 키는 타인에게 노출되면 안 되는 프라이빗 키Private Key와 이 키를 기반으로 생성된 퍼블릭 키Public Key로 구성된다.

일반적으로 거래를 주고받을 때, 비대칭 키를 사용하여 암호화하고 해독한다. 특히, 암호화할 때는 메시지를 받는 대상의 퍼블릭 키로 암호화해야 한다. 예를 들어, 철수가 영희에게 암호문을 보내는 장면을 도식화하면 아래와 같다.

> - 철수 : 평문 ⇒ 영희의 퍼블릭 키로 암호화 ⇒ 암호문
> - 영희 : 암호문 ⇒ 영희의 프라이빗 키로 복호화 ⇒ 평문

이렇게 생성된 암호문은 해당자에게만 유효하다. 이러한 구조이기 때문에 퍼블릭 키는 외부 아무에게나 노출되어도 상관이 없으나, 프라이빗 키는 항상 보안이 유지되어야 한다.

한편, 이더리움 계정 중 하나인 EOA Externally Owned Account는 시드 문구Seed Phrase를 통해 프라이빗 키와 퍼블릭 키를 생성하고, 이 프라이빗 키의 서명 기능을 이용해 사용자가 직접 계정을 관리할 수 있게 한다. 사용자는 트랜잭션을 검증하고 수행하는 것뿐만 아니라 거래 수수료를 부담할 수도 있다. 우리가 흔히 사용하는 메타마스크MetaMask는 이 EOA를

활용한 대표적인 지갑이다.

〈2〉 Contract Account Smart Contract Account

반면, 컨트랙트 계정Contract Account, CA은 EOA와 달리 거래를 직접 생성할 수 없다. 이는 프라이빗 키를 가지고 있지 않으며, 사전 설정된 조건에 따라 행동하는 코드만을 포함하고 있어 특정 시점에 해당 코드를 실행한다.

CA는 작동되기 위해 EOA가 필요한데, 예를 들어 중앙화 거래소의 개인 지갑 주소로 필자가 이더리움을 전송하면, 거래소 계정은 CA이기 때문에 사전에 설정된 거래소의 대표 EOA 계정으로 이더리움이 전송된다. 이때 CA를 사용하면 추가적인 거래 수수료 없이 한 계정에 다수의 자금을 모아 관리할 수 있다. 멀티 시그(다중 서명), 타임 락, 과반수 서명이 승인되었다면 거래를 승인하는 등의 확장 가능한 기능도 구현할 수 있다.

2) 이더리움 계정의 한계

이더리움 계정을 관리하는 방식에는 몇 가지 문제가 있다. 먼저, 지갑 서비스 제공자는 사용자에게 '시드 문구'라는 일련의 단어를 제공하고, 이 단어를 통해 프라이빗 키를 생성한다. 이 비밀 키는 이더리움 계정을 관리하는 데 필요하다. 하지만 이 시드 문구와 프라이빗 키를 잊어버리

상승장과 하락장에서 모두 수익을 올리는 알트코인 투자

거나 도난당하면, 그 계정에 대한 접근을 영구히 잃어버릴 수 있다. 이러한 위험성은 사용자가 블록체인과 상호작용하는 것을 어렵게 만들며, 디지털 자산을 관리하는 것을 복잡하게 한다.

또한, 사용자가 이더리움의 '스마트 컨트랙트'와 상호작용하려면 여러 번의 절차를 거쳐야 한다. 이 절차마다 서명이 필요하고, 각 서명마다 가스 비용이 발생한다.

현재 이더리움 계정 관리 체계는 지갑 서비스 제공자가 사용자에게 다양한 서비스를 제공하는 것을 제한한다. 이 문제를 해결하기 위해 '스마트 컨트랙트'를 활용한 방법이 있지만, 이는 새로운 리스크를 만든다.

〈1〉 계정 추상화의 근간이 된 스마트 컨트렉트 지갑

스마트 컨트랙트 지갑Contract Account, CA은 기본적으로 이더리움 블록체인에서 실행되는 코드이다. 일반적인 이더리움 EOA 계정과 달리, 스마트 컨트랙트 지갑을 사용하는 사용자는 다양한 방식으로 거래를 처리할 수 있다.

예를 들어, 멀티시그(다중 서명) 기능을 설정하여 두 명 이상의 사람이 트랜잭션을 승인해야 거래가 이루어지도록 할 수 있으며, 타임 락을 설정하여 특정 시간이 경과한 후에만 트랜잭션이 이루어지도록 설정할 수도 있다. 이와 같은 방식으로 스마트 컨트랙트 지갑은 사용자가 트랜잭션을 한층 안전하게, 자신의 요구에 맞게 처리할 수 있도록 도와준다.

나아가 스마트 컨트랙트 지갑은 이더리움 트랜잭션의 가스 비용을 사용자 대신 다른 사람이 지불하도록 설정하거나, 다른 토큰으로 비용을 지불할 수 있게 설정할 수 있다. 이러한 기능들은 우리가 계정 추상화에서 기대했던 서비스들을 선행적으로 제공했다.

그러나 이러한 편리한 서비스를 사용자에게 제공하기 위해서는 오프체인에서 릴레이어가 트랜잭션 비용을 부담해야 스마트 컨트랙트 지갑이 작동한다. 릴레이어는 사용자 대신 가스비를 대납해주므로 거래 직전에 사용자들의 거래 내역을 볼 수 있고, 이를 자신들의 이익을 위해 사용할 수 있다.

이는 MEV 샌드위치 공격과 유사한 부작용을 초래할 수 있다. 이것은 블록체인의 핵심 원칙인 '분산화'와 '검열 저항성'과 상반되는 부분이며, 사용자의 자산이 위험에 노출될 수 있다. 그렇지만 계정 추상화 개념을 구현할 수 있는 ERC-4337 규격은 이러한 리스크를 극복할 수 있게 해준다.

상승장과 하락장에서 모두 수익을 올리는 알트코인 투자

계정 추상화를 넘어 인텐트의 등장

1) 결과 중심으로 변하고 있는 사용자 경험

Web3 기술의 빠른 발전에 따라, 사용자들에게 더 편리한 서비스 환경을 제공하는 것이 큰 화두가 되고 있다. 이러한 움직임은 2025년 초 ETH Denver에서 발표된 '계정 추상화' 기술 도입에 의해 한층 가속화되었다. 여기서 더 흥미로운 점은, 이러한 사용자 경험의 변화가 Web2에서 더욱 명확하게 나타나고 있다는 것이다.

과거에는 구글 검색을 통해 정보를 찾아다니던 사용자들이 이제는 챗GPT와 같은 생성형AI 플랫폼을 통해 직관적으로 원하는 결과를 바로 얻을 수 있게 되었다. 이렇게 '결과 중심'의 사용자 경험으로의 전환을 Web3 세계에서 어떻게 구현할 수 있는지, 그것이 바로 이어지는 내용에서 다루고자 하는 주제인 인텐트(Intent, 의도)이다.

그렇다면 인텐트는 무엇인가? 인텐트는 블록체인 커뮤니케이션에서의 혁신적인 변화를 의미한다. 기존에는 블록체인 상에서 세부적인 작업 과정을 명시적으로 지시했다. 예를 들어 과거에는 "A 작업 후 B를 진행하며 C의 비용을 지불해 X의 결과를 얻으라."와 같이 구체적으로 지시했다. 특히, 이더리움의 EVM과의 커뮤니케이션에서는 "1ETH 가치의 ETH-USDC LP를 철회하고, 0.01%의 가스비를 지불해 $1,800 USDC를 가지고 와라."와 같이 구체적인 명령어를 사용했다.

그러나 인텐트는 다르게 접근한다. 사용자는 원하는 최종 결과만을 전달하고, 그 과정의 세부사항은 블록체인 참여자들Solver이 자동으로 결정한다. 즉, "LP를 철회해서 $1,800 USDC를 가져와! 그 과정에서 0.01%의 가스비를 지불해줄게."라고 간단히 요청하는 것이다. 이런 점에서 인텐트의 주요한 특징은 다음과 같다.

- **결과 중심** : 사용자는 원하는 최종 결과만을 요청한다. 세부적인 과정은 사용자가 개입하지 않아도 된다.

- **조건부 승인** : 사용자가 블록체인 트랜잭션에 서명할 때, 해당 서명은 컨트랙트에 특정 코드의 실행을 허용하는 권한을 부여한다. 이 코드는 트랜잭션 내에서 특정 연산을 수행하여 블록체인의 상태

상승장과 하락장에서 모두 수익을 올리는 알트코인 투자

를 변경하게 된다. 이러한 과정에서는 사용자의 의도가 대개 후처리 된다. 인텐트를 사용하면, 사용자는 자신의 인텐트를 명확히 표현하고 해당 의도를 바탕으로 예상되는 결과를 블록체인에서 직접 받아온다. 한 번 이 결과가 사용자의 의도와 일치하면, 자산의 이동이나 처리 비용Tip 같은 트랜잭션 비용이 청구된다. 다시 말해, 인텐트는 사용자의 의도를 명확히 파악하고, 그에 따른 선처리된 결과를 제공함으로써 사용자에게 효율적인 거래 경험을 제공하는 것이라 하겠다.

2) Solver(솔버) 중심의 경쟁 환경 및 인텐트의 활용 사례

과거의 크립토 시장에서는 사용자들이 원하는 작업을 처리할 dApp을 스스로 선택해야 했다. 이러한 시장 구조에서 dApp들은 사용자의 요청을 중심으로 서비스를 제공했다. 유니스왑이 대표적인 사례이다. 이러한 인텐트의 도입과 함께 Solver라는 새로운 집단이 중심이 되어 온체인 및 오프체인에서 사용자의 의도를 빠르게 파악하고 그에 맞는 결과를 제공할 것이다. 빠르게 결과를 전달한 Solver는 사용자에게 수수료를 받게 된다. 이처럼 Solver 간의 경쟁은 전체 시장의 효율성을 높일 것이다.

블록체인 코드는 일종의 자동화 메커니즘이며, 복잡성을 제거하여 원하는 결과를 사용자에게 쉽게 제공하는 것을 목표로 한다. 여러 분야에서 인텐트가 활용되고 있지만, 계정 추상화를 포함한 앱들은 여전히 호환성 문제와 확장성 한계를 겪고 있다. 1인치네트워크1inch Fusion 같은 플랫폼은 인텐트의 활용을 통해 경쟁력 있는 가격 제공 등의 기능을 제공하지만, 무허가Permissionless 생태계에서 확장하는 데 한계가 있다.

예를 들어, 1인치네트워크라는 플랫폼은 거래 당사자들에게 특정 시점에서 거래할 수 있는 가장 경쟁력 있는 가격(쿼트)을 제시한다. 사용자의 인텐트(의도), 즉 가장 유리한 조건에서 거래하는 원칙을 해결해 주는 것이다.

그럼에도 불구하고, 1인치네트워크에서는 몇 가지 제약 사항이 있다. Solver의 역할을 수행하는 Resolver리솔버에 등록하려면 KYC라는 본인 인증 절차를 반드시 거쳐야 한다. 또한, 특정한 최소 조건을 만족시켜야만 거래 시장에서 Solver로 활동할 수 있다. 이런 제약 사항들로 인해, 완전한 '무허가Permissionless' 환경, 즉 누구나 자유롭게 참여할 수 있는 생태계에는 적합하지 않다는 한계점이 있다. 따라서 앞으로는 보다 대중화가 용이한 인텐트 개발 초점이 맞춰지게 될 것이다.

3) 인텐트가 거래 처리 방식과 유통망에 미치는 영향

현재 이더리움 내 거래와 유통 구조는 사용자가 dApp을 찾아 거래를 시작하는 방식이다. 사용자가 시작한 거래는 Mempool멤풀에 쌓이게 된다. 그 후, Mempool 내의 거래들은 여러 과정을 거쳐 블록에 포함되고 검증된다. 이 과정에 사용자, 서처, 빌더, 릴레이어, 벨리데이터가 참여

상승장과 하락장에서 모두 수익을 올리는 알트코인 투자

하게 된다.

하지만 계정 추상화의 도입으로 이러한 구조는 크게 바뀌게 된다. 계정 추상화를 지원하는 지갑 서비스들은 여러 거래를 번들링하여 직접 검증자에게 전달하게 되며, 이로 인해 중간 과정에서 발생하는 수수료를 절약할 수 있게 된다. 번들러, 릴레이어, 벨리데이터가 이 과정에 참여하게 된다.

인텐트의 도입은 이러한 변화를 한 단계 더 진화시킬 것이다. 사용자는 단순히 트랜잭션을 승인하는 것이 아니라, 자신들의 의도를 Solver에게 명확하게 표현할 수 있게 된다. 예를 들어, "지갑에 있는 10 ETH를 아비트럼, 옵티미즘, 베이스, zkSync에 2ETH씩 전송해 주고, DEX에 USDC와 함께 유동성 공급해 줘. 거래 대금의 0.1%를 수수료로 제공할게."처럼 명령할 수 있게 되는 것이다.

아울러 기존의 단일 Mempool 대신, 다양한 목적에 맞는 여러 Mempool이 등장하게 될 것이며, dApp이 전적으로 거래를 책임지는 것이 아니라 Solver들이 사용자의 의도를 최적으로 반영하여 경쟁적으로 서비스를 제공하게 된다. 또한, 여러 체인 간에 동시에 거래가 처리될 수 있는 새로운 환경이 출현하게 될 것이다. 결론적으로, 인텐트는 크립토 시장의 거래 처리 방식과 유통망에 대대적인 변화를 가져올 것이다.

비탈릭이 제안한 새로운 기술, EIP-7702

비탈릭은 2024년, 새로운 제안을 했다. 이는 다름 아닌 새로운 형태의 지갑 구현을 가능케 하는 EIP-7702이다. 2023년 초 발표된 EIP-4337의 계정 추상화 기능을 확장하는 중요한 내용이라 할 수 있다.

EIP-4337이 도입된 후, 이더리움 생태계에 많은 변화가 생겼다. 사용하기 편한 지갑이 개발되었고, 가스비를 대납해 주는 기능도 등장하여 사용자들이 큰 편리함을 누릴 수 있게 되었다. 예컨대, 코인베이스 월렛을 통해 아비트럼 가스비를 지불하지 않고도 토큰을 전송할 수 있는 기능이 대표적인 사례다.

EIP-4337은 계정 추상화를 도입하여 이더리움 지갑의 사용성을 크게 향상시켰다. 이 제안을 통해 지갑 사용자는 가스비 대납, 사용자 맞춤형 트랜잭션 등을 쉽게 구현할 수 있게 되었다.

한편, 2020년에 제안된 EIP-3074는 EOA(외부 소유 계정)가 특정 스마트 컨트랙트에 제어권을 일시적으로 위임할 수 있게 해주었다. EIP-3074는 'AUTH'와 'AUTHCALL'이라는 두 가지 기능을 통해 EOA가 스마트 컨트랙트에게 작업을 수행하도록 권한을 부여했으며, 새로운 스마트 컨트랙트를 배포할 필요 없이 다양한 기능을 사용할 수 있다. 그러나 다른 한편으로는 악성 컨트랙트에 위임할 위험이 높았다. 만약 스캐머에게 EOA 권한을 줬다면 자산을 모두 탈취당하는 위험이 있다는 것이다. 또한, 일시적으로 권한을 위임하기 때문에 번거로움이 있었다.

이를 보완하기 위해 2022년, 등장한 것이 EIP-5003이다. 이 제안은 EOA를 스마트 컨트랙트 계정으로 영구적으로 전환할 수 있는 기능을 제공하였다. 권한도 영구적으로 위임하게 만들었지만, EIP-5003은 EIP-4337과 호환되지 않아, 두 개의 별도 계정 생태계를 만들 수 있다는 우려가 있었다.

그래서 비탈릭은 EOA 사용자들이 스마트 컨트랙트 계정으로 이동하여 다양한 기능을 누리면서도 안전한 방법을 찾기 위해 EIP-7702를 제안하였다. EIP-7702는 EIP-3074를 수정하여 더 간결하고 EIP-4337과 호환되도록 하였다.

EIP-7702는 새로운 트랜잭션 유형을 통해 첫째, 컨트랙트 코드와 둘째, 서명 필드를 허용한다. 트랜잭션 실행 시 서명자 계정의 컨트랙트코드를 설정하고, 트랜잭션이 끝나면 코드를 다시 비운다. 이렇게 하면 EOA가 스마트 컨트랙트에 일시적으로 권한을 위임할 수 있다. 다음 단계는 이 코드를 영구적으로 설정하여, 기존 EOA가 모든 스마트 컨트랙트 코드를 실행할 수 있게 하는 것이다. 이 제안의 중요한 점은 EIP-4337과의 높은 호환성이다. 사용자들이 서명해야 하는 컨트랙트 코드는 기존 EIP-4337 지갑 코드가 될 수 있다. 이 변화가 이루어지면 기존의 EOA는 스마트 컨트랙트 코드를 실행할 수 있게 되고, 이는 우리가 웹3 애플리케이션과 상호작용하는 방식을 획기적으로 바꿀 수 있다.

이더리움이 고민한 것들은 이미 상당 부분 실현한 '알트레이어1'로앱토스를 사례로 들을 수 있다. 이는 빠른 처리속도를 위한 병렬처리 기술뿐만 아니라 사용자 친화적인 기술인 계정추상화를 적용해 출시되었다.

앱토스, 안전하고 빠른
병렬처리 기반이 되다

앱토스의 핵심 팀은 메타Meta에서 개발했던 블록체인 프로젝트인 Diem (이전에는 Libra로 알려졌던 스테이블코인 프로젝트) 및 Novi노비와 깊은 연관이 있다. 메타가 규제 압박을 받아 블록체인 분야 탐색을 포기하자, 원래의 개발 팀의 주요 멤버들이 퍼블릭 블록체인 프로젝트인 앱토스를 창립하게 되었다. 어떤 면에서 앱토스는 메타의 블록체인 분야 유산을 이어받은 프로젝트 중 하나로 볼 수 있다.

메타는 소프트웨어 개발 분야에서 선두에 있는 회사로, 블록체인 개발을 위해 축적한 인재들이 훌륭한 학문적 배경과 기술적 개발 능력을 가지고 있다. 이렇다 보니 앱토스 프로젝트의 규모가 점점 커져감에 따라 향후 앱토스가 발전할 수 있는 강력한 팀 기반을 갖추고 있다고 할 수 있다. 자금 측면에서 앱토스는 2024년 11월 7일 기준으로, 총 6번의 자금 조달을 완료했다. 공개된 자금 조달 정보에 따르면 앱토스는 2022년 메인넷 출시 전에 27.5억 달러의 평가액으로 3.5억 달러의 자금을 조달했다. 이후 앱토스는 공개되지 않은 금액으로 4번의 전략적 자금 조달을 추가로 진행했다. 앱토스에 대한 투자는 바이낸스 랩스Binance Labs, 드래곤플라이 캐피털Dragonfly Capital, A16z, 멀티코인 캐피털Multicoin Capital, 서클Circle, 코인베이스 벤처스Coinbase Ventures 등 업계 최상위 투자 펀드들이 진행했다. 가장 최근의 자금 조달은 2024년 9월 19일에 완료되었으며, 프로젝트 자체의 자금은 여전히 충분할 것으로 추정된다.

제품과 기술 측면에서 앱토스는 확장성, 보안성, 신뢰성 및 업그레이드 가능성을 갖춘 스마트 계약 플랫폼을 구축하는 것을 핵심 목표로 하고 있다. 이를 위해 Move 프로그래밍 언어, Diem BFT 합의 알고리즘, Block-STM 병렬 실행 엔진 및 효율적인 노드 동기화 방안을 활용해 이러한 목표를 달성할 기초를 마련했다.

특히, 확장성과 보안성을 추구하면서 앱토스는 '탈 중앙화' 정도에 대해 일정한 타협을 했다. 앱토스의 노드 수가 많지 않고, 높은 참여 장벽을 가지고 있어 일정한 중앙화의 위험이 존재하지만, 그로 인한 성능 우수성은 즉각적으로 확인되고 있다. 메인넷 출시 이후 앱토스의 최대 TPS는 12,000 이상에 도달한 적이 있으며, 하루에 3억 건 이상의 거래를 처리한 적도 있다. 거래 지연 시간도 1초 이내로 감소했으며, 이 과정에서 거래 지연이나 네트워크 중단과 같은 오류가 발생하지 않아 이미 고성능과 신뢰성을 입증한 바 있다. 거래 비용 측면에서 앱토스는 뛰어난 가스Gas 수수료 메커니즘을 통해 사용자의 가스 지출을 크게 줄여 디파이DeFi 및 다른 애플리케이션 프로젝트의 발전에 유리한 환경을 제공한다.

나아가 생태계 측면에서도 앱토스는 폭과 깊이 모두에서 확장성이 크다고 할 수 있다. 무엇보다 DeFi, 게임, 소셜 분야는 앞으로 앱토스 확장의 기초가 될 가능성이 크다. 아울러 앱토스는 전통 기업 및 규제 당국과의 좋은 관계를 유지하기 위해 노력하고 있으며, 미국의 구글, 아마존, 마이크로소프트, 한국의 롯데그룹, SKT 등의 기업들과 기술 및 상업적 협력을 맺고 있다. 이 외에도 2024년 10월 말, 네이티브 USDT, USDC와 블랙락의 미국 국채 토큰 BUIDL이 앱토스에 정식으로 론칭되면서 앱토스는 더 많은 유동성을 확보하고 생태계의 잠재력을 더 많이 발휘할 수 있을 것이다.

한편, 2024년 말 부터 시작된 모놀리틱 내러티브에서 솔라나가 낮은 레이턴시, 빠른 트랜잭션 처리로 자본 효율성을 중시한 밈코인 시장에서 적합한 레이어1로 성장했다. 대부분의 사람들은 언제나 토큰화가 중요하다고 하지만, 토큰화할 수 있는 그릇을 담을 수 있는지도 중요하다. 이는 이번 시장에서 솔라나보다 나은 그릇을 만들지 못한다면 토큰화하는 수요가 낮아진다는 의미다. 앱토스는 모놀리틱 체인에서 대표적으로 솔라나, 수이와 함께 나란히 기술면에서 인정받고 있다. 2024년 말 부터 많은 레이어1이 병렬처리 형태로 솔라나만큼의 성능 업그레이드 하려는 모습을 보이고 있다. 이 중 이클립스, 메가이더, 무브먼트 등이 성능 업그레이드를 위해 앱토스의 블록STM을 활용한다. 이처럼 앱토스는 이미 기술 스택으로 크립토 시장에서 입증된 레이어 1이기에 다음 장에서는 앱토스의 기술 스택에 대해 설명하겠다.

앱토스 기술 스택 :
앱토스 BFT^{DiemBFT}

일반적으로 '합의 메커니즘'은 분산 시스템이 협력하여 안전하게 장부를 기록하는 메커니즘을 의미한다. 보다 구체적으로는, 검증자 그룹에서 블록을 정렬하고 확인하는 메커니즘을 말한다. 각 블록체인은 목표에 따라 다른 방법을 채택할 수 있다.

비트코인은 작업 증명 메커니즘PoW을 사용하여 노드들이 대량의 계산을 수행하고 난수 충돌을 통해 기록 권한을 분배한다. PoW는 탈 중앙화 정도가 가장 높지만, 자원 소모가 크고 성능 효율은 낮다. 초기 지분 증명PoS은 노드가 보유한 토큰의 비율과 시간에 따라 채굴 난도를 낮추고 난수를 찾는 속도를 높였다. 그 결과, PoS는 탈 중앙화 정도가 낮아졌지만, 자원 소모는 줄어들고 성능 효율은 향상되었다.

앱토스는 BFT 메커니즘을 채택했다. 디엠 BFT는 앱토스에서 개발한 프로덕션급, 저지연의 비잔틴 장애 허용-BFT 엔진이다. 이 합의 프로토콜은 디엠이 처음 사용한 하위 합의 프로토콜인 HotStuff의 파생 버전이다. 효율성을 높이기 위해 BFT 메커니즘은 합의와 검증에 필요한 노드 수가 임계값 이상만 충족하면 된다. 디엠 BFT의 총 검증 노드는 ≥ 3f + 1로, 최대 f개의 오류 검증자가 있을 수 있다. 즉, ≥ 2f + 1개의 노드가 검증을 완료하면 확인이 가능하다.

앱토스BFT의 현재 버전은 v4(HotStuff BFT의 네 번째 버전)로, 계속해서 개선을 통해 트랜잭션 처리량을 높이고, 지연 시간을 줄이는 것을 목표로 하고 있다. 이번 글에서는 앱토스BFT가 어떤 방식으로 작동하며, PBFT와 비교했을 때 트랜잭션 처리량과 지연 시간 측면에서 어떤 개선이 있었는지에 관해 살펴보겠다.

1) QC^{Quorum Certificate}와 Commit^{커밋}

앱토스BFT는 HotStuff의 많은 결과를 참조하였으며, HotStuff에서 사용하는 QC와 Commit을 통해 합의가 진행된다. 기존 PBFT는 Commit 전에 Pre-Prepare와 Prepare 단계를 거치며, 이는 공격자가 합의 알고리즘을 무너뜨리는 상황을 방지하기 위해 필요하다. 앱토스BFT에서도 Commit 전 제안에 대해 1차적인 인증을 진행하고, 전체 노드의 3분의 2 이상의 투표가 이루어졌을 때 QC^{Quorum Certificate}를 발행한 후, 이

상승장과 하락장에서 모두 수익을 올리는 알트코인 투자

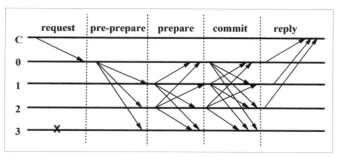

[그림 22] 앱토스BFT 합의 매커니즘 작동 과정

QC에 대한 투표를 다시 진행해 정족수 이상의 투표가 이루어졌을 때 Commit을 진행한다. 이는 PBFT의 Pre-Prepare, Prepare 단계와 유사한 방식이다.

2) 라운드별 BFT 합의 및 라운드 메커니즘

　BFT 합의 알고리즘에서는 리더를 교체할 수 있는 라운드 메커니즘을 사용하며, 한 라운드에 뽑힌 리더는 블록체인의 정렬을 제안한다. 대부분의 라운드 메커니즘은 리더의 상태를 고려하지 않으며, 장애 노드가 리더로 선택될 수 있다. 이러한 장애 노드가 많아지면 블록체인의 속도에 영향을 미칠 수 있다. 앱토스BFT에는 PBFT와 유사하게 라운드Round 개념이 존재하지만, 각 라운드에서 리더의 역할이 훨씬 더 중요해졌으며 진행 방식도 각기 다르다. 각 라운드는 리더가 제안을 모으고, 검증자들이 이를 인증하는 방식으로 진행된다. 리더는 제안을 만들어 다른

```
19  + ```
20  + Current paradigm: Order → Execute → Commit → Order → Execute → Commit
21  +
22  + Proposed paradigm: Order → Order → Order
23  +                      ↓        ↓
24  +                  Execute → Execute
25  +                      ↓        ↓
26  +                  Commit → Commit
27  + ```
```

[그림 23] 라운드 매커니즘 처리 과정

검증자들에게 전파하고, 검증자들은 이를 받아들이면 투표를 진행하여 다음 라운드의 리더에게 전송한다. 일정 수 이상의 투표가 이루어지면 QC가 발행되고, 새로운 라운드가 시작된다.

Diem BFT는 리더 교체 메커니즘을 개선하여 노드 평판 시스템State-Machine Replication, SMR을 새로이 추가했다. 이 시스템은 노드의 활동성과 유효성을 관찰한다. 활동성은 체인 상의 데이터를 검사해 활성 노드를 추적하고, 그 중에서 리더를 선출하는 것을 의미한다. 한편, 리더 노드가 공격받거나 네트워크 중단으로 인해 역할을 수행하지 못할 경우, 체인 상의 신뢰도 시스템은 적합한 노드를 신속히 찾아 리더 역할을 시작함으로써 네트워크에 대한 공격의 대규모 영향을 방지할 수 있다.

3) 거래의 실행 및 합의 알고리즘 분리

앱토스는 트랜잭션 실행과 합의 알고리즘을 분리하여 병렬 처리하려는 경향을 보인다. 기존에는 합의와 실행을 하나의 프로세스에서 처리했지만, 이를 분리함으로써 실행 단계와 합의 단계를 병렬로 처리하여 트랜잭션 처리량을 증가시키는 것을 목표로 한다.

현재 앱토스는 차세대 합의 프로토콜을 개발 중이며, 2024년 9월, 앱토스 랩스의 연구 책임자인 알렉산더 슈피겔만Alexander Spiegelman은 앱토스가 새로운 BFT 합의 프로토콜인 Raptr을 곧 출시할 예정이라고 발표했다. Raptr은 주요 DAG(유향 비순환 그래프) 기술을 결합하여 네트워크에 더 높은 TPS(초당 거래 수)를 제공하며, 최상의 이론적 지연을 유지할 수 있다. 이번 합의 프로토콜의 변경은 향후 두 단계로 나누어 앱토스 네트워크에 배포될 예정이다.

4) 블록STM : 강화된 병렬처리 엔진

블록체인 네트워크는 분산된 비잔틴 장애 허용 데이터베이스로 볼수 있으며, 트랜잭션 처리 장치TPU는 거래를 실행하여 상태 전환을 관리한다. 특히, 하드웨어 동향이 단일 코어 성능 향상에서 다중 코어 추가로 이동함에 따라 TPU에서의 동시성을 최대화하는 것이 블록체인 확장성에 있어 상당히 중요해졌다.

2024년 11월 20일 기준으로, 앱토스의 TPS는 최고 약 13,000에 도달했으며, 하루에 3억 건 이상의 거래를 처리한 적이 있다. 최종 확정성은 1초 이내였으며, 네트워크 지연이나 중단과 같은 문제가 발생하지 않았다. 이에 앱토스의 최대 이론적 TPS는 16만에 도달할 수 있을 것으로 예상된다. 이만큼 성능을 나올 수 있는 것은 블록STM 덕분에 극대화할 수 있었기 때문이다. 이어지는 내용에서는 블록STM이 현 병렬처리 모델에서 어떤 혁신을 만들었는지에 관해 살펴보겠다.

트랜잭션 처리의 비효율성을 해결하는 블록STM^{Block-STM}

1) STM과 BOHM^{Software Transactional Memory}

블록STM은 기존의 분산 시스템에서 발생하는 트랜잭션 처리의 비효율성을 해결하기 위해 탄생되었다. 기존의 블록체인 트랜잭션 처리 방식은 순차적 실행으로 인해 다중 코어를 충분히 활용하지 못해 성능에 한계가 있었다. 이를 해결하기 위해 앱토스 팀은 병렬 처리를 통해 더 많은 트랜잭션을 빠르게 처리할 수 있는 방법을 연구하였고, Calvin^{캘빈}과 BOHM 같은 분산 데이터베이스 기술의 통찰을 바탕으로 블록STM을 개발했다. 수십 년의 데이터 베이스 처리 연구가 있었기에 블록STM이 탄생될 수 있었다.

블록STM이 STM으로 끝나는 것만 봐도 알 수 있듯, 블록STM의 작동 방식의 가장 기초가 되는 부분이 바로 이 'STM'이다. 1997년 발표된 STM은 특정 작업이 시스템의 메모리에 접근하는 것을 체크하여 작업 간의 충돌을 감지하는 기술이다. 이 과정에서의 핵심 용어는 OCC Optimistic Concurrency Control, 낙관적 동시성 제어인데, STM은 낙관적 동시성 제어 OCC를 통해 실행 과정에서 작업의 메모리 접근을 체크하고 실행한다. 이후에는 작업의 유효성 검증 Validation을 실행하며, 이 때 트랜잭션간 충돌이 발생하는 경우에는 트랜잭션을 중단하고 다시 실행한다.

여기서 '낙관적'이라는 단어를 사용하는 이유는 일단 모든 작업이 유효하다고 긍정적으로 가정하고 실행을 시킨 후, 검증 과정에서 잘못되면 재실행하는 방식 때문이다. 이렇게 처리한 최종 결과는 모든 작업을 순차적으로 실행한 것과 같아야 한다. 이러한 트랜잭션 처리 방식은 블록STM에서 그대로 활용하고 있다.

(1) Calvin

2012년 Calvin 논문을 통해, 저자들은 대중의 믿음과는 달리 사전 설정된 트랜잭션 순서를 적용하면 분산 데이터베이스의 실행 처리량이 향상된다는 사실을 증명했다. Calvin 이전에는 사전 설정된 실행 순서를 강제하면 동시성이 감소한다는 것이 일반적인 생각이었지만, Calvin은 이를 잘못된 생각이라는 것을 확고히 입증했다.

Calvin 노드는 먼저 트랜잭션 세트 {tx1 > tx2... > txn}의 순서(우선순

상승장과 하락장에서 모두 수익을 올리는 알트코인 투자

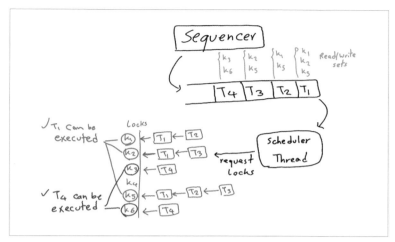

[그림 24] Calvin 노드 트렌젝션 처리 과정

위)를 결정한다. 이렇게 순서에 대한 합의에 도달한 후 Calvin의 스케줄링은 간단한 규칙을 따른다. 블록STM은 이러한 사전 순서 지정 방식을 통해 트랜잭션을 병렬로 실행하면서도 효율적인 동시성을 달성한다. 한편, 이와 같은 Calvin의 사전 트랜잭션 순서 지정 접근 방식은 블록STM의 정해진 순서에 따른 트랜잭션 실행 전략에 영감을 주었다.

(2) BOHM

BOHM도 블록STM이 영감을 받아 채택한 분산 데이터베이스를 위한 모델이다. BOHM은 2014년에 발표된 중요한 발전 중 하나로, BOHM은 다중 버전 동시성 제어MVCC, Multi-Version Concurrency Control 메커니즘을 사용한다. 이 방식은 트랜잭션이 공유 메모리를 읽고 쓰는 작업을 관리하기 위해 여러 버전의 로그를 유지한다. 간단히 말해, MVCC 데이터베이스에서는 트랜잭션이 데이터베이스를 직접 수정하지는 않는다. 대신 로그가 각 트랜잭션에 대한 여러 버전의 데이터베이스를 유지한다. 즉, 각 메모리 위치는 가장 최근의 쓰기 값 대신 여러 버전에 쓰기를 수행한 모든 트랜잭션의 값을 보유하는 것이다.

이를 다중 버전 데이터 구조로 여길 수 있는데, 각 항목은(트랜잭션 버전, 값) 형태를 갖춘 이차원 테이블로 구성된다. 이를 통해 각 메모리 위치에 대해 여러 트랜잭션이 쓴 모든 값을 저장하여 동시성을 높이고 충돌을 방지할 수 있다. 이러한 다중 버전 데이터 구조는 많은 트랜잭션이 동시에 실행될 수 있도록 하며, 그 대가로 메모리 사용량이 증가된다.

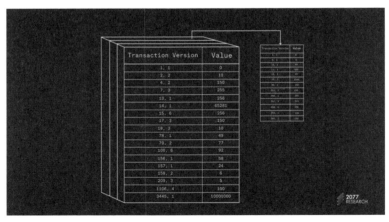

[그림 25] 다중 버전 데이터 구조

상승장과 하락장에서 모두 수익을 올리는 알트코인 투자

BOHM은 다중 버전 동시성 제어와 고정된 트랜잭션 순서를 결합하여 데이터베이스의 실행 처리량을 크게 개선하면서도 완전한 직렬성을 유지하는 데 성공했다. 이처럼 BOHM은 메모리를 더 사용하더라도 더 많은 동시성을 제공함으로써 성능을 향상시킨다. 이러한 설계는 블록STM에도 적용되어, 여러 버전의 상태를 유지하고 충돌을 최소화하며 직렬성을 보장하는 데 기여한다.

블록STM은 BoHM의 방식을 차용했으나, BoHM만을 사용하지는 않는다. BoHM 독자적으로 블록체인에서 사용되기 어려운 가장 큰 이유는 컨트랙트 실행 전에 쓰기 결과값을 명확히 알고 있어야 한다는 점 때문이다. 많은 사람들이 이용하는 스마트 컨트랙트를 실행할 경우, 여러 트랜잭션이 서로 연관되어 있을 가능성이 높다. 이미 예상했던 데이터 위치에 잘못된 결과를 입력하기 때문에 문제가 발생된다.

이러한 문제를 해결하기 위해서 블록STM은 BoHM과 달리 종속성을 미리 계산하지 않는다. 대신 블록STM은 추정ESTIMATE 태그를 사용한다. 검증이 실패하여 트랜잭션 생애가 중단되면 실행 과정에서 다중 버전 자료구조에 작성했던 쓰기값이 추정 태그로 대체된다. 아래의 예시와 같이, txn 3의 검증이 실패한다면 다중 버전 자료구조의 txn 3 위치의 값이 val3에서 ESTIMATE로 변경된다.

이 추정 태그는 txn 3이 재실행되는 다음 생애에서 같은 메모리 장소에 값을 쓸 것이라는 의미이다. 이렇게 추정 태그가 붙은 상태에서 다른

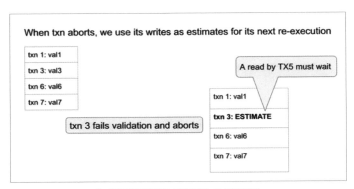

[그림 26] 트랜잭션 에러 발생 시 처리 과정

트랜잭션이 이 추정 태그를 읽게 되면, 그 트랜잭션은 중단된다. 그 이유는 이 트랜잭션이 추정 태그가 있는 위치에 데이터를 쓸 가능성이 있는데, 그렇게 되면 트랜잭션의 결과값이 달라질 수 있기 때문이다. 다시 말해, 블록STM은 추정 태그를 통해 혹시나 있을지 모를 종속성에 따른 검증 실패를 사전 차단하는 방식으로 병렬처리를 최적화하는 것이다. 아울러 이 추정 태그는 트랜잭션이 재실행되면 사라지게 된다.

(3) 블록STM의 작동방식

분산 데이터베이스에서는 Calvin과 BOHM이라는 시스템의 아이디어를 제약으로 본다. 그 이유는 크게 다음과 같다.

- 우선순위에 따라 트랜잭션을 정렬하려면 여러 노드 간의 합의가

필요하다.

- 트랜잭션을 개별적으로 커밋하는 것이 일반적이기 때문이다.

그러나 블록체인에서는 이 두 가지가 기본적으로 내재되어 있다. 블록체인의 노드들은 트랜잭션의 순서에 동의해야 하며, 리더 노드가 자유롭게 제안하더라도 커밋은 보통 블록 단위로 이루어진다. 즉, 전통적인 데이터베이스에서 제약으로 여기는 것들이 블록STM에 의해 해결될수 있으며, 이를 통해 성능을 향상시킨다. 이러한 블록STM의 작동 방식에 대해 간단히 살펴보겠다.

〈1〉 우선순위에 따른 정렬

Calvin 시스템과 유사하게, 트랜잭션들은 우선순위에 따라 정렬된다. {tx1 > tx2 > tx3 > ... > txn}. 이러한 순서에 따라 트랜잭션들이 실행될 준비를 한다.

〈2〉 동시 트랜잭션 실행 작업

STM 시스템처럼, 트랜잭션들은 충돌 여부를 따지지 않고 가능한 모든 자원을 사용하여 동시에 실행을 시도한다.

〈3〉 다중 버전 데이터 구조 사용

BOHM 시스템과 마찬가지로, 실행 스레드들은 메모리에 직접 접근하지 않고, 여러 버전의 데이터를 저장하는 데이터 구조를 통해 읽고 쓴다.

• 특정한 읽기 방식

트랜잭션이 데이터를 읽을 때에는 자신보다 우선순위는 높지만 가장 낮은 트랜잭션이 쓴 최신 값을 읽는다. 예컨대, tx6이 어떤 데이터 위치를 읽으려 할 때, 그 위치에 tx1과 tx3이 값을 썼다면, tx6은 tx3이 쓴 값을 읽게 되는 것이다. 이 방식은 블록STM의 핵심 원리라 하겠다.

• 읽기 데이터 추적 및 검증

트랜잭션 실행 중에 읽기 데이터와 위치를 추적한다. 실행이 끝나면 읽기 값들과 현재 데이터 구조의 값을 비교하여 검증한다. 만일 이 부분에서 차이가 있다면, 이는 우선순위가 더 높은 다른 트랜잭션이 해당 데이터를 수정했음을 의미하며, 해당 트랜잭션은 재실행되어야 한다.

• 값의 임시 보존 및 재실행

잘못된 트랜잭션이 쓴 값들은 삭제하지 않고 임시값으로 표시한다. 이렇게 하면 재실행 시 동일한 위치에 다시 쓸 가능성이 높고, 우선순위가 낮은 다른 트랜잭션들이 이 값을 사용하기 때문에 불필요한 중단을 방지할 수 있다.

・커밋의 안전성 확보

검증에서 문제가 없더라도 우선순위가 더 높은 트랜잭션이 아직 검증되지 않았다면, 해당 트랜잭션은 '커밋 안전'하지 않은 상태다. 그러므로 모든 우선순위 높은 트랜잭션이 검증을 마칠 때까지 기다린다.

・전체 트랜잭션의 실행 완료

블록 내 모든 트랜잭션이 실행되고 검증되면, 그때 실행이 완료된다. 블록STM 작동방식을 기반으로 한 실제 예시는 아래와 같다.

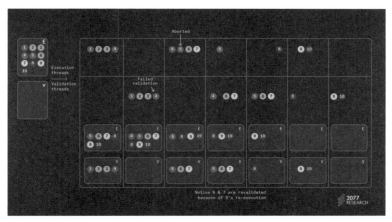

[그림 27] 블록STM 실행 주기 예시

앞 페이지의 이미지는 네 개의 작업 스레드를 가진 기계를 모델로 한 것이다. 여기서 집합 E와 V는 각각 실행 세트와 검증 세트를 나타낸다. 원으로 표시된 노드는 트랜잭션을 의미하며, 노드의 색상은 서로 충돌하는 트랜잭션을 식별하는 데 도움이 된다.

메인 표의 상단 레벨 E는 실행 스레드를, 하단 레벨 V는 검증 스레드를 보여준다. 각 열에서 집합 E와 V는 해당 반복Iteration이 완료된 후의 실행 세트와 검증 세트를 나타낸다. 앞 페이지 이미지에서 볼 수 있듯, 처음에 E는 모든 트랜잭션을 포함하고 있고 V는 비어 있다.

- **1단계** : 처음 네 개의 트랜잭션이 낙관적으로 실행되며, 이에 따라 E와 V가 업데이트된다.
- **2단계** : 실행된 네 개의 트랜잭션이 모두 검증된다. 이때 tx4는 tx1과의 충돌로 인해 검증에 실패하여 다시 실행되어야 한다.
- **3단계** : tx4, 5, 6, 7이 실행된다. tx5는 tx4와 충돌하므로, tx4는 '추정값Estimate'이 표시되어 읽게 된다. tx4의 실행이 완료될 때까지 다른 실행이 일시 중지된다.
- **4단계** : tx4, 6, 7이 검증되고, tx5의 실행이 완료된다.
- **5단계** : tx5, 6, 7이 검증된다. tx6과 tx7은 이전에 tx5의 재실행으로 인해 다시 검증된다. 또한, tx8이 실행된다.
- **6단계** : tx8이 검증되고, tx9와 tx10이 실행된다.

- **마지막 단계** : tx9와 tx10이 검증되며, 이로써 해당 블록이 안전하게
커밋될 수 있게 된다.

강조하면, 블록STM의 핵심은 '단순성'에 있다. 이 단순성은 종속성 있
는 트랜잭션 순차적 처리, 블록 단위의 커밋, VM의 안전성과 결합되어
높은 처리량을 달성할 수 있게 해준다.

2) Block-STM의 작동방식과 성능

앱토스 메인넷이 론칭된지 2년이 지난 지금, 앱토스 블록STM 덕분
에 높은 TPS로 솔라나와 비슷한 환경을 보여주고 있다. 앱토스 생태계
는 여전히 발전 중이지만, 현재 메인넷은 앱토스가 초기 메인넷 백서
에 제공한 160k TPS 도달했던 수치였던 환경이 다르다. 따라서 최근
Research 2077 논문에서 블록STM의 성능을 평가하기 위해 앱토스 코어
를 포크하고 이미 존재하는 벤치마크를 진행하여 성능을 평가했다.

테스트에 사용된 스펙은 Latitude의 m4.metal.large로, 384GB의 RAM
과 24개의 물리적 코어를 가진 AMD 9254 CPU를 탑재하고 있다. 이 테
스트는 블록을 통해 모든 트랜잭션의 실행과 검증이 완료되는 과정을
평가한다. 평가에 사용된 트랜잭션은 단순한 P2P 전송으로, 두 계정 사
이의 간단한 송금이다. 평가된 성능 지표는 처리량Throughput이며, 데이
터 표시를 위해 사용된 독립 변수는 스레드 수Threadcount이다. 성능 평가

에 사용된 매개변수는 블록 크기와 계정 수이며, 계정 수를 측정하는 이유는 블록STM은 트랜잭션이 종속성을 갖게 되면 트랜잭션이 느리게 실행된다는 단점이 있기에, 명확한 수치를 측정하기 위해 트랜잭션을 일으키는 계정 수를 다양하게 하여 실험을 진행해야 하기 때문이다.

3) 블록 크기와 계정 수에 따른 블록STM의 성능

여기서는 블록 크기 1k에서의 성능에 대해 더 많은 정보를 제공한다. 데이터에 따르면, 낮은 종속성(1,000 계정 수) 작업량에서의 처리량은 스레드 수 12개에서 최고조에 달한다. 높은 종속성(10,000 계정 수)에서는 코어 수가 증가함에 따라 성능이 약간 하락하여 코어 8개 정도에서 평탄화된다. 아울러 매우 높은 종속성 상황에서는 성능이 코어 4개에서 최

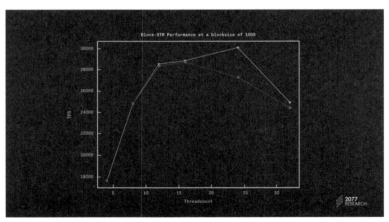

[그림 28] 스레드 수에 따른 블록 크기 대비 블록STM 처리량

상승장과 하락장에서 모두 수익을 올리는 알트코인 투자

고조에 달한다(이는 테스트의 하한선이며, 코어 수를 더 줄이면 성능이 더 좋아질 수 있음을 시사한다). 이와 같은 현상은 종속성이 심한 환경에서 더 많은 스레드는 동일한 계정에 동시에 쓰려고 하여, 검증 실패의 가능성을 높이기 때문이다.

한편, 블록 크기 10k 상황에서는 TPS가 최대 90k에 도달했다. 전반적으로 1k 블록 크기 상황과 유사하며, 블록크기가 커질수록 성능이 더욱 선형적으로 증가한다는 것을 보여준다.

수집된 데이터는 '블록STM은 더 큰 블록에서 더 나은 성능을 보인다'는 것을 암시한다. 더 큰 블록에서 성능이 향상되는 이유는 초기 실패의 비용이 분산되기 때문이다. 실행이 길어질수록 더 많은 트랜잭션이 이전 트랜잭션보다 일찍 중단되어 초기 비용이 상쇄되는 효과가 있다. 블

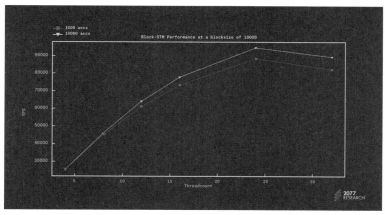

[그림 29] 블록 크기 10k 대비 블록STM 처리량

록 크기가 20k를 넘어서면 성능 향상이 크게 없으며, 경합이 일정 수준 이하로 감소해도 성능이 더 이상 향상되지 않는다는 것을 발견할 수 있었다. 이를 잘 보여주는 지표로는 계정 수가 1,000개와 10,000개 사이의 성능 차이가 거의 없다는 부분이다. 나아가 블록STM 백서에는 더 많은 테스트 결과가 포함되어 있는데, 그 중에는 블록STM이 BOHM와 비교되어 약간 더 우수한 성능을 보인 결과도 있다. 이는 BOHM이 모든 트랜잭션의 읽기 쓰기 집합을 미리 완전히 알고 있다는 점을 고려하면 매우 놀라운 결과라고 할 수 있다. 하지만 블록STM의 성능이 더 좋은 이유는 BOHM에서 다중 버전 데이터 구조를 구축하는 오버헤드 때문일 가능성이 높다.

전반적으로, 데이터는 블록STM의 한계를 신뢰성 있게 보여주며, 낮은 경합 상황에서 블록STM이 어떤 순차적 실행 런타임보다도 훨씬 뛰어난 성능을 보인다. 더불어 거의 선형적으로 확장되어 롤업과 같은 대규모 응용 프로그램에 적합하다는 것을 알 수 있게 한다.

무브^{Move} :
블록체인을 위한 언어를 만들다

Move^{무브} 언어는 앱토스의 핵심 기반이 된 리브라^{Libra} 프로젝트에서 탄생했다. 리브라는 페이스북(현재 메타)이 진행한 프로젝트로, '수십억 명이 쉽게 사용할 수 있는 글로벌 통화와 금융 인프라 제공'을 목표로 했다. 따라서 Move 언어는 해당 목표를 달성하기 위해 안전하면서도 원하는 기능을 자유롭게 추가하거나 제거할 수 있도록 설계되었다. 앱토스 위에서 프로젝트를 개발하는 팀들은 Move 언어를 사용하여 자신들의 자산, 거버넌스 규칙, 비즈니스 로직 등을 '정확하고 이해하기 쉽게' 프로그래밍할 수 있으며, 기본적으로 솔라나가 사용하는 러스트 언어에 영감을 받아 설계된 바이드 코드 언어라 하겠다. Move 언어는 이를 실현시키기 위해 다음과 같은 특징을 가진다.

1) 일급 자산First-Class Assets

일급 자산은 프로그래밍에서 함수나 변수를 다루는 방식과 비슷하게, 자산을 다른 함수의 인자로 전달하거나 변수에 할당할 수 있는 것을 뜻한다. 중요한 점은 이러한 자산이 임의로 발행되거나 삭제될 수 없다는 것이다. 예를 들어, 이더리움의 ETH와 ERC-20 토큰을 비교해보겠다. ETH는 일급 자산으로, 누구도 마음대로 새로운 ETH를 발행하거나 삭제할 수 없다. 따라서 ETH는 높은 보안성을 가진다. 반면, ERC-20 토큰은 일급 자산이 아니므로 코드상에서 임의로 발행하거나 삭제할 수 있다. 이는 보안상의 위험을 초래할 수 있으며, 이더리움 스마트 컨트랙트에서 발생하는 여러 버그와도 관련이 있다.

Move 언어의 주요 기능 중 하나는 일급 자산을 지원한다는 점이다. 개발자들은 자신이 원하는 대로 자산을 정의할 수 있으며, 이 자산은 일반적인 상황에서 복사되거나 자동으로 삭제되지 않고, 위치 간에 이동만 가능하다. 특별한 경우에만 복사나 삭제를 허용하려면, 해당 기능을 모듈(스마트 컨트랙트와 유사한 개념)에서 명시적으로 선언해야 한다. 이렇게 정의된 자산은 프로그램의 데이터 중 하나로 취급되어, 자료구조에 저장하거나 함수의 인자로 전달하는 것이 가능해진다. 이를 통해 Move 언어는 언어 차원에서 보안 문제를 해결한다.

상승장과 하락장에서 모두 수익을 올리는 알트코인 투자

2) 안전성Safety

Move 언어는 자원Resource, 데이터 타입, 메모리와 같은 주요 요소들의 안전성을 보장한다. 기존 프로그래밍 언어들은 안전한 프로그램을 만들기 위해 다음의 두 가지 접근법을 사용했다.

- **고수준 프로그래밍 언어** : 컴파일러 단계에서 안전성을 검사한다.
- **저수준 프로그래밍 언어(어셈블리)** : 실행 중에 안전성을 검사한다.

Move 언어는 이 둘의 장점을 결합한 중간 접근법을 택했다. Move의 실행 형식은 바이트코드Bytecode로, 저수준 언어보다는 높지만 고수준 언어보다는 낮은 수준이다. Move는 바이트코드 검증기Bytecode Verifier를 사용하여 온체인에서 자원, 타입, 메모리 등을 검사하고, 그 후에 바이트코드 인터프리터Bytecode Interpreter로 프로그램을 실행한다. 이러한 방식으로 Move는 추가적인 컴파일 비용 없이도 안전성을 확보할 수 있다. 바이트코드 검증기는 가스 미터링Gas Metering 기능을 통해 프로그램이 반드시 종료되도록 하여 '서비스 거부DoS' 공격을 방지한다.

3) 검증 가능성Verifiability

이론적으로는 앞서 언급한 방식으로 프로그램의 안전성을 보장할 수 있지만, 현실적으로는 온체인 검증이 프로토콜의 복잡성과 컴퓨팅 비용을 증가시킨다. 따라서 Move 언어는 가벼운 온체인 검증을 실행하면서도, 더 강력한 오프체인 정적 검증 도구인 Move Prover를 지원한다. 이러한 Move 언어는 오프체인 검증을 쉽게 하기 위해 아래와 같은 몇 가지 특징을 갖추고 있다.

- **동적 디스패치 없음** : Move는 동적 디스패치를 지원하지 않는다. 동적 디스패치는 실행 시점에 호출할 메소드를 결정하는 방식인데, Move에서는 컴파일 시점에 모든 호출이 결정되어 검증 도구가 트랜잭션을 쉽게 분석할 수 있다.
- **제한된 가변성**Mutability : 변수의 값이 쉽게 변경되면 디버깅이 어렵고 코드의 이해가 어려워진다. Move는 모든 값의 변경을 트랜잭션 내에서 참조를 통해서만 가능하도록 제한한다. 또한, 바이트코드 검증기는 한 시점에 특정 값에 대한 참조가 두 개 이상 생성되지 않도록 검사한다. 전역 저장소도 트리 구조로 유지되어 검증 도구가 영향을 쉽게 모듈화할 수 있다.
- **모듈성**Modularity: Move는 모듈성을 지니고 있어 데이터 캡슐화Data Encapsulation를 제공한다. 이는 내부 구현 정보를 숨겨 모듈 외부의 코드로 인해 문제가 발생하지 않도록 해준다.

EVM과 달리, Move 언어는 안전하지 않은 동적 디스패치가 없다. 안전하지 않은 동적 디스패치를 사용하면, VM은 외부 계약 함수가 어떤 작업을 수행하는지 계약이 실행될 때까지 알 수 없다. 동적 디스패치는 최근의 Curve의 Vyper 언어 익스플로잇을 포함하여 블록체인 해킹의 가장 흔한 원인 중 하나인 재진입 공격으로 이어진다.

재진입 공격에서 한 계약은 외부 계약을 호출하고, 그 외부 계약이 원래의 계약이 실행을 완료하고 잔액을 업데이트하기 전에 다시 원래의 계약을 호출한다. 이로 인해 자금을 반복적으로 탈취할 수 있게 된다. Move는 개발자가 실수하기 어렵게 만드는 것을 목표로 한다. 이러한 특징들을 통해 Move 언어는 앱토스 개발자들이 안전하고 원하는 기능을 자유롭게 추가하거나 제거할 수 있도록 지원한다.

10억 명의 사용자를 확보하려는 앱토스의 비전

1) 거래 유효성 보호

앱토스의 목표는 리브라 처럼 '수십억 명이 쉽게 사용할 수 있는 글로벌 통화와 금융 인프라 제공'의 비전을 계승하여 10억 명 이상의 일반 대중에게 제공하는 것이다. 따라서 사용자 거래의 보안성을 강조하고 있으며, 현재 블록체인 사기가 빈번하게 발생하고 있으므로 사용자 거래의 안전을 높이기 위한 기술 스택들을 추가해 안정성을 최대로 높이고자 한다. 사용자가 거래를 할 때는 반드시 승인 서명이 필요하다. 하지만 때로는 사용자가 원하지 않는 거래에 실수로 서명하거나, 거래가 조작될 수 있다는 점을 충분히 고려하지 못할 수 있다. 이러한 위험을 줄이기 위해 앱토스는 각 거래의 유효 기간과 조건을 제한하여, 서명자가 무한한 유효성으로 인한 위험에서 보호받을 수 있도록 한다. 2025년 현재, 앱토스 블록체인은 다음과 같은 세 가지 보호 장치를 제공하고 있다.

- **발신자의 시퀀스 번호** : 각 발신자 계정에서 거래의 시퀀스 번호는 한 번만 사용할 수 있다. 만약 발신자가 자신의 계정 시퀀스 번호가 특정 거래의 시퀀스 번호보다 크거나 같다면, 그 거래는 이미 처리된 것이거나 더 이상 처리되지 않는다. 이는 동일한 시퀀스 번호로 중복 거래가 발생하지 않도록 해준다.
- **거래만료 시간** : 블록체인은 초 단위보다 더 정밀한 시간으로 거래를 기록한다. 만약 블록체인 시간이 거래의 만료 시간을 넘었다면, 그 거래는 이미 처리된 것이거나 더 이상 처리되지 않는다. 이를 통해 오래된 거래가 나중에 처리되는 것을 방지한다.
- **지정된 체인 식별자** : 각 거래에는 특정한 체인 식별자가 포함되어 있어, 악의적인 사용자가 다른 블록체인에서 동일한 거래를 반복하지 못하도록 한다.

2) 키 회전과 혼합 관리 메커니즘

앱토스 계정은 키 회전Key Rotation을 지원하여, 개인 키의 유출, 원격 공격, 기존 암호 알고리즘이 미래에 해킹될 위험을 줄여준다. 사용자는 계정의 개인 키를 교체할 수 있는 권한을 하나 이상의 신뢰할 수 있는 관리인이나 다른 신뢰 기관에 위임할 수 있다. 그런 다음 Move 모듈을 통해 정책을 정의하여, 이 신뢰할 수 있는 기관들이 특정 상황에서 키를 교체할 수 있게 한다.

예를 들어, 여러 신뢰할 수 있는 당사자가 가진 n개 중 k개의 다중 서명 키Multi-Signature Key를 사용해 사용자 키를 복구하거나 분실을 방지할 수 있다. 이는 클라우드 백업이나 소셜 복구와 같은 다른 키 복구 방식에 비해 온체인에서 투명하게 관리된다는 장점이 있다.

3) 사전 서명 거래의 투명성 향상

현재 지갑들은 서명 과정에서 투명성이 부족하며, 많은 서명이 암호화된 형태로 되어 있어 사용자가 각 서명이 어떤 결과를 가져오는지 명확히 알 수 없다. 이로 인해 사용자를 속여 악의적인 거래에 서명하게 하는 일이 빈번히 발생하며, 자금이 탈취되는 문제가 상존한다. 이와 같은 문제를 해결하기 위해 앱토스는 다음과 같은 예방 조치를 제공한다.

- **서명 전에 거래 결과 설명** : 사용자에게 서명 전에 거래가 어떤 결과를 가져올 수 있는지 명확하게 알려주어 사기를 감소시킨다.
- **거래 제한 설정** : 지갑은 거래 실행 중에 특정 제한 조건을 설정할 수 있으며, 이러한 조건을 위반하는 거래는 중단된다. 이를 통해 사용자를 악성 프로그램의 공격으로부터 더욱 보호할 수 있다.

이처럼 앱토스는 사용자가 블록체인에서 겪고 있던 낮은 보안성에 따른 UX 문제 중점으로 해결했으며, 사용자에게 블록체인을 이용하는 데 보다 더 안전한 사용 환경을 제공한다.

앱토스 토큰노믹스와
거버넌스

1) 커뮤니티 및 재단 부분

앱토스가 기술을 통해 모든 사람들이 토큰화에 손쉽게 접근한다는 '리브라 비전'을 담을 수 있는 그릇을 설계하고 있다면, 그 그릇을 더욱 단단하게 만들기 위해서는 커뮤니티 중점으로 설계한 토큰노믹스와 거버넌스가 매우 중요하다. 커뮤니티 중점으로 성장한 네트워크는 중립적인 네트워크로서 대중에게 채택할 수 있는 기반이 될 수 있다. 여기서 앱토스는 네이티브 토큰 APT 통해 가스비, 스테이킹 및 거버넌스를 참여 할 수 있는 기축통화로서 사용된다.

APT 토큰은 2022년 10월 메인넷 출시와 함께 발행되었으며, 총 공급량은 10억 개이다. 새로운 APT 토큰은 인플레이션 방식으로 발행되며,

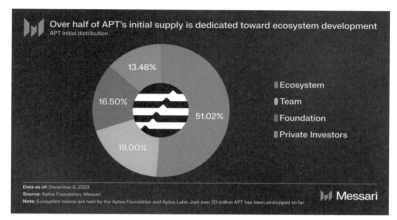

[그림 30] 앱토스 토크노믹스

첫해의 토큰 인플레이션율은 총 토큰 양의 7%이다. 이후 매년 추가 발행되는 토큰 양은 약 50년에 걸쳐 매년 1.5%씩 서서히 감소하여, 최종적으로 토큰 인플레이션율의 하한선인 3.25%에 도달하게 된다. 이 추가 발행되는 토큰은 현재와 미래의 네트워크 노드 운영자와 토큰 스테이킹 참여자들에게 배분되어, 네트워크의 정상적인 운영을 유지하는 데 사용된다. 2024년 11월 23일 기준으로, APT 토큰의 총 공급량은 1,127,230,102개이며, 총 유통량은 533,208,372개로 전체의 47.3%를 차지한다.

- 커뮤니티(51.02%)와 재단(16.5%)의 지분은 생태계 관련 프로젝트에 지정된다. 여기에는 기부, 인센티브, 기타 커뮤니티 성장 계획 등이

포함된다. 일부 토큰은 이미 앱토스 프로토콜에서 개발 중인 프로젝트에 할당되었으며, 프로젝트가 특정 마일스톤을 달성하면 지급된다. 410,217,360개는 현재 앱토스 재단이 보유하고 있으며, 나머지 100,000,000개는 앱토스 Labs랩스가 보유하고 있고, 향후 10년에 걸쳐 배포될 예정이다.

• 락업 및 유통 세부 사항

- **커뮤니티 지분** : 1억 2,500만 개의 APT는 토큰 초기 발행 시 유통되며, 생태계 지원, 기부 및 기타 커뮤니티 성장 계획에 사용된다.
- **재단 지분** : 500만 개의 APT는 토큰 초기 발행 시 유통되며, 앱토스 재단의 이니셔티브를 지원하는 데 사용된다.
- **남은 토큰** : 향후 10년 동안 커뮤니티와 재단의 나머지 토큰은 매달 1/120씩 잠금 해제된다.

2] 앱토스 검증자 노드 분포와 거버넌스

(1) 핵심 기여자 및 투자자 부분

- 핵심 기여자(19%)와 투자자(13.48%)의 지분은 1년간 완전 락업 이후 3년에 걸쳐 배포된다.

• 락업 및 유통 세부 사항

- **첫 12개월** : 토큰 초기 발행 후 첫 12개월 동안 핵심 기여자 및 투자자 지분은 유통되지 않는다.

- **13~18개월** : 13개월째부터 18개월째까지 매달 16분의 1씩 잠금 해제된다.

- **19개월 이후** : 19개월째부터 남은 토큰은 매달 48분의 1씩 잠금 해제된다.

• 주의 사항 : 앱토스의 토큰 발행 계획에 따르면, 모든 토큰은 스테이킹에 참여할 수 있다. 이는 잠금 해제된 토큰과 아직 락업 상태인 토큰 모두를 포함한다. 따라서 현재 앱토스 토큰의 대부분은 여전히 스테이킹 상태에 있으며 유통되지 않은 상태이다.

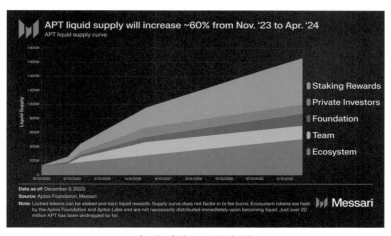

[그림 31] 앱토스 토큰 베스팅

위의 그래프를 보면, 초기 발행된 10억 개의 APT 토큰 중 커뮤니티가 표면적으로는 절반 이상을 차지하고 있음을 알 수 있다. 그러나 실제로는 대부분의 토큰이 현재 앱토스 재단에 보관되어 미래 생태계 발전에 사용된다. 또한, 락업된 토큰도 스테이킹에 참여할 수 있어 스테이킹 참여자는 새로운 발행 토큰의 일부를 스테이킹 보상으로 받게 된다. 따라서 실제로 커뮤니티에 초기 분배된 유통 토큰의 비율은 앞으로도 감소할 것으로 보인다. 전체적으로 보면 2025년 현재, APT 토큰의 분배와 보유는 여전히 중앙화되어 있으며, 앱토스 재단이 주도적인 위치를 차지하고 있다. 이는 앞으로 소규모 토큰 보유자들의 생태계 참여에 불리함으로 작용할 여지가 있음을 보여준다.

(2) 앱토스 검증자 노드 분포

앱토스에는 주로 두 가지 유형의 네트워크 노드가 있다. 하나는 '풀 노드'이며, 다른 하나는 '검증자 노드'이다. 이 두 개의 노드는 동일한 코드를 공유하지만, 역할 분담에 약간의 차이가 있다. 먼저, 풀 노드는 블록체인의 최신 상태를 가져오고 유지하며, 네트워크에 확장성 및 DDoS 완화 기능을 제공한다. 하지만 자체적으로 앱토스의 네트워크 합의에 참여하지 않는다. 따라서 어떠한 블록체인 브라우저, 지갑, 거래소 또는 DApp도 앱토스의 로컬 풀 노드를 실행할 수 있다.

한편, 검증자 노드는 분산 합의 프로토콜을 실행하고 거래를 처리하

상승장과 하락장에서 모두 수익을 올리는 알트코인 투자

[그림 32] 앱토스 검증자 노드 분포

며, 거래 및 실행 결과를 블록체인에 저장한다. 토큰 보유자는 토큰 스테이킹 또는 위임 스테이킹을 통해 검증자 노드를 운영할 수 있으며(스테이킹 최소 기준은 100만 APT 토큰, 상한은 5,000만 APT 토큰), 네트워크의 합의 보상을 받을 수 있다. 2024년 11월 23일 기준으로, 앱토스 네트워크에는 총 151개의 검증자 노드가 있으며, 23개국 49개 도시에 분포되어 있다. 스테이킹된 토큰은 888,330,169 APT로, 이는 총 토큰 발행량의 약 78.8%에 해당한다. 검증자 노드의 수로 볼 때 여전히 어느 정도의 중앙화 문제가 있지만, 분포를 고려하면 여전히 일정한 수준의 보안성을 가지고 있음을 알 수 있다.

(3) 거버넌스

APT 토큰 보유자는 토큰을 스테이킹하여 앱토스 거버넌스 제안에 대한 제안권과 투표권을 얻을 수 있다. 앱토스 거버넌스 제안의 제안권은 최소한의 토큰 스테이킹 양(2025년 현재는 100만 APT 토큰 스테이킹)과 최소한의 토큰 스테이킹 기간(최소한 제안의 14일 스테이킹 락업 기간과 3일 투표 기간 종료까지)이 요구되지만, 투표권에는 이러한 제한이 없다. 특히, APT 토큰을 스테이킹하면 앱토스 투표자 키를 받게 되는데, 이 키는 토큰 스테이킹자가 가진 투표 권한을 나타낸다. 이는 직접 투표에 사용할 수 있으며, 신탁인에게 보관하거나 다른 투표자에게 위임할 수도 있다. 앱토스의 투표 권한은 투표자가 스테이킹한 토큰이 전체 스테이킹된 토큰에서 차지하는 비율로 결정된다. 공개 블록체인으로서 앱토스의 거버넌스 권한은 상대적으로 제한적이며, 주로 '기술적인 업데이트'를 목표로 한다. 구체적으로 앱토스의 온체인 거버넌스 제안은 다음의 네 가지 내용을 포함한다.

1. **블록체인 파라미터 변경** : 예를 들어 에폭(Epoch) 지속 시간, 검증자의 최소 또는 최대 스테이킹 한도 등

2. **핵심 블록체인 코드 변경**

3. **앱토스 프레임워크 모듈 업그레이드** : 오류 수정 또는 새로운 모듈(스마트 컨트랙트) 기능 추가 가능

4. **새로운 프레임워크 모듈 배포**

2024년 11월 23일 기준으로, 앱토스의 거버넌스 인터페이스에는 총 116개의 거버넌스 제안이 제출되었다. 2025년 현재 그 중 1개의 투표가 진행 중이며, 7개의 제안은 최종 투표가 제출되지 않았고, 1개의 제안은 거부되었다(AIP-52: 스폰서 거래의 자동 계정 생성이 한 번 거부되었지만, 이후 재제출되어 통과되었다). 나머지 107개의 투표는 모두 수락되어 온체인에서 실행되었다.

2025년 현재까지 비교적 중요한 제안 내용으로는 투표 권한 제한 완화, 가스비Gas 업그레이드를 통한 가스 비용 절감, 다중 서명 기능 활성화, 위임 스테이킹 활성화, 중재 저장소 활성화, 수수료 대납 활성화, 블록 보상 감소, 네트워크 동시성 증가를 위한 가스 상한선 상승, 투표 기간 단축, 제안 기준 완화, 키리스Keyless 계정 기능 활성화 등이 있다. 주로 네트워크의 성능 향상, 생태계의 활용 사례 확장, 거버넌스 참여의 문턱 낮추기 등을 중심으로 전개되고 있다.

앱토스 생태계

1) 앱토스의 무브언어와 병렬처리 표준화

앱토스는 레이어1/2 중에 디파이 TVL이 급격하게 상승하여 주목을 받았다. 옆 페이지 이미지에서 볼 수 있듯, 앱토스의 생태계 프로젝트는 지난 2년 동안 앱토스 재단과 생태계 그랜츠 프로그램을 적극적으로 추진한 결과 엄청난 성과를 거둘 수 있었다.

현재 생태계 그랜츠, 초기 투자 지원, 가스비 지원, 보안 감사 보조금 지원이라는 네 가지 주요 지원 카테고리에서 프로젝트 지원 신청을 받고 있으며, 이를 통해 앱토스 생태계 개발자가 초기 아이디어를 블록체인 프로젝트로 발전시킬 수 있도록 전방위적인 도움을 제공하고 있다. 2024년 11월 기준으로 이미 200개 이상의 프로젝트가 생태계 관련 지원

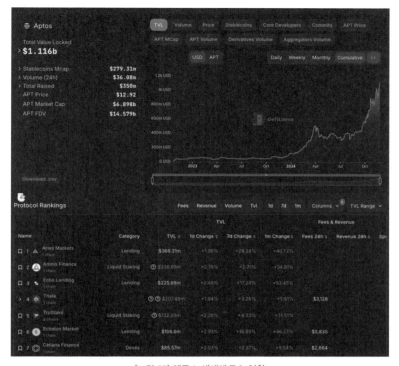

[그림 33] 앱토스 생태계 TVL 현황

을 받았으며, 대표적으로 탈라 랩스Thala Labs, 폰템 웰렛Pontem Wallet, 머클트레이드Merkle Trade, 와팔Wapal, 앱토스 아레나Aptos Arena 등의 프로젝트가 포함된다.

앱토스는 온체인 생태계를 적극적으로 구축하는 동시에, 메타 시절의 우수한 평판 덕분에 각국의 인터넷 기업 및 전통 기업들과도 좋은 협력 관계를 유지하고 있다. 이 협력은 기술적 영역뿐만 아니라 비즈니스 영역에도 걸쳐 있으며, 협력 파트너로는 아마존Amazon, 구글Google, 엔비씨유니버설NBCUniversal, 마이크로소프트Microsoft, 브레벤 호워드Brevan Howard, 보스턴 컨설팅 그룹Boston Consulting Group, 블랙락, 서클, 알리바바Alibaba, 한국의 롯데 그룹 및 SKT 등이 포함된다. 앱토스는 미국 규제 기관과도 우호적인 관계를 유지하고 있으며, 공동 창업자인 모 샤이크Mo Shaikh는 2024년 6월, 미국 상품선물거래위원회CFTC 디지털 자산 소위원회 위원으로 임명되었다. 앱토스는 현재까지 주로 디파이 생태계 중점으로 성장하여 초기 유동성을 성공적으로 유치했다. 아울러 앞으로도 더 많은 유동성을 유치하기 위해 자체 Move 생태계를 크립토의 유동성 기축통화인 비트코인, 이더리움으로 점차 넓히고 있다.

이처럼 앱토스는 금융적인 유동성 뿐만 모듈러 확장성 솔루션에도 배팅하여 무브 언어 개발자들이 개발 할 수 있는 영역을 넓히는 중이다. 여기서 앱토스가 잠재적으로 큰 수혜를 받을 수 있는 방향성으로는 '무브먼트'와 '에코'가 있다. 모든 레이어1/2 인프라들은 채택한 언어 기반

Internet Computer	221	+30%	-5%
Cardano	217	+14%	+22%
Starknet	215	+19%	+115%
Sui	202	-7%	+135%
Aptos	179	-9%	+37%

[그림 34] 블록체인 별 개발자 현황

상승장과 하락장에서 모두 수익을 올리는 알트코인 투자

으로 개발자 생태계를 구축해야 한다. 대부분의 레이어1/2 인프라들은 개발자 생태계 가장 풍부한 이더리움의 개발풀을 활용하기 위해 솔리디티 개발자를 쉽게 개발할 수 있도록 솔리디티를 채택하는 게 보편적이다. 무브언어는 크립토 산업에서 새로운 언어로 솔리디티보 다 개발자 학습 난이도가 매우 높다. 이에 무브 언어를 사용하는 앱토스와 수이는 여전히 솔리디티, 러스트 언어 개발자보다 적은 것으로 나타나고 있다.

이 지점에서 무브언어를 러스트 언어 생태계만큼 성장시키려면, 새로운 레이어1/2 인프라가 무브언어를 채택하면서 수익성 기회를 창출해야 한다. 여기에는 앱토스의 무브언어와 블록STM를 동시 사용하여 이더리움의 유동성과 EVM 호환성을 지원하여 무브언어 생태계에 새로운 바람을 일으키는 '레이어2 프로젝트 무브먼트'가 대표적인 예라 하겠다. 무브먼트는 투자 라운드부터 앱토스와의 관계성이 매우 깊다는 것을 알 수

[그림 35] 레이어2로 시작한 무브먼트, 현재는 레이어1으로 확장

있다. 특히, 폴리체인 리드한 시리즈 A에서 앱토스와 함께 3,800만 달러를 유치한 바 있다.

무브먼트의 설계는 M1 공유 시퀀서와 Move 기반 모듈러 프레임워크를 포함하여, 롤업 및 구성 요소 간 인센티브의 일치와 상호 운용성을 유지하면서 롤업 네트워크를 구축하기 위한 현대적인 프레임워크를 제안한다. 이와 같은 무브먼트의 접근 방식은 개발자, 사용자, 네트워크 자체의 이해관계를 더욱 밀접하게 연결하는 생태계를 만드는 데 중점을 둔다.

무브먼트 Labs에서 새롭게 선보인 M2는 Move 언어 기반의 ZK 롤업으로, 무브먼트 생태계의 중심축 역할을 할 것으로 전망된다. M2는 Move 프로그래밍 언어의 장점과 이더리움의 견고한 인프라를 결합하

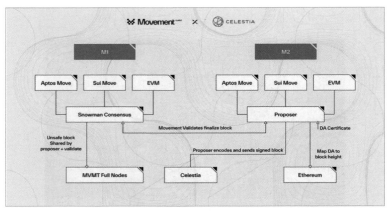

[그림 36] 무브먼트 기술 아키텍처

상승장과 하락장에서 모두 수익을 올리는 알트코인 투자

여, 개발자들에게 확장성과 보안성을 갖춘 블록체인 애플리케이션 개발 환경을 제공하는 것을 목표로 하고 있다.

2) 앱토스 검증자 노드 분포와 거버넌스

(1) M2의 핵심 구성 요소

1. **MoveVM무브VM** : Move와 EVM 스마트 컨트랙트를 모두 실행할 수 있게 해주는 런타임 환경

2. **Fractal프렉탈** : M2가 Move 컨트랙트와 표준 EVM 스마트 컨트랙트를 함께 실행할 수 있게 해주는 변환 도구

3. **M1** : 무브먼트 네트워크 내에서 트랜잭션의 순서, 정확성, 검증 가능성을 보장하는 지분 증명 기반의 L1 공유 시퀀서 네트워크

M2의 가장 큰 특징 중 하나는 Move와 Solidity 두 가지 언어를 동시에 지원하는, 이른바 '이중 언어 기능'이다. Move 언어Aptos Move와 Sui Move로 작성된 컨트랙트와 Solidity 컨트랙트를 모두 수용하는 M2의 아키텍처는, 개발자들이 양쪽 생태계의 이점을 동시에 활용할 수 있도록 하며, 이를 통해 플랫폼에서 구현 가능한 애플리케이션의 범위를 크게 확장시킨다. 확장성 측면에서 M2는 기존 이더리움의 트랜잭션 처리 속도를 크게 뛰어넘는 성능을 제공한다. M2의 실행 환경은 EVM 호환성을 유지하면서도 초당 30,000건 이상의 트랜잭션 처리를 목표로 한다. 이와 같은

높은 처리량을 달성하기 위해 블록STM의 병렬화 방식을 적용한 Move VM 설계를 적극 활용하는 중이다. 또한, M2는 스마트 컨트랙트의 보안을 강화하기 위해 Move Prover(무브 프로버)라는 형식 검증 도구를 도입하였다. 이를 통해 런타임에서 Move-EVM 바이트코드 인터프리터를 사용하여 재진입 공격과 같은 특정 취약점을 방지할 수 있다.

M2는 Move의 강점과 EVM 호환성을 결합함으로써 Move의 보안 및 성능 이점과 이더리움의 풍부한 생태계를 모두 누릴 수 있는 플랫폼을 제공한다. 무브먼트 Labs는 M2를 통해 높은 처리량과 강화된 보안이 필요한 블록체인 애플리케이션 개발자들에게 최적의 솔루션을 제공하고자 한다.

무엇보다 무브먼트의 비전은 단순히 빠른 개별 체인을 만드는 것을 넘어, Move를 기반으로 한 체인의 네트워크를 구축하는 것이다. 나아가 가장 빠르고 안전한 이더리움 L2 환경을 개발하는 동시에 Move 언어를 이더리움 및 기타 VM 체인과 연결함으로써, 무브먼트는 블록체인 구축 프레임워크의 최전선에 서고자 한다. 여기서 무브먼트가 제안하는 프레임워크는 앱토스가 갖고 있는 장점을 활용하여 다양한 블록체인 아키텍처 간 상호운용성을 증진시킬 뿐만 아니라, 광범위한 사용 사례와 네트워크 구성에 대응할 수 있는 유연성을 제공하여 Move 기반 솔루션들이 끊임없이 변화하는 환경에서도 원활하게 적응하고 성장할 수 있도록 한다.

(2) 에코Echo를 통해 최신의 앱토스 생태계와 비트코인 생태계에 배팅하다

2024년 초 앱토스와 수이의 Move 생태계에서의 경쟁은 항상 매우 치열했다. 이들은 합의 알고리즘, 개발자 커뮤니티 구축, 비즈니스 자원 등 다양한 측면에서 전면적인 전쟁을 벌였다. 그간 생태계 발전 방향의 선택에 있어 두 회사는 완전히 다른 길을 걸어왔다. 수이Sui는 현실주의 노선을 선택하여 디파이와 밈 프로젝트를 중점적으로 육성했고, 앱토스는 이상주의 노선을 선택하여 비트코인 생태계를 구축했다. 앱토스의 비트코인 생태계 전략은 현재 비트코인 유동성을 앱토스에 연결시키는 것에 있다. 하나는 오랜 역사를 가진 비트코인 레이어2인 스택스와의 협력을 통해 sBTC를 앱토스에 유동성 공급하여 비트코인 유동성 기반

[그림 37] 에코 프로토콜 투자사 현황

을 활용해 비트코인 생태계에 빠르게 진입하는 것이고, 다른 하나는 신예 B² 네트워크와의 깊은 협력을 통해 비트코인 L2의 성장 혜택을 얻는 것이다. 여기서 주목할 만한 '에코 프로토콜Echo Protocol'은 바로 앱토스와 비트코인의 전략에 있어 핵심이라고 할 수 있다.

에코 프로토콜은 B² 네트워크와 깊은 인연이 있다. 에코 프로토콜은 B² 네트워크 생태계의 중요한 멤버로서, BTC를 앱토스 생태계로 가져오는 중대한 임무를 맡았다. 특히, 흥미로운 점은 '에코 프로토콜'이라고 하는 규모가 작은 프로젝트가 예상치 못한 투자자이자 비트맥스 공동 창업자인 아서 헤이즈Arthur Hayes의 관심을 끌었다는 점이다.

그렇다면 왜 아서 헤이즈는 에코 프로토콜에 특별히 관심을 가졌을까? 답은 그의 대담한 예측 중 하나에 숨어 있다. 헤이즈는 현재의 시장 사이클에서 앱토스의 성과가 솔라나Solana를 능가할 것이며, 향후 1~3년 내에 이더리움에 이어 두 번째로 큰 레이어1 퍼블릭 체인이 될 것이라고 예측했다. 이런 점에서 에코 프로토콜은 그가 주목하는 이 두 분야인 앱토스와 비트코인을 연결하는 완벽한 연결고리다.

Echo(에코)는 단순한 BTC 브릿지 도구가 아니라, BTC 브릿지, 유동성 스테이킹, 리스테이킹Restaking, 수익 최적화를 통합한 전방위적인 프로토콜이다. 이러한 원스톱 서비스 모델은 사용자의 조작 장벽을 크게 낮추고 자금 사용 효율을 높였다.

더 주목할 만한 것은 에코의 리얼 일드 모델이다. 시장에 나와 있는

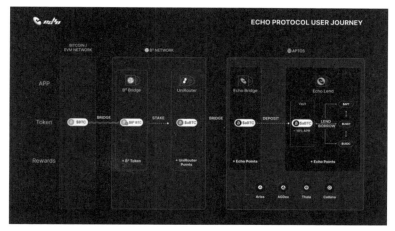

[그림 38] 에코 프로토콜 예치 과정

화려하지만 실속 없는 '포인트 인센티브'와는 달리, 에코는 앱토스와의 깊은 협력을 통해 사용자에게 연간 최대 10%의 실제 연간 수익을 제공한다. 이러한 수익은 APT 토큰 형태로 매월 지급되며, 사용자가 스테이킹한 BTC의 달러 가치에 기반한다. 이러한 모델은 BTC 보유자에게 안정적인 현금 흐름을 창출할 뿐만 아니라, 앱토스 생태계의 수많은 고품질 자산을 도입하여 일거양득이라 할 수 있다.

  에코의 야망은 여기서 그치지 않는다. 프로젝트 팀은 반드시 작업해 놓으면 좋은 B²Bsquared와 곧 출시될 바빌론Babylon 포인트를 도입하여 다층적인 보상 생태계를 구축할 계획이다. 사용자는 자신의 선호에 따라 다양한 토큰 보상 중에서 선택할 수 있으며, 동시에 기본적인 APT 수익도 누릴 수 있다. 이러한 유연한 보상 메커니즘은 사용자 참여의 적극성을 크게 자극할 것으로 보인다.

채굴자와 대량의 BTC 보유자에게 있어 에코의 의미는 더욱 크다. 비트코인 반감기 사이클이 다가오는 배경에서, 에코는 그들에게 BTC를 판매하지 않고도 안정적인 수익을 창출할 수 있는 새로운 선택지를 제공한다. 이는 BRC20과 Runes룬즈 등의 프로젝트 생태계를 보완할 뿐만 아니라, 전체 비트코인 경제에 새로운 활력을 불어넣는 기능을 한다.

에코의 시장 성과도 그 모델의 실행 가능성을 입증했다. 2025년 현재, 에코는 2,000 BTC의 예금을 유치했으며, 이는 현재 시장 환경에서 의심할 여지 없이 눈에 띄는 성과라 할 수 있다. 이 사용자들은 에코를 통해 그들의 '디지털 골드'가 가져오는 실제 수익을 안전하게 누리고 있다.

[그림 39] 에코 프로토콜 BTC 예치량

에코는 의심할 여지 없이 앱토스에 새로운 비트코인 유동성을 가져올 수 있는 유동성 레이어이다. 그것은 앱토스Aptos의 미래에 베팅했을 뿐만 아니라, 무브언어 생태계에 전반적으로 비트코인 유동성 레이어가 될 수 있는 비전을 가지고 있다.

상승장과 하락장에서 모두 수익을 올리는 알트코인 투자

모놀리식 체인인 앱토스, 솔라나, 수이 등이 크립토 신규 유저들이 쉽게 사용할 수 있는 환경을 구축하여, 모듈러 진영이 장악했던 토큰 발행 시장의 점유율을 상당 부분 가져왔다. 이는 가격 측면에서도 증명되고 있으며, 모놀리식 체인에서 발행된 자산들이 10억 달러 이상의 가치를 인정받는 것이 당연해졌다. 그중에서도 앱토스는 여전히 기술 스택 면에서 크립토 산업 전반에 큰 영향을 미치는 레이어 1 중 하나다. 특히, 앱토스의 핵심 기술인 블록STM은 블록체인의 처리 속도를 획기적으로 향상시켜, 병렬 처리의 새로운 가능성을 열었다. 앞서 살펴본 블록STM의 작동 방식과 성능 평가를 통해 앱토스가 어떻게 높은 처리량과 효율성을 달성했는지 알 수 있었다.

2024년 하반기 모듈러 블록체인들도 처리 속도 면에서 솔라나에 뒤처지면서, 레이어 2/3에서도 블록STM 기반의 병렬 처리 형태로 발전하고 있다. 이는 앱토스가 제시한 기술 스택이 업계 전반에 미치는 영향력을 여실히 보여준다. 아울러 앱토스가 제시한 여러 기술과 현재 앱토스와 협업하는 기관들을 보면, 앱토스는 리브라Libra가 추구했던 것처럼 대중에게 비자Visa보다 더 안전하고 더 빠른, 중립적인 금융 인터넷 인프라를 구축하는 데 한 걸음 앞서가고 있음을 알 수 있다. 결론적으로, 앱토스는 혁신적인 기술과 안정적인 구조를 바탕으로 크립토 산업의 발전에 크게 기여하고 있으며, 앞으로도 더 많은 가능성을 열어갈 것으로 기대된다.

당신이 몰랐던 이야기,
다크풀^{Dark Pool}의 역사

1) 다크풀의 시초와 현재의 다크풀

1969년, 컴퓨터가 한 방을 가득 차지할 만큼 거대했던 시절, 주식 트레이더들이 트레이딩 플로어에서 소리를 질러 주문하던 시절의 기관 투자자들은 시장에 큰 영향을 미치지 않으면서도 원활하게 매수와 매도를 할 수 있는 거래 방식을 찾고 있었다. 그때 제롬 푸스틸닉Jerome Pustilnik, 1928~2017이 인스티넷Instinet을 개발하여 뉴욕 월스트리트에 전자 매매 시스템을 도입했고, 기관 투자자들은 인스티넷을 통해 원활한 거래를 할 수 있었다. 인스티넷은 대규모 유동성과 충분한 거래 수요와 공급이 필요했다. 그럼에도 불구하고, 기관 투자자들이 이 시스템에서 큰 수혜를 받을 수 있었던 것은 바로 '정보 보안Confidentiality' 덕분이었다. 이러한 상황에서 인스티넷은 기관 투자자들이 자신들의 정체를 숨긴 채로 거래에 참여할 수 있게 해주었고, 더 큰 규모의 시장에서도 원활한 거래를 가능하게 하는 초석을 마련해 주었다. 더불어 인스티넷은 큰 자금의 거래가 최소한의 영향을 시장에 미치게 했으며, 동시에 기관 투자자의 거래 전에 선행 매매Front-Run하여 이익을 얻는 트레이더로부터 발생되는 리스크를 줄여주었다.

2022년, 60개가 넘는 다크풀이 SEC에 등록되어 있다. 일부 다크풀은 NYSE나 NASDAQ처럼 운영되며, 다른 다크풀은 모건 스탠리Morgan Stanley의 MS풀MS Pool, 골드만삭스의 시그마XSigmaX처럼 브로커-딜러로 운영되거나, 매치나우MatchNow, 리퀴드넷Liquidnet처럼 독립적으로 운영된다. 다크풀 운영에서 발생하는 가장 큰 잠재적 문제는 '규정 준수 시' 보다 '규정 위반 시' 더 큰 인센티브를 받을 수 있다는 것이다. 계산법은 매우 간단하다. 고객을 기만하고 얻는 수익이 그로 인한 비용보다 크다면, 비윤리적 다크풀 운영의 위험이 있는 것이다. 이런 점에서 다크풀 운영자들은 높은 벌금을 감수하면서도 더 큰 이익을 얻을 수 있다. 예를 들어, 2018년 SEC(미국증권거래위원회, US Securities And Exchange Commission)는 시티그룹에 1,200만 달러(약 160억 원)의 벌금을 부과했는데, 시티그룹은 자신들의 고객의 보안이 유지되어야 하는 거래 주문 정보를 초단타 매매 트레이더들에게 판매했고, 이 트레이더들은 시티그룹 고객의 거래 주문에 반대되는 90억 달러(약 12조 원) 상당의 거래로 이익을 얻었다.

기존 다크풀 이용자들은 운영자의 부정직한 행위로 인한 리스크를 감수해야 했다. 신뢰를 담보할 수 없는 시스템에서 기관 투자자들이 거래할 때 발생하는 숨은 비용은 상당히 크다는 것을 의미한다.

2011년부터 다크풀 운영자들은 고객을 기만한 행위로 3억 4천만 달러(약 4,520억 원) 이상의 과징금을 부과받았다. 이처럼 블록체인 기반의 다크풀은 운영자의 기만적인 행위를 제거하여 기존의 문제점들을 해결할 수 있다.

2) 믹서, 유동성 풀, 그리고 그 사이의 모든 것

블록체인은 투명성을 기본으로 한다. 기술을 사용함에 있어 사용자들에게 큰 책임감이 요구되지만, 때로는 그 투명성이 양날의 검으로 작용하기도 한다. 만약 당신이 급여를 온체인으로 받게 되면, 지갑 주소를 알고 있는 타인이 당신이 지급받은 급여의 이력과 앞으로 받게 될 금액을 확인할 수 있게 된다.

탈 중앙화 거래소DEX와 지갑은 지갑 추적 서비스나 카피 트레이딩 플랫폼에 의해 추적될 수 있으며, 좋은 성과를 내고 있는 트레이더를 저격하여 트레이딩 전략을 복잡하게 만들 수 있다. 또한, 대량 거래 주문은 공개 멤풀에서 서처Searcher에 의해 선취매 당할 위험이 있다.

이처럼 블록체인이 가지고 있는 투명성 때문에 발생하는 부작용을 완화해 주는 것이 다크풀이다. 다만, 다크풀을 이해하기 위해서는 믹서 Mixer와 다크풀을 구분해야 한다.

믹서는 다크풀의 특정 기능을 수행하는 하위 개념으로 볼 수 있다. 토네이도 캐시 같은 믹서는 토큰의 흐름을 섞어 지갑과 토큰 사이의 연결성을 끊어, 자금의 출처 추적을 어렵게 만든다. 반면, 다크풀은 단순히 지갑과 토큰 사이의 연결을 끊는 것 이상으로, 거래 상대방의 정보도 공개하지 않으면서 거래의 당사자들이 서로 거래를 진행할 수 있도록 해준다. 그럼 블록체인에 기반한 다크풀은 무엇이고, 어떻게 작동될까?

탈 중앙화 거래소DEX 중 유니스왑Uniswap과 커브파이낸스Curve는 자동화된 시장 메이커(AMM) 방식을 채택해 유동성 풀에서 거래 주문을 매칭한다. 그러나 공개 유동성 풀에서의 주문 매칭으로 인해 거래 정보가 블록체인에 공개되므로, 프라이버시 관점에서는 민감한 선택이 될 수 있다. 시장 내 다른 거래자들에게 거래 정보가 노출될 수 있으므로, 대규모 자금을 운용하는 트레이더들에게는 적합하지 않다. 이 문제는 블록체인 기반 다크풀로 해결할 수 있다.

좀 더 이해를 돕기 위해 트레이더가 다크풀의 지갑을 생성 후 자금을 예치했다고 가정해 보자. 일부 다크풀은 주문 매칭에 P2P 방식을 취하는 반면, 다른 유형의 다크풀은 내부 컨트랙트가 외부 공개된 컨트랙트와 상호작용할 경우 영지식zk 또는 멀티 파티 컴퓨테이션MPC과 같은 방식을 사용한다. 이렇게 P2P 방식을 사용하거나 트레이더 간 교차 주문을 사용하면 슬리피지 없이 거래를 체결할 수 있으며, 프라이버시도 강화된다.

예를 들어, P2P 방식을 사용하는 레니게이드Renegade에서는 트레이더가 주문을 제출할 때, 자신의 거래를 처리할 릴레이어를 선택할 수 있다. 트레이더는 자신의 주문임을 증명하기 위해 'VALID COMMITMENT'라는 ZK 증명을 생성한다. 이후 트레이더의 주문은 핸드쉐이크Handshake 형태로 거래 대상자에게 전달된다. 핸드쉐이크는 주문의 세부 정보와 ZK Proof 등이 포함된 목록이다. 매칭되는 거래 대상자가 발견되면, 멀티 파티 컴퓨테이션 방식을 통해 거래가 처리된다.

레니게이드는 트레이더들의 주문을 거래 대상과 매칭하기 위해 ZK-SNARK 기술을 활용한다. 이는 트레이더 간의 주문 상세 내용을 서로에게 공개하지 않고도 거래 대상을 정확하게 매칭해주는 방식이다. 모든 조건이 충족되면, 거래 주문이 체결되고 새로운 지갑이 생성되어 스왑된 토큰이 해당 지갑으로 입금된다. 사용자 경험UX은 이더리움 지갑 사용 시와 동일하게 제공된다.

현재 포털게이트Portal Gate, 레니게이드Renegade, 트리스테로Tristero라는 다크풀이 개발 중에 있다. 팬더Panther와 레일건Railgun은 현재 운영 중인 프라이버시 프로토콜이다. 이 프로토콜들은 토큰 스왑을 넘어 스테이킹, 유동성 공급, 대출 등의 프라이빗 디파이 거래를 가능하게 한다.

기존 금융에서 다크풀은 운영자의 기만으로 신뢰를 잃었다. 신뢰를

상승장과 하락장에서 모두 수익을 올리는 알트코인 투자

담보하는 기술인 블록체인은 기존의 다크풀을 대체할 수 있다. 다만, 블록체인이 갖고 있는 투명성 때문에 타인에 의해 정보가 노출되어 기관 투자자들이 사용하기 어려움이 있었다. 그렇지만 현재 영지식 증명, P2P 등 다양한 기술의 적용으로 기관 투자자들의 정보가 노출되지 않으면서도 원하는 조건을 거래 상대방과 매칭할 수 있는 기술이 속속 나오고 있다. 이렇게 블록체인으로 기존 금융 시장에 있던 문제를 해결할 수 있는 대표적인 긍정 사례로 '블록체인 기반의 다크풀'을 들 수 있겠다.

비트코인 신드롬,
오디널스

1) 비트코인 NFT의 역사

가상의 인물인 사토시 나카모토Satoshi Nakamoto가 2008년에 창시한 비트코인은 수십 년에 걸쳐 총 2,100만 개의 코인이 발행되도록 설계되어 있다. 1 BTC는 1억 개의 사토시Satoshi라는 작은 단위로 구성되어 있는데, 예를 들어 1 BTC는 100,000,000 Satosh사토시로 표기된다. 비트코인은 매 10분마다 블록이 생성되고 블록 생산자에게 보상이 제공된다.

최초의 비트코인 블록인 '제네시스 블록Genesis Block'이 생성되었을 때 50 BTC가 보상된 것을 기점으로 매 210,000 블록(약 4년)마다 보상이 반감된다. 현재 이론적으로 1,927만 BTC가 존재하며, 2140년까지 채굴될 것으로 예상하고 있다.

이 중에서 분실, 기부 등으로 채굴되었으나 유통 불가한 비트코인은 약 130만 개로 추정된다. 이는 총 발행량의 6.3%에 해당하며, 약 320억 달러(40조 원) 가치로 추산된다.

블록체인 기반 NFT는 2014년 Counterparty(거래상대방)에 의해 시작되었다. 2015년과 2016년에는 각각 스펠스오브제네시스Spells Of Genesis 와 레어 페페Rare Pepes 같은 인기 컬렉션도 배출되었다. 당시 NFT 이미지를 저장하기 위해 비트코인 전체 노드를 사용하는 것에 대해 비트코인 커뮤니티는 반대의 목소리를 높였다. 블록체인에 임의의 데이터를 저장할 수 있는 OP_RETURN 기능이 논쟁의 중심에 있었다.

OP_RETURN은 데이터를 비트코인 위에 저장할 수 있는 공간이며, 초기에는 40바이트로 제한되었으나 2016년 이후 80바이트로 늘어났다. 아울러 2017년 세그윗Segwit과 2021년 탭루트Taproot 업그레이드로 OP_RETURN을 통한 데이터 저장이 더욱 용이해졌다.

비트코인의 핵심 개발자인 피터 토드Peter Todd에 따르면, 세그윗은 데이터를 75% 더 저렴하게 만들었고 Taproot는 데이터를 여러 트랜잭션이 아닌 단일 트랜잭션에 저장하여 10% 더 저렴한 비용으로 네트워크를 사용할 수 있게 했다. 결과적으로 이제 누구나 4MB 미만의 데이터를 한 비용 지불로 비트코인에 저장할 수 있게 되었다.

2) 오디널스Ordinals의 등장

Segwit(2017년)과 Taproot(2021년)라 명명된 비트코인 주요 업그레이드는 새로운 시도를 불러왔다. 당시 비트코인 개발자였던 케이시 로다모어Casey Rodarmor,1983 ~는 2022년 1월, 오디널스 아이디어를 세상에 공개했다.

오디널스는 비트코인 NFT를 발행하는 프로토콜로, 'NFT 발행 그 이상의 의미'를 담고 있다. 오디널스는 비트코인이 총 2,100만 개 발행되며 1 BTC는 1억 개의 사토시로 이루어져 있기 때문에 총 0에서부터 2,100,000,000,000,000개의 숫자가 존재한다는 사실에서 아이디어를 얻었다.

그는 기존까지 등가 교환이 가능했던Fungible 사토시에 순번을 부여함으로써, 최초의 사토시와 현재의 사토시의 가치는 다르며, 상호 간 등가 교환할 수 없는 NFT가 생성될 수 있다고 여겼다. 예를 들어, 1998년도에 주조된 희귀성이 높은 500원짜리 주화가 현재 액면가인 500원이 아닌 1백만 원에 거래되는 것처럼 말이다. 이처럼 오디널스는 비트코인 주요 이벤트에 발행된 사토시는 더욱 희귀해질 것이며, 서로 다른 가치를 갖게 된다는 것을 발견한 것이다.

이는 ERC721, ERC1155 토큰 표준을 사용하여 NFT 컬렉션을 생성하는 이더리움과는 다른 접근 방식이다. 기존에는 NFT에 참조할 수 있는 토큰 ID가 부여되었고, 민팅 및 전송하는데 큰 거래비용이 발생했다. 반면, 탭루트를 사용한 비트코인 NFT는 모든 인스크립션이 온체인에 저장되며 수수료도 비교적 낮은 편이다.

수십 년간 비트코인은 느리고, 비싸며, 상대적으로 유틸리티가 적은 코인이라는 오명을 안고 있었다. 이더리움 생태계가 나날이 진일보 해 온 것과 비교하면, 비트코인은 늘 제자리걸음을 하는 것처럼 보였기 때문이다. 또한, 비트코인의 한계점을 극복하기 위한 확장성 솔루션들이 개발되고 있었지만, 지속적인 관심을 받지 못했다. 스택스Stacks 코인이 그 대표적인 예이다.

하지만 2023년 말, 오디널스의 성공은 블록체인 생태계 참여자들이 비트코인의 잠재력을 확인하는 계기가 되었다는 점에서 상당이 중요한 의의가 있다. 비트코인을 기반으로 NFT, 디파이 등 다양한 인프라와 콘텐츠가 개발됨에 따라 더 많은 생태계 확장이 가능해졌는데,이는 비트코인이 단순한 가치 저장 수단을 넘어 실질적인 유틸리티를 제공할 수 있는 플랫폼으로 발전할 수 있음을 단적으로 보여준다.

오디널스에서
BRC-20 토큰으로

1) 비트코인을 대체 불가하게 만든 오디널스

최초의 비트코인 블록 Genesis Block(제네시스 블록)이 생성되어 채굴자에게 50 BTC가 보상된 시점을 기준으로, 매 21만 블록마다(약 4년) 채굴 보상은 반감된다. 이론적으로 현재 1,900만 BTC가 채굴되었으며, 2140년까지 2,100만 개가 채굴될 것으로 예상된다. 비트코인은 1BTC로 표기하며 100,000,000개의 사토시Sat, 즉 작은 단위로 표기할 수 있다. 예를 들어, 5만 원을 50장의 1천 원으로 표기가 가능한 것과 같다.

초기 비트코인 네트워크 내 생성되었던 블록에는 블과 40바이트 데이터만 저장할 수 있었다. 이는 한글 20자 정도의 텍스트가 저장될 수 있는 수준이다. 2016년 이후, 블록에 저장 가능한 데이터의 크기는 80 바이트에서 1MB로 늘어났다. 2017년 Segwit(세그윗) 업데이트 이후 Taproot 업데이트를 거치며 최대 4MB까지 증설되었다.

다시 말해, Segwit 이전에는 한 블록 내에서 첫째, 거래 내역과 둘째, 디지털 서명란을 동시에 보관하고 처리했는데, Segwit 업데이트를 통해 이 두 요소를 서로 다른 공간으로 분리함으로써 블록 공간을 효율적으로 사용할 수 있게 되었다. 특히, 서명란의 공간은 서명 크기에 비해 쓸데없이 큰 공간을 차지하고 있었는데, 이를 통해 효율적으로 공간을 활용할 수 있게 되었다.

이에 비트코인 네트워크 사용자들은 4MB 미만의 공간에 텍스트, 이미지, 동영상 등 다양한 형태의 데이터를 포함시키기 시작했다. 우리가 알고 있는 레어페페Rarepepe도 2016년 하반기에 블록 내에 저장되면서 탄생하게 되었다.

오디널스Ordinals는 비트코인 네트워크 위에 NFT를 발행할 수 있게 하는 프로토콜로 알려져 있다. 보다 정확한 개념은, 비트코인 네트워크 블록 내에 포함되는 데이터를 대체 불가하도록 '개념화' 하는 기술을 말한다. 오디널스는 비트코인이 총 2,100만 개 발행되고, 1BTC가 1억 개의 사토시로 이루어졌기 때문에, 0부터 2,100,000,000,000,000까지의 개별 숫자가 시간 순으로 존재한다는 점을 이용했다.

비트코인의 개발자들은 기존까지 등가 교환이 가능했던(Fungible) 사토시에 순번을 배정할 수 있다면, 최초 블록의 사토시와 현재 블록의 사토시는 서로 다른 가치를 가지게 되고, 이는 '대체 불가'한 자산이 될 것이라고 생각했다. 이는 마치 1998년도에 주조된 500원짜리 주화가 현재 액면가인 500원이 아닌 1백만 원에 거래되는 것과 같다. 이런 점에서 오디널스는 비트코인 주요 이벤트에 발행된 사토시는 더욱 희귀해지고, 서로 다른 가치를 갖게 된다는 점을 발견했다고 하겠다.

오디널스는 사토시에 첫째, 둘째, 셋째라고 하는 '서수'를 명기하는 기술을 말한다. 사용자가 블록 내에 JPG 사진 데이터를 저장하면, 오디널스가 '몇 번째 사토시에 새겨진 것'을 명기해주기 때문에 대체 불가 성질을 갖게 되어 NFT로 불릴 수 있는 것이다. 이는 이더리움 NFT의 Token 토큰 ID와 유사하다. 동일 스마트 컨트랙트 내에서 Token ID가 다르기 때문에 서로 '대체 불가'가 되는 토큰, 즉 NFT로 불리게 되는 것과 같다.

비트코인 네트워크 블록 내에는 순번이 매겨진 텍스트, 사진, 동영상 데이터들이 저장되고 있으며, 이러한 순서가 매겨진 모든 데이터들을 오디널스의 인스크립션Inscription, 名數이라 부른다.

2) BRC-20 토큰은 무엇일까?

BRC-20 토큰은 본질적으로 오디널스의 인스크립션, 즉 부산물이다. 블록 내에 저장되는 데이터가 '사진'이 아니라 텍스트 기반 데이터 포맷인 JSONJavaScript Object Notation이다. JSON을 통해 '대체 가능 토큰 Fungible Token'을 만들 수 있다. 초기 토큰 디자인은 '발행, 민팅, 전송' 이

상승장과 하락장에서 모두 수익을 올리는 알트코인 투자

세 가지 기능만 가능하며, 익명의 개발자 데모Demo가 처음으로 $ORDI 토큰을 2,100만 개 발행하며 세상에 알려졌다.

ERC20과의 차이점은 BRC-20 토큰이 스마트 컨트랙트 기능을 지원하지 않기 때문에 블록체인 네트워크에서 프로그래밍이 불가능하며 확장성에 큰 제약이 있다는 점이다. 현재 운영 방식도 매우 단조롭다. 최초 토큰 생성자가 토큰명Tick, 총 발행 가능량Max, 거래 당 토큰 발행 가능 수Lim를 설정하면, 오디널스를 통해 사토시Sat에 인스크립션된다. 후속 토큰 발행자들은 Lim보다 낮은 숫자로 토큰을 민팅할 수 있고, 발행 토큰 수가 총 발행량에 도달하면 추가 민팅이 불가능하다.

최초 토큰 생성자가 토큰을 생성하여 자신의 지갑에 이체하고, 제3자가 동일한 토큰명을 가진 토큰을 민팅 요청하면, 최초 토큰 생성자의 지갑에서 제3자 지갑으로 전송된다. 동일한 토큰명을 가진 토큰의 모든 거래는 통합 관리된다.

ERC-20과 이름이 비슷하여 혁신으로 둔갑한 BRC-20은 아직 미성숙한 기술이다. 물론 비트코인의 고유한 특징과 오디널스 인프라를 활용한 새로운 시도라는 점에서는 상당한 의미가 있다. 그러나 현재의 BRC-20은 펀더멘탈이 부재하기 때문에 새로운 기술로만 이해하는 것이 좋다.

오디널스, BRC-20 이후
비트코인을 지속 가능하게 하는
룬^{Runes} 프로토콜

1) 충분한 수수료가 확보되지 않는 비트코인

2024년은 비트코인에 있어 매우 중요한 시기였다. 1월에 비트코인 현물 ETF가 승인되었고, 4월 20일에는 740,000번째 블록에 도달하면서 네 번째 반감기가 진행되었다. 이로 인해 블록 보상이 6.25 BTC에서 3.125 BTC로 감소했다. 이는 채굴 효율이 낮아지는 것을 의미하며, 채굴자들이 이전과 같은 보상을 받기 위해서는 비트코인 가격이 두 배가 되어야 한다.

채굴자들에게 달러 기반의 수익이 중요한 이유는 비트코인 채굴 비용(전기와 장비 등)이 법정화폐로 지불되기 때문이다. 수익이 유지되어야 채굴자의 활동이 지속 가능하며, 이는 네트워크의 보안성 유지에 직결

된다. 쉽게 말해, 비트코인 네트워크의 보안은 총 채굴자의 수익, 즉 블록 보상과 네트워크 수수료 수익의 합으로 볼 수 있다. 네트워크 수수료 수익은 트랜잭션(Transaction, 여기서는 거래를 의미함)이 블록에 포함될 때 채굴자에게 지급되는 수수료에서 발생한다.

비트코인은 암호 화폐의 가치 저장 수단으로서의 확고한 위치를 차지하고 있다. 이러한 점에서 비트코인은 오늘날 수많은 암호화폐 자산 중에서 독보적인 위치에 자리하고 있다고 해도 과언이 아니다.

보통 채굴자들에게는 네트워크 활동을 통해 발생하는 수수료 수익이 필요하지만, 비트코인은 스테이블코인처럼 결제 수단으로 자주 사용되지 않기 때문에 USDC나 USDT처럼 활발한 네트워크 활동을 통해 충분한 수수료를 생성하기 어렵다. 스테이블코인의 거래 빈도가 비트코인보다 월등히 높음을 보여주며, 비트코인의 수수료가 적게 발생된다는 것을 알 수 있다.

비트코인의 상대적으로 낮은 거래 빈도는 채굴자에게 낮은 수수료 수익을 의미한다. 2023년 데이터에 따르면, 비트코인이 30회 거래될 때 USDC는 100회 이상 거래되었다. 이는 스테이블코인이 비트코인보다 더 많은 수수료를 발생시키는 것을 의미하며, 비트코인 채굴자들이 네트워크 보안을 유지하기 위해서는 비트코인 전송 외에도 다양한 방법으로 수수료를 발생시킬 수 있는 전략이 필요함을 시사한다.

2) 다른 블록체인들은 어떻게 거래 수수료를 높였을까?

암호화폐의 핵심은 무엇보다도 '거래'에 있다. 특히, 밈코인은 여기서 큰 역할을 한다. 리테일 사용자가 쉽게 접근하고 거래할 수 있도록 함으로써, 벤처캐피털이 몇 백억 원 가치의 암호화폐보다 몇 억 원 가치의 암호화폐에 저렴하게 투자할 수 있게 만든다. 이는 고수익을 목표로 하는 암호화폐 투자자에게 있어 매우 자연스러운 경향이다.

더 많은 거래는 종종 블록 생성자에게 보다 많은 MEV**Maximal Extractable Value** 수익을 가져다주며, 이는 레이어 1**L1**의 보안성 향상으로도 이어진다. 이러한 현상의 대표적인 예로 솔라나가 있다. 예컨대, 밈코인 거래와 같은 투기적 활동은 L1의 보안을 강화하는 데 중요한 역할을 했는데, 봉크**BONK**와 위프**WIF**와 같은 밈코인은 솔라나 생태계에 활력을 불어넣고 성장을 촉진하는 데 결정적으로 기여했다.

2023년까지 비트코인에서는 밈코인을 쉽게 출시하고 거래할 수 있는 방법이 부족했다. 하지만 오디널스 프로토콜 출시 후, 비트코인에서 대체 가능한 토큰을 생성할 수 있게 하는 새로운 표준인 BRC-20이 등장했다.

이 BRC-20 토큰은 빠르게 인기를 얻으며, ORDI와 같은 토큰은 출시 후 몇 달 만에 시가총액 10억 달러를 돌파하기도 했다. 또한, 비트코인 내 거래량도 빠르게 증가하여 채굴자에게 높은 수익을 주기도 했다. 그러나 이 표준은 오디널스와 인스크립션을 기반으로 하기 때문에 복잡하

상승장과 하락장에서 모두 수익을 올리는 알트코인 투자

고 효율성이 떨어졌다.

이에 대한 해결책으로 케이시 로다모어Casey Rodarmor는 룬 프로토콜을 개발했다. 룬은 비트코인의 UTXO 구조에 더 잘 부합하며, 토큰을 훨씬 쉽게 거래할 수 있는 방법을 제공한다. 이 방식은 비트코인 네트워크의 장기적인 보안 강화에 기여하며, 더 많은 수수료 수익을 비트코인에 가져다줄 수 있다.

새로운 비트코인 토큰화 기준, 룬 프로토콜

1) 룬은 어떻게 작동할까?

케이시 로다모어Casey Rodarmor는 오디널스 프로토콜의 창시자로, 반감기 이벤트와 함께 룬 프로토콜을 론칭했다. 룬 프로토콜은 비트코인 위에 토큰을 생성할 수 있는 기능을 제공한다. 오디널스 프로토콜은 각 사토시(비트코인의 가장 작은 단위)를 대체 불가능하게 만들어 NFT 거래를 가능하게 했지만, 룬 프로토콜은 ERC-20과 유사하게 다양한 이름과 수량을 가진 대체 가능한 토큰인 룬을 생성할 수 있다. 이로 인해 비트코인 네트워크에 다양한 새로운 사용 사례가 도입될 수 있었으며, 경제적 활동을 활성화하는 데 기여하게 된다.

룬 프로토콜은 비트코인에서 대체 가능한 토큰을 생성하는 다양한 시도 중 하나이다. 카운터파티, 컬러드 코인, BRC-20 등이 이와 같은 목적으로 개발되었다. 그러나 룬 프로토콜은 이들과 아래와 같은 몇 가지 중요한 차이점을 가진다.

첫째, 온체인 데이터에만 의존이다. 룬 프로토콜은 모든 데이터를 온체인에 저장하여 투명성과 신뢰성을 극대화한다. 이는 데이터를 오프체인에 저장하거나 외부 참조를 필요로 하는 다른 프로토콜과 구별된다.

둘째, 블록 공간을 최소화이다. 룬 프로토콜은 블록 공간을 최소화하도록 설계되었다. 이는 네트워크 효율성을 높이고 수수료를 절감하는 데 기여한다.

셋째, 별도의 네이티브 토큰의 부재(不在)이다. 룬 프로토콜은 별도의 네이티브 토큰을 발행하지 않는다. 이는 기존 비트코인 네트워크의 UTXO 구조와 더욱 긴밀하게 통합되어, 추가적인 토큰 발행 없이 토큰 기능을 제공한다. 이러한 특징들은 룬 프로토콜이 비트코인 네트워크에서 보다 효율적이고 유연하게 대체 가능한 토큰을 생성하고 관리할 수 있도록 돕는다.

아울러 룬 프로토콜은 비트코인 블록체인을 활용하여 UTXOs(사용되지 않은 거래 출력)에 토큰을 저장하는 방식으로 작동한다. 프로토콜의 주요 기능은 토큰의 전송과 발행이며, 이러한 모든 데이터 처리는 비트코인의 OP_RETURN, 즉 특정 데이터를 포함할 수 있는 트랜잭션 출력을 통해 이루어진다. 룬 프로토콜에서 사용하는 데이터 유형은 다음과 같다.

2) 룬 프로토콜의 데이터 유형

1. 전송 데이터

- **ID**: 룬에 할당된 고유 ID로, ERC-20 토큰의 스마트 컨트랙트 주소와 유사한 기능을 한다.
- **OUTPUT**: 토큰이 전송될 대상 주소
- **AMOUNT**: 전송하고자 하는 룬의 양

2. 발행 데이터(Push 데이터)

- **SYMBOL**: 토큰의 심볼로, 기수 표기법의 26진법으로 인코딩된 인간이 읽을 수 있는 문자로 유효한 문자는 A부터 Z까지이다.
- **DECIMALS**: 토큰이 지원하는 소수점 이하의 자릿수를 정의한다. 예를 들어, DECIMALS가 1일 때, 최소 단위는 0.1까지 허용된다.

무엇보다 룬 프로토콜은 중복되는 심볼을 가진 룬의 생성을 허용하지 않으며, BITCOIN, BTC, XBT와 같은 이름을 사용하는 룬은 유효하지 않다. 이러한 설계로 인해 룬 프로토콜은 비트코인 네트워크에서 효율

상승장과 하락장에서 모두 수익을 올리는 알트코인 투자

적으로 대체 가능한 토큰을 생성하고 관리할 수 있다.

룬 프로토콜이 비트코인의 기존 금융 응용 애플리케이션으로 사용되기에는 몇 가지 제한이 있다. 비트코인 블록의 채굴 시간은 대략 10분이며, 이는 룬 토큰을 사용한 거래가 확정되기까지 상당한 시간이 필요함을 의미한다. 이는 이더리움의 약 12초, 솔라나의 400밀리초와 비교했을 때 매우 느린 속도이다. 룬 프로토콜이 라이트닝 네트워크와 통합된다면, 거래 속도는 대폭 개선될 수 있으나 라이트닝 네트워크 자체가 갖는 BTC 볼륨의 제한과 최소 한 번의 온체인 거래 필요성은 여전히 문제가 될 수 있다.

비트코인의 블록 시간 문제를 우회하고 병렬 거래 처리를 가능하게 하는 솔루션의 필요성이 더욱 강조된다. 과거에는 이러한 문제가 크게 대두되지 않았지만, 오디널스 프로토콜로 인해 비트코인에서 NFT 및 토큰 거래 활동이 증가함에 따라 이러한 이슈가 부각되었다. NFT와 토큰 거래 간에는 본질적인 차이가 있으며, 토큰의 가격 변동성을 고려할 때 10분의 거래 확인 시간은 큰 리스크를 수반한다. 더불어 멤풀의 동적 변화와 예상되는 과도한 수수료 문제도 있다.

따라서 비트코인 네이티브 방식으로 BTC를 활용하는 것이 필요한 시점이다. 룬 프로토콜은 비트코인에 대한 근본적인 변경 없이도 토큰을 활용할 수 있는 가능성을 제공하며, 이는 큰 이점으로 작용한다. 또한, 아치 네트워크Arch Network, 메조Mezo와 같은 프로젝트는 비트코인에 네이티브 프로그래밍 기능을 추가하려고 한다. 이러한 기능이 룬 프로토콜과 결합될 경우, 비트코인의 장기적인 보안 예산 문제를 해결하는 데 큰 진전을 이룰 수 있을 것이다. 이는 비트코인의 더 넓은 활용 가능성과 함께 그 장점을 극대화할 수 있는 길을 제시해 준다.

크립토 투자 내러티브 대전망,
그 첫 번째

1) 메크로 : 크립토는 지금 어디에 있는 것일까?

2023년 말 시작된 상승장에서는 두 개의 중대한 사건이 있었다. 하나는 바이낸스가 43억 달러 벌금을 내고 미국 규제질서 안으로 포섭되었다는 것과 다른 하나는 비트코인 현물 ETF의 출시다. 이 둘은 비트코인에 대한 여러 가지 리스크를 크게 줄여주는 역할을 한다.

특히, 비트코인 현물 ETF는 앞으로 다른 파생상품으로 확대될 가능성이 높다. 매일 시장에는 상상을 초월하는 거래량과 유동성이 발생할 것이다. 지금까지 비트코인 가격을 바이낸스, 테더 같은 크립토 기업들이 결정했다면, 앞으로는 월스트리트에서 절대적인 영향을 미치게 될 것이다.

지금까지 비트코인은 우호적인 매크로 환경과 더불어 여러 가지 호재가 중첩되어야 상승하는 모습을 보여왔다. 2025년 현재 시점에서 기대할 만한 호재들은 다음과 같다.

- 매크로 : 미국 채권 금리 고점, 미국 주요지수 최고점 도달, 역레포 잔액 감소
- 비트코인 현물 ETF를 통한 전통 금융 저변 확대
- 비트코인 반감기
- 상승장과 하락장의 주기 : 신규 내러티브

지난 다섯 번의 상승장을 데이터로 보면, 하락장의 중위값은 354일이다. 평균값으로 보면 293일이 하락장의 한 사이클이다. 가격 데이터로 보면 이번 하락장은 평균 하락 사이클 보다 많은 354일이 걸렸다. 상승장 사이클의 중위값은 604일, 평균 기간은 약 571일에 달한다.

상승장 사이클이란 하락장에서 발생한 가격 저점에서 고점에 도달하기까지를 말한다. 상승-하락장 사이클 통계를 평균값으로 구하는 것은 매 사이클마다 시장 상황이 다르기 때문에, 현재 사이클이 어디쯤 왔는지를 예측하기 위해서다. 우리는 이 데이터를 통해 지금이 이번 상승장 사이클의 중간 정도 지점에 해당한다는 사실을 알 수 있다.

일반적으로 상승장에서 사이클 중반까지는 기존 크립토 참여자들이

상승장과 하락장에서 모두 수익을 올리는 알트코인 투자

들어간 자본으로 가격이 오르지만, 막판 상승에는 신규 자본이 대거 유입되며 폭발력을 배가시킨다. 이번 상승장에는 ETF로부터 유입된 자금이 촉매 역할을 할 것으로 보인다.

2) 상승장에 유효한 크립토 내러티브는 무엇일까?

상승장에서 가장 중요한 것은 신규 유동성이다. 그리고 이 유동성을 레버리지할 수 있는 잠재력을 가지고 있는 프로젝트가 큰 상승을 보인다. 이런 이유 때문에 중반 이후의 상승장에서는 FDV, MC, TVL 같은 펀더멘탈 분석보다는 업사이드가 크다는 느낌을 주는 제품, 기술, 로드맵을 봐야 한다. 즉, 설득력 있는 성장 가능성이 가장 중요하다는 말이다. 여기서 펀더멘털 분석은 하락장에 유효한 분석 방식이고, 상승장에는 이미 가격에 성장 프리미엄이 끼어있는 상황이 많기 때문에 정확한 분석이 안 되는 일이 많다. 이런 점에서 투자자들이 2025년에 집중해야 하는 잠재 성장력이 높은 섹터는 다음과 같다.

〈1〉 비트코인 : 인스크립션을 통해 가져다준 탈 중앙화 토큰 발행 레이어의 미래

- **오디널스의 특장점** : 오디널스는 비트코인 위에서 영구적으로 소유권을 주장할 수 있는 토큰 체계를 만들었다는 것이 가장 큰 매력이

다. 물론 손쉬운 컨트랙트 하에서 관리가 이뤄지는 이더리움에 비해 사용성이 떨어지고 불편하지만, 이런 점들이 큰 문제가 되지 않는다는 것도 이 체계의 매력이다. 아울러 커뮤니티가 주도한 페어런치도 인스크립션 성장의 한 몫을 했다. 혼자서 투자 물량을 독식한 채 '돈 놓고 돈 먹는' 식의 자본 플레이를 하는 대형 VC들에게 반감이 컸던 크립토 유저들은 자신들의 초기 진입을 보장해 준 인스크립션에 큰 호응으로 화답했다.

- **끊임없이 진화하는 토큰 표준** : BRC-20은 현재 비트코인 토큰 발행 표준에 가깝다. 하지만 BRC-20를 사용하는 스팸 UTXO가 늘어나면서 비트코인 네트워크에 과부하를 주고 있고, 인덱서라는 오라클 주체의 의존도가 매우 높아지고 있으며, 비트코인 네트워크에 과부하를 준다는 점에서 논란이 있다. 실제로 비트코인 거래 전체 상태가 담긴 DB인 UTXO Set이 지난해 대비 2배 증가하면서 오래된 비트코인 커뮤니티의 반발을 사고 있다.

새롭게 떠오르는 토큰 표준으로는 Atomical^ARC-20, RUNE 등이 있다. 이들은 BRC-20 대비 인덱서 의존도가 낮고 UTXO 스크립트 기반으로 보다 좋은 UTXO 머니레고를 만들 수 있다. 이 밖에 SRC-20, BRC-420 ex:Bitmap 방식도 게임로직을 이용하여 자기만의 생태계를 구축하고 있다.

앞서 말한 토큰 표준들은 대부분 초기 단계이기 때문에 오디널스 디젠들만 인지하고 있는 정도다. 조금 더 규제 친화적이고 대중화Mass Adoption를 할 수 있는 토큰 표준 솔루션으로는 라이트닝 네트워크 기반 탭루트 애셋Taproot Asset이 있다.

특히, 탭루트 애셋은 인스크립션 기반 토큰표준보다 좀 더 다채로운 프로그래밍이 가능하며 USDC, USDT처럼 토큰의 부분 소유권을 해소할 수 있다. 앞으로 기관들이 탭루트 애셋 기반으로 스테이블코인을 발행하여 소매금융으로 활용할 가능성이 있다. 이로써 전방위적인 결제 채널로 신뢰를 얻어 온 라이트닝 네트워크는 비트코인의 결제 앱 체인으로 성장할 수 있는 큰 촉매제가 될 것이라고 여겨진다.

앞으로 토큰 표준이 성숙해지면 BRC-20 위에 둥지를 틀었던 토큰들이 다른 곳으로 이주할 것으로 예상한다. 어떤 토큰들이, 토크노믹스를 어떻게 수정해서, 어디로 옮겨가느냐에 따라 새로운 업사이드가 확보될 것으로 예측된다.

아울러 비트코인은 확장성이 떨어지는 블록체인이지만 향후 확장성 솔루션 숫자가 늘어나면 비트코인도 2차 토큰을 발행하는 레이어로서의 입지를 갖추게 될 것이다. 특히, 비트코인의 블록 공간도 꾸준하게 토큰 발행에 사용되며 지속 가능한 경제 모델로 변환될 것으로 필자는 예상한다.

2025년 현재, 비트코인을 기반으로 하는 토큰 마켓캡은 약 $5B에 달한다. 2023년에는 비트코인이 지급한 수수료 중 약 35%가 오디널스로부터 발생했다. 이러한 분위기를 감안했을 때, 2024년에는 유동성, 확장성 인프라 기술 개발 속도 보다 인덱서, CEX 호환 가능한 분야가 투자 유동성을 유치할 것으로 보인다.

지난 상승장에 NFT 마켓캡의 최고점은 약 $50B~70B이었다. 만일 이번 상승장 때 시장이 $20B~30B 정도 더 확장된다면, 비트코인 인스크립션 내러티브는 다양한 온체인 플레이를 통해 $100B 가량을 끌어올 수 있다.

〈2〉 새로운 시장 : 인덱서 마켓

비트코인은 이더리움 스마트 컨트랙트처럼 오디널스가 제대로 작동하는지에 관해 검증을 미리 할 수 없다. BRC-20의 배포, 발행, 전송에 대한 트랜잭션을 사전에 검증할 수 없다는 의미다. 이런 이유 때문에 오디널스 데이터를 식별해주는 인덱서라는 역할이 존재한다. 예를 들어 'Ordi'라는 티커를 갖고 있는 2종류의 토큰이 있다고 가정하자. BRC-20에서는 똑같은 토큰을 발행할 수 있는데, 이를 식별할 수 없다면 거래 시장은 큰 혼란에 빠질 것이다.

인덱서는 단순한 비트코인 버전 오라클와 비슷한 수준이다. 현재 Unisat유니셋, Ordiscan오디스캔, CEX 같은 업체가 중앙화 방식으로 데이터를 제공하고 있다. 여기서 데이터를 잘못 갖고 오면 단일 실패 문제가 발생

상승장과 하락장에서 모두 수익을 올리는 알트코인 투자

된다. OKX, Gate.io게이트 아이오, Binance바이낸스도 $ORDI 데이터를 잘못 인식하여 발행량을 오인했거나 스팸토큰을 받았던 사례가 있다. 이는 초기 디파이에 오라클 인프라가 성숙하지 못했던 시절과 비슷하며 중앙화 오라클 허점으로 인해 단일 실패 오류 문제로 인해 큰 손실을 봤다(예 : Compound DAI 오라클 오류).

인덱서는 본질적으로 기존 오라클 비즈니스와 같다고 볼 수 있다. 이런 점에서 체인링크처럼 브랜드 신뢰를 구축하여 탈 중앙화 기술 스택을 쌓는 프로젝트가 이 시장을 점유할 수 있다고 여겨진다. 전자는 CEX의 인터그레이션과 디파이 생태계를 얼마만큼 확보하는지가 관건이며, 후자는 오디널스 악성 MEV 들을 어떻게 해결하는지가 핵심 포인트이다.

체인링크와 비교하긴 했지만 2024년에는 체인링크 만큼 성장하기는 어려울 것이다. 탈 중앙화 인덱서 마켓 사이즈는 비트코인 기반 토큰 마켓캡이 >10B 이상이 되는 경우에 The graph($2B) 정도의 사이즈를 가질 것으로 예상된다.

〈3〉 확장성 솔루션 : 비트코인의 정통성을 지키면서 유동성을 확보하는 솔루션

2025년 4월 현재, 비트코인 확장성 솔루션을 자처하는 프로젝트들이 많이 나오고 있는 상황이다. 하지만 이 섹터는 상당히 조건이 까다롭다. 막대한 영향력을 가진 비트코인 커뮤니티를 거슬리게 하지 않도록 일종의 정성(제시 예 : 스몰블록)을 유지하면서 솔루션을 만들어야 하기 때문이다.

지금까지 나왔던 확장성 솔루션(제시 예 : Rootstock)들이 큰 지지를 못 받았던 것은 비트코인 원래 체인 수준의 검열 저항성을 확보하지 못했기 때문이다. 다만, 지금은 몇 개의 도전자들이 시장에 나와 있다. 비트코인 정통성을 지키면서 검열 저항성을 가진 BitVM과 L2 솔루션이 비트코인의 확장성을 도와줄 수 있을 것으로 예상된다.

'확장성 솔루션을 쓴다'는 것은 비트코인을 온체인 환경에서 사용하는 것을 의미한다. 이더리움의 디파이처럼 말이다. 그렇지만 이것은 상당히 쉽지 않은 문제다. 현재 비트코인 디파이 관련해서는 아무런 유동성이 없기 때문이다. 현재 비트코인 기반 토큰들은 CEX의 서포팅이 없으면 가격 책정을 할 수 있는 메커니즘이 없다. 확장성 솔루션들 역시 단순히 그러한 문제만 해결해 주는 것으로는 독자적으로 생존하기 어렵다. 결과적으로는 자체 토큰을 가지고 시중의 유동성을 흡수하여 가치를 레버리지할 수 있어야 한다. 향후 이더리움의 유니스왑 같은 역할을 하는 디앱이 비트코인 진영에 만들어진다면 비트코인 확장성 솔루션이나 비트코인 layer2가 만들어지는데 혁혁한 공을 세우게 될 것이다.

한편, L2는 L1에 잠겨 있는 네이티브 에셋을 안전하게 그대로 활용할 수 있는가가 상당히 중요하다. 비트코인 확장성 솔루션 역시 네이티브 비트코인을 브릿지⇒DEX⇒Lending랜딩순으로 순환시키는 방법 등을 통해 유동성 레버리지가 가능할 것이라고 예상된다. 이에 대한 대표적인 예시로는 크로스 체인 인프라 솔루션인 토르 체인Thorchain을 들 수 있다. 토르 체인은 비록 요즘 나오는 L2 만큼의 보안성을 갖추지는 못했지만 이 방법을 통해 온체인에서 평균 $60M~100M의 비트코인 거래량을 확보하고 있다. 참고로 이는 이더리움에서 발행된 WBTC 보다 큰 규모다.

비트코인의 정통성을 지키면서 유동성을 확보하는 솔루션들이 시장에 주목하게 되며 현재 이 필드를 빌딩하는 프로젝트들은 ETH L2 버금가는 밸류 성장을 기대해 볼 만하다. ⟨@BotanixLabs, @Bison_Labs, @kasarLabs, @urbit⟩

비트코인의 유동성과 확장성 생태계가 활발해지면 시장에서는 비트코인 보안성을 활용하는 솔루션의 수요가 나타날 것이다. 현존하는 프로젝트 중에서는 바빌론 체인이 PoS 네트워크 보안성, BTC 스테이킹 모델을 지원하는 솔루션이다. 지금까지 비트코인 디파이는 대부분 중앙화 이슈를 무릅쓰고 비트코인을 랩핑해 이더리움 블록체인에 올리는 랩트 비트코인Wrapped Bitcoin을 이용했다. 그러나 바빌론 체인은 이런 중앙화 리스크를 감소시킬 수 있다.

비트코인은 가장 오래된 암호화폐 중 하나지만 확장성의 역사에서만큼은 이더리움이 먼저이다. 비트코인의 유동성 및 확장성 내러티브는 이전 이더리움이 겪었던 경로를 따라서 비슷하게 진행될 것으로 예상된다.

그밖에도 현재 나스닥 등의 제도권 시장에 상장되어 있는 마이닝 업체들의 수익을 살펴보는 것이 좋다. 이들의 수익은 비트코인 가격 향방에도 달려 있지만, 오디널스 수수료에 많이 좌우될 가능성이 높다. 2023년 12월 중순에는 비트코인 블록 보상보다 수수료 보상이 더 많은 상황이 한동안 계속됐다.

그렇다면 오디널스에 대해 비트코인 채굴자들은 어떤 태도를 보일까? 우선 현재 비트코인 채굴의 상당 부분은 마라톤디지털홀딩스 Marathon Digital Holdings, 라이엇Riot 같은 대형 채굴 기업에 의해 진행되고 있다. 이번에 비트코인 현물 ETF 승인을 주도했던 세계 최대의 자산운용사인 블랙록BlackRock은 ETF만 운용하는 게 아니라 이들 대형 채굴 기업들의 지분도 상당량 보유하고 있다.

즉, 채굴 기업과 대형 금융사가 비트코인의 합의를 결정하는 셈이다. 이들은 막대한 수수료를 벌어다주면서 주가에도 큰 영향력을 미치는 비트코인 인스크립션을 우호적인 시선으로 바라볼 것이다.

상승장과 하락장에서 모두 수익을 올리는 알트코인 투자

크립토 투자 내러티브 전망, 그 두 번째

1) 크립토 시장의 나스닥, 이더리움은 기회의 장

지금까지 비트코인 본래의 비전과 내재 가치를 승계하는 전통성을 유지하는 동시에 비트코인의 확장성을 지원하는 기술이 시장에서 큰 가치가 있다고 했다. 지금부터는 이더리움 생태계에서 앞으로 우리가 주목해야할 기술 전망과 투자처에 관해 설명하겠다.

〈1〉 이더리움의 과거와 현재

지난 2021년 상승장에서 이더리움은 전반적인 크립토 생태계에 필요한 애플리케이션, 확장성의 발상지로 확고히 자리매김했다. 단순히 상징적인 브랜딩만 획득한 것이 아니다. 지분증명PoS 전환과 증가된 사용자들 덕분에 이더리움 블록 공간이 희소해지는 효과를 얻었으며, 네트워크 사용량이 많을수록 디플레이션이 발생해 화폐 가치가 높아지는 '초강력 건전화폐Ultra Sound Money'의 내러티브도 함께 획득했다. 이것이 바로 이더리움 가격 상승의 주된 이유였다.

과거와 비교해보면 이해가 쉽다. 과거에 이더리움은 밈코인, 디파이, NFT를 모두 관장하는 블록체인이었기 때문에 항상 사람들로 북적대는 상황이었다. 블록체인에 거래를 기록하기 위해서는 블록 공간을 구매해야 한다. 한 마디로 방을 구하는 사람은 많은데, 방이 없는 상황인 셈이다. 그렇다 보니 자연스럽게 거래 수수료가 오르고, 수수료가 오르니 코인 가격이 올랐던 것이다.

하지만 레이어2가 활성화된 지금은 상황이 약간 달라졌다. 지난 상승장에서 디파이, NFT에 소모되는 거래 수수료(가스비) 비율은 약 63%를 차지했다. 평균 거래 수수료는 약 150~170 가스비Gwei였다. 하지만 지금은 이더리움의 네이티브 온체인 수요가 비트코인, 솔라나 대비 줄어들면서 ETH와 블록 공간의 수요가 이전에 비해 10배 이상 줄어들었다.

현재 단순 투자 자산으로서의 이더리움은 좀 애매해진 상황이다. 대중에게 어필할 수 있는 암호화폐로서의 정통성 부분은 비트코인보다 약하며, 자산으로서의 투기성은 솔라나에 밀린다. 심지어 '초강력 건전화폐'라는 내러티브도 이더리움만의 것이 아니게 됐다. 솔라나를 포함한 알트코인 레이어1 프로젝트들 대부분이 비슷한 토큰 내러티브를 가지고 있다. 계정추상화AA, ZKML, 댕크샤딩Danksharding 같은 차별성 있는 키워드들이 남아있긴 하지만, 일반 투자자들이 이런 인프라에 투자하거나 돈을 묻을 만한 상황은 아니다. 결국, '상승장인데 이더리움 사요?'라는 측면에서는 그다지 설득력있는 내러티브를 보유하고 있지 않은 셈이다.

〈2〉 이더리움은 기회의 장

이더리움은 이미 비트코인과 같이 디젠의 영역을 벗어나 일반적인 매크로 암호화폐에 편입되고 있는 코인이다. 미국을 비롯한 세계 각국 정부들이 이더리움을 이용한 자금세탁을 신경써서 방지하고 있으며, 아직까지 제한적이긴 하지만 코인베이스를 통해 온체인 KYC된 사용자들도 이더리움 세계로 진입할 수 있게 됐다. 이는 앞으로 합법적인 규제를 중요시하는 자본이 이더리움 세계로 유입될 수 있는 경로로 사용될 것으로 보인다.

개인 투자자들은 인프라 투자 기회를 얻기가 쉽지 않다. 유일하게 가능한 방법은 인프라 프로젝트들이 토큰을 발행할 때 그것을 구입하거나 에어드랍을 통해 받아내는 정도다. 이와 관련해서 2024년을 좀 주목해보는 것이 좋다. 이미 $1B 이상의 벨류에이션 프로젝트들이 줄줄이 에어드랍 일정을 잡고 있기 때문이다. 이 정도의 가치를 초기 온체인에서 발견할 수 있는 레이어1 블록체인은 아직 이더리움밖에 없다.

여러 가지 측면을 종합해 봤을 때, 이더리움은 여전히 크립토에서 비트코인 다음 가는 크기와 강도를 자랑하는 튼튼한 플랫폼이다. 그동안에는 수수료 경제가 이더리움을 지탱하고 발전시켰지만, 2025년부터는 이 플랫폼 위에서 좀 더 큰 그림을 그리는 플레이어들이 많아질 것으로 보인다. 다시 말해, 막대한 유동성(디파이)과 기술인프라를 통해 나스닥처럼 유니콘 기업을 론칭할 수 있는 플랫폼 역할을 하는 것이다.

당장 2024년에 $100B 이상의 자산이 이더리움 위에서 발행되었다. 리스테이킹Restaking, 레이어2, 퍼블릭 인프라Public Infra 등 이더리움을 한 단계 업그레이드해 줄 내러티브가 ETH 업사이드를 주도하는 핵심이 될 것으로 예상된다.

2) 이더리움 가치를 높힐 레이어2L2

느린 속도와 높은 수수료. 이더리움이 맞닥뜨렸던 두 가지 중요한 문제다. L2는 이를 해결하기 위해 등장했고, 최근에는 매 년마다 $30~50M 매출이 발생되는, '현금 장사가 실제로 가능한 몇 안되는 크립토 비즈니스로 성장했다.

L2가 성공적으로 안착하자 레이어3L3 솔루션도 나왔다. 레이어3는 레이어2 거래가 많아질 경우 애플리케이션들이 독자적인 체인을 만들어 사용자 경험을 좋게 만드는 것이라고 여기면 된다. 대표적인 것이 옵티미즘의 OP스택Opstack, 아비트럼Arbitrum의 오르빗Orbit 등이다. 현재 L3

상승장과 하락장에서 모두 수익을 올리는 알트코인 투자

는 추상화 토큰노믹스를 이용하여 L2 토큰을 기축 통화로 활용할 가능성이 매우 높다. 통상 L3의 필요로 하는 유동성 수준이 낮아서 L2 토큰 유동성으로도 충분히 만족시킬 수 있는 상태이기 때문이다. L2 입장에서는 자산 증식을 할 수 있는 또 하나의 식민지가 생긴 셈이다. 이런 이유 때문에 올해 이후 L2 토큰의 업사이드는 어떤 L3 생태계를 보유하느냐에 따라서도 많은 부분 결정될 것으로 보인다.

결국, 이더리움L1의 유동성이 L2로 전이되고, 그것이 다시 레이어3L3로 이어지는 구도인 셈이다. 이 시각에서 보면, 이더리움이 다른 레이어1 블록체인에 비해 어떤 비교 우위를 가지고 있는지 투명하게 확인할 수 있다. 이더리움은 이미 디파이의 기축통화처럼 활용되고 있고, L1 차원에서 사용자 트래픽과 유동성을 억지로 모을 필요가 없는 풍요로운 환경이다. 한 마디로 L2, L3에서 네이티브 이더리움을 기축통화로 사용하여 대중화만 시키면 바로 가치를 만들어낼 수 있다는 의미다.

2024년 1월 3일 기준, L2 TVL은 $21.16B로 이미 Alt L1 다 합한 TVL 보다 많다. 곧 ETH TVL도 따라갈 것으로 보인다. 2024년에 이 수치는 ETH TVL 보다 2~3배 이상으로 커질 것으로 예상된다. 결국, $ETH 기반의 온체인 기축 자산 포지션이 확고해질 것이다. 이더리움 위에서 2020년 왔었던 '디파이 썸머' 이상의 'L2 썸머'가 올 수 있다는 얘기다.

이더리움 칸쿤 업그레이드EIP-4844는 2024년, 모듈러 이더리움에 큰 힘을 줄 수 있는 내러티브다. 그동안 이더리움 블록체인을 적극 활용해 왔던 L2, L3는 전체 매출의 80% 정도를 이더리움 네트워크에 거래 저장 비용으로 사용했었다. 그러나 칸쿤 업그레이드 이후에는 이 비용이 최대 16배 감소한다.

특히, ZK 롤업을 사용하는 프로젝트는 L1 데이터 저장 공간이 압축되기 때문에 비용 감소가 더욱 두드러질 것이다. 이미 토큰을 발행해 사용하고 있는 $OP,$ARB와 같은 L2 프로젝트들은 EIP-4844 이후 순이익이 증가했고, zksync^ZK, 스타크넷^Starknet의 경우에는 OP 진영보다 더 많은 마진이 생기고 있는 상황이다.

L2들의 살림살이가 이렇게 개선되면 이들이 무엇을 할지 예상해 보는 것이 좋다. 전통적으로 이렇게 펀더멘털이 개선되면, 프로젝트들은 각종 지원금을 뿌리고 생태계를 부양하는 자본 플레이에 돌입한다.

돌이켜보면 지난 2021년 상승장 때는 L1들이 자신들의 생태계에 토큰 펀드를 설립하고 생태계 유치 경쟁을 했다. L2도 생태계 펀드를 설립하여 같은 양상의 자본을 벌일 가능성이 높다. 뿌린 자본만큼 유동성과 거래량 측면에서 좋은 성과를 도출해내는 L2가 결국 L2 썸머 전쟁에서 승리할 것으로 예상된다. 이 과실을 먹고 싶은 투자자들은 어느 L2가 생태계 구축 플레이에 능한지를 살펴보는 것이 좋다.

개인적으로는 L2 썸머 전쟁에서 Rollup-as-a-Service(RaaS, 롤업에즈어서비스) 섹터가 수혜 분야가 될 수 있을 것으로 예상한다. RaaS는 L2, L3를 구축할 수 있게 하는 솔루션을 말한다. 이더리움이 마지막 검증을 통해 L2, L3 거래를 L1인 이더리움에 입력할 때 필수적인 기술이다.

만약 누구나 RaaS로 L2, L3을 구축해 간다면 유동성을 공유하는 레이어 형태인 셰어드 시퀀서Shared Sequencer에서 많은 수익이 창출될 수 있다. 생태계 확보가 잘된 RaaS는 L2 프로젝트 만큼의 가치 평가를 받을 것으로 예상된다. RaaS의 대표적인 프로젝트로는 @@Caldera,,@Gelato 등이 있으며 셰어드 시퀀서는 @LayerN이 있다.

3) 레이어2 MEV에 큰 기회가 있다

〈1〉 MEV 시장의 문제점

MEVMaximal Extractable Value는 블록을 만드는 채굴자가 그 안에 들어가는 트랜잭션의 순서를 결정하는 과정에서 발생하는 이익의 총합을 말한다. 퍼블릭 블록체인 프로젝트를 블록이라는 데이터 공간을 돈받고 파는 건물주에 비유하자면, MEV는 이들을 상대하는 부동산 중개업자들이 챙겨가는 이익 정도로 볼 수 있겠다.

부동산 매수자가 많을수록 중개업자들이 거간꾼 역할을 하면서 큰 이익을 도모할 수 있듯, MEV가 커지기 위해서는 블록 공간을 사용하고자 하는 수요가 많아야 한다. L1 온체인을 사용자가 활발히 사용해야 MEV 추가 이익을 기대할 수 있다는 얘기다. 이더리움은 온체인 사용을 촉진시킬 수 있는 내러티브가 추가되지 않는다면 MEV에서 발생하는 리워드는 당분간 현상 유지될 것으로 보인다.

이더리움에서는 시장 질서를 어지럽히고, 사용자에게 손해를 안기는 악성 MEV을 막기 위해 2025년 현재, 프라이빗 멤풀Private Mempool을 이용한 '오더 플로우 옥션'이라는 방식을 많이 사용하고 있다. 여기서 빌더들이 하이브리드로 퍼블릭＆프라이빗 간에 MEV 수익성을 만들 것이라고 예상되는데, 이 과정에서 빌더들이 프라이빗 멤풀 제공하는 애플리케이션을 수수료를 지급하고 사용하게 될 것이다. 프라이빗 멤풀을 제공하는 곳은 1인치1inch, 유니스왑Uniswap, 카우스왑CowSwap 등이다. MEV 측면에서 이들의 펀더멘털이 개선될 가능성이 있다.

MEV 공급망에는 서쳐Searcher, 빌더Builder, 릴레이어Relayer, 벨리데이터Validator 라는 플레이어가 있다. 여기서 서쳐, 빌더만이 블록 공간을 이용한 차익거래를 통해 MEV 수익을 최대화할 수 있다. MEV 릴레이어는 신뢰 기반으로 벨리데이터 트랜잭션 전달하는 중대한 역할로 참여하지만 공급망 플레이어 중 유일하게 수익을 내지 못하는 중이다. 매년 $500k 비용이 들면서 브랜드 전략으로만 이익을 취한다면 사업은 지속 가능하지 않을 것이다.

〈2〉 MEV 시장의 새로운 기회 두 가지

블록네이티브Blocknative라는 기업은 릴레이어 사업을 포기했는데, 미국 회사로서 릴레이어를 운영하면서 동시에 빌더를 운영한다면 OFAC

상승장과 하락장에서 모두 수익을 올리는 알트코인 투자

자금세탁 이슈로 운영하기 어렵다. 만약 릴레이어들이 자신들의 신뢰를 바탕으로 이더리움 리스테이킹Restaking상품을 만든다면 $5B 이상의 FDV 프로젝트가 탄생될 수 있을 것으로 예상된다. 우리는 릴레이어들이 아이건 레이어와 같이 리스테이킹으로 신규사업을 만드는지 주목해 보아야 한다.

두 번째 기회는 셀레시트아와 같이 Consensus/DA컨센서스/DA 솔루션을 제공하는 프로젝트에 있다. 모듈러 블록체인은 분업화하는 특성상, 유동성이 분산되면서 차익 거래 행위에 대한 MEV가 발생될 가능성이 높다. 모듈러 구조상 L2 MEV의 결정권은 DA 레이어에서 결정하게 된다. DA 레이어는 크로스 L2 MEV, 단일 L2 MEV에 충분히 영향을 줄 수 있으며, 현재로서는 쉽게 계산하기 어렵지만 이런 측면에서 DA 프로젝트들에도 추가적인 밸류에이션을 반영할 수 있을 것으로 예상된다.

MEV는 블록 공간을 판매하는 파생상품으로 연결될 수 있는 시장이다. 개인적으로는 비자의 결제 네트워크처럼 $10B 이상의 마켓 사이즈를 형성할 수 있을 것으로 예측한다. 특히, Flashbot플래시봇이 만든 SUAVE는 $10b 이상의 마켓 사이즈를 갖고 있는 프로젝트다. 앞서 언급한 종합적인 MEV 솔루션 제공하는 멀티체인 멤풀 레이어를 구축하고 있으며 MEVM을 통해 MEV 관련된 애플리케이션을 만들 수 있다.

이런 속사정을 완벽히 이해하지 못하는 개인 투자자들도 솔라나 MEV 솔루션 Jito를 통해 이 시장이 얼마나 돈이 되는지 간접 체험을 했기 때문에 투자에 적극성을 보일 것이라고 예상한다. SUAVE는 Jito 보다 x10 FDV를 갖게 될 것으로 보인다.

4) 번외편

이더리움 내러티브 얘기 중이지만 잠깐 의외로 비트코인도 인스크립션 메타에서 MEV가 주목받을 수 있다. 이미 오디널스Ordinals 민팅Minting 과정에서 프런트러닝하기 위한 MEV 방식이 개발됐던 사례가 나와 있다. 즉, 비트코인판 NFT 같은 유틸리티가 증가할수록 이더리움처럼 플래시봇Flashbot같은 공정한 MEV 솔루션에 대한 수요가 나올 수 있다는 얘기다. 오디널스 프런트 러닝 행위부터 DA MEV, L2 MEV(제시 예 : Stacks MEV) 등 앞으로 비트코인 확장성에 따라서 발생한 MEV들이 채굴자들이 공정하게 수익을 확보할 수 있다고 하면, 작업증명 방식PoW 블록체인에서도 새로운 MEV 공급망 네러티브가 탄생될 것이라고 여겨진다.

〈1〉 솔라나 : 디핀DePIN과 AI의 기반이 되다

1. 크립토의 이단아, 솔라나

솔라나는 주류 크립토에서 이단아Degen에 가까운 포지션을 처음 선점한 블록체인이다. 지금까지의 크립토 커뮤니티들은 모두 비트코인과 이더리움을 필두로 구성되었고, 여기에는 탈중앙성을 중요하게 여기는 일종의 정신적 유산이 묻어 있다. 크립토 네트워크가 금융 네트워크로 기능하기를 원하지만, 동시에 탈 중앙성도 상당히 중요한 요소가 되는 셈이다.

그렇지만 솔라나는 이와 명확히 비즈니스 우선 관점으로 크립토를 보고 있다. 그러므로 2024년 부터 시작된 사이클에서 온체인 활용을 위한 디젠을 위한 소매 금융 네트워크로 자리매김할 가능성이 높다고 여겨진다.

2021년 불장 사이클에서 이더리움은 비싸고 느리지만 유저 구매력 기반으로 발행된 토큰들의 업사이드를 보여주는 데 성공했다. 이더리움 이외의 알트-L1(레이어1)들은 구매력은 떨어지지만 높은 성능과 저렴한 비용으로 많은 사용자를 유치했다. 대표적으로, BNB체인BNB Chain, 팬텀Fantom 등이다. 이 시기의 알트 L1에서 나타나는 대표적인 특징은 투자 회전율이 높다는 것이었다. 소수의 디파이 유저들이 프로젝트 하입에 따라서 계속적으로 갈아타면서 알트 L1 디파이 투자에 나서는 양태로 투자가 이뤄졌고, 이는 알트 L1들의 가격을 밀어올렸지만 한편으로는 TVL 거품론을 불러오기도 했다.

이번 사이클에서 솔라나의 장점은 이더리움 버금가는 구매력에 준수한 투자 회전율까지 갖춘 블록체인이 됐다는 것이다. 필자가 생각하는 구매력의 기준은 우선 L1 위에 $1B 이상의 FDV를 가진 토큰이 있느냐 없느냐. 현재로서는 알트 L1 중에 온체인 유동성으로 $1B 가치의 토큰을 키워낸 사례가 솔라나밖에 없다. $JTO, $BONK, $HONEY, $MOBILE 등이 $1B 이상의 FDV를 가지고 있으며, 앞으로 나올 토큰 중에서도 $1B을 넘길 만한 내러티브를 갖추고 있는 것들이 많다.

구매력의 또 다른 척도는 해당 블록체인 위에서 발행된 스테이블코인이 얼마나 많으냐 하는 점이다. 스테이블코인이 많이 발행되는 플랫폼은 이더리움, 트론, 솔라나 이렇게 셋이다. 알다시피 온체인에서 스테이블코인이 많다는 것은 언제든지 즉시 출금할 수 있는 유동성을 갖고 있다는 의미다. 솔라나에는 이미 $1.8B 가치의 스테이블코인이 있으며 최근에는 FTX 붕괴 이후 처음으로 USDC가 USDT보다 많아지기도 했다.

2. 소매금융 네트워크, 솔라나

투자 회전율을 볼 때 가장 중요한 것은 얼마나 풍부한 내러티브를 갖추고 있는가 하는 점이다. 솔라나는 일단 기타 알트 L1 대비 우수한 성능과 유동성을 갖추고 있다는 점이 투자 회전율을 높이는 플러스 요인으로 작용한다. 게다가 이번 사이클이 시작하기 전에 DePIN 섹터를 거의 완벽하게 선점했다는 점도 크다. DePIN이란 분산형 물리 인프라 네트워크를 말한다.

(1) 솔라나의 새로운 내러티브, DePIN

지난 2022년 11월, 글로벌 3위 거래소였던 FTX의 파산은 솔라나^{Solana} 레이어1 생태계에 큰 타격을 입혔다. 솔라나의 주요 NFT 프로젝트 중 하나인 DeGod는 이더리움으로의 이전을 발표했고, 솔라나 토큰 가치의 하락은 네트워크의 유동성 및 사용자 DePIN은 기존 P2E 모델과 비슷하지만 하드웨어를 구매하는 매몰비용이 있으며 게임 NFT 보다 낮은 유동성을 갖고 있기에 사이클이 상대적으로 길다. 사이클의 전제는 리워드가 지속 가능해야 한다. 지속 가능한 리워드를 만들기 위해서는 유동성과 온체인 UX가 중요하기 때문에 솔라나가 매우 적합하다고 할 수 있다. 이 덕분에 DePIN에 쏠리는 관심이 선순환되면서 솔라나가 자체적인 하드웨어 생태계를 넓힐 수 있는 계기로 작용할 가능성이 높다.

결론적으로 올해 솔라나 위에서 상당히 많은 프로젝트가 우후죽순 만들어질 가능성이 높아졌다. 구매력 높은 솔라나 사용자들이 이 프로젝트들에 투자금을 넣을 것이고, 이 돈은 계속 다음 프로젝트, 그 다음 프로젝트로 손바뀜되며 솔라나의 전체 TVL을 부풀려 줄 것이다. 특히, DePIN 섹터는 솔라나 말고는 딱히 투자할 만한 프로젝트를 찾기도 어렵다.

솔라나는 디파이 투기 전략에 능한 디젠 사용자들이 많이 활동하는 체인이 될 가능성이 높다. 가장 안정적으로 투자자를 '먹여주는' 블록체인으로 자리매김할 것이다. 향후에는 달러를 가지고 있는 사용자가 솔라나 블록체인에서 USDC를 발행하는 방식으로 솔라나 투자를 시작하게 될 가능성도 있다. 이렇게 되면 솔라나는 비자와의 파트너십을 바탕으로 일반 소매 유저까지 아우르는 USDC 소매금융 블록체인의 포지션을 갖게 될 가능성이 있다.

대표적인 케이스가 있다. 솔라나의 사가Saga폰은 구입하면 솔라나 생태계 토큰들을 리워드로 지급하는 콘셉트를 가지고 있었다. 크립토 윈터 때는 별 파괴력이 없었지만, 막상 불장이 가까이 오자 토큰 가격이 상승하는 바람에 현재 중고가격이 발매가 대비 8배 수준에 형성되어 있다. 이런 리워드는 사가폰의 수요를 증가시키고, 결과적으로 제품의 수준까지 향상시킬 수 있다. 이는 장기적으로 봤을 때 솔라나의 소매 금융을 촉진시키는 촉매로 작용할 것이다. DePIN의 전형적인 선순환 플라잉 휠이 작동되는 사례다.

(2) 업사이드되는 행동 데이터 기반의 AI 생태계

추가로 잊지 말아야 할 점은 DePIN 생태계는 커지면 커질수록 사용자 행동 데이터가 많이 쌓이는 특징을 가지고 있다는 점이다. 이 행동 데이터 기반으로 AI 생태계와 솔라나를 연결할 수 있다. 솔라나는 Turbin터빈 덕에 최대 128MB 크기의 블록 데이터를 빠르게 처리할 수 있기 때문에 AI 데이터 검증하는데 큰 강점이 있다. 또한, 파이어댄서 Firedancer 클라이언트가 적용되면 10배 많은 1250MB를 처리할 수 있다. 비용이 기존 최소 사양보다 약 3.09배 비싸지만, 비용 대비 TPS의 효율성은 3배 늘어난다. 이 부분에서 이더리움과 다른 검증으로서의 DA 레이어로서 입지를 만들 수 있고 앞으로 AI 데이터 검증, 온체인 데이터 ML 등 DePIN+AI는 솔라나에게 장기적으로 큰 메리트를 줄 수 있다.

솔라나 블록체인은 작동 오류가 잘 나는 것으로 특히 유명하다. 지난 해에만 블록체인이 8차례 멈췄다. 일각에서는 이를 들어 솔라나 블록체인의 내결함성에 대해 큰 물음표를 찍고 있다. 그러나 다른 방향에서 보면 솔라나는 나름대로의 혹독한 스트레스 테스트를 거치고 있는 셈이다. 이 과정에서 러스트 언어 생태계와 빠른 처리속도를 낼 수 있는 SVM솔라나 VM이 EVM이 아닌 블록체인 개발자 생태계에 빠르게 자리를 확보하기도 했다. 지금은 솔라나 기반 프로젝트를 만들 때 이전보다 낮은 비용으로 개발자를 확보하여 성숙해진 SVM 환경위에 개발할 수 있다.

2024년 싸이클에 상당히 많은 프로젝트들이 SVM을 활용하여 솔라나 네러티브를 가진 앱체인, L2/L3 제품들이 많아질 것으로 보인다. 대표적으로 Elipsis일립시스가 SVM을 활용한 RaaS이 곧 출시될 예정이며, Maker DAO도 SVM을 활용한 리테일 전용 앱체인을 빌딩하는 제안이 올라왔다. 이로써 새로운 SVM 프로젝트들이 솔라나의 전반적인 생태계와 유동성을 도움을 줄 것으로 예상된다.

〈2〉 유동성과 레버리지라는 두 마리 토끼를 잡은 디파이

1. 레거시 디파이의 딜레마와 상승 전략

디파이(탈 중앙화 금융)는 블록체인 시장에서 5년이라는 비교적 긴 역사를 자랑하는 주요 섹터이다. 자동화된 시장 메이커AMM와 대출Lending 메커니즘을 기반으로 초기 시장임에도 불구하고, 2021년 200조 원이 넘는 유동성 자산을 블록체인 위에 유치하는데 성공했다. 이와 같은 디파이 비즈니스 모델의 핵심은 은행과 유사하다. 자금 수신과 여신을 통해 예대 마진을 취하는 방식이기 때문이다. 은행처럼 큰 자금을 예치 받고 대출하게 되면 높은 수익성을 얻을 수 있다. 이에 현재까지 디파이 서비스를 제공하는 이들은 토큰 리워드로 더 높은 이자를 제공하거나 담보 대비 더 높은 대출을 해줌으로써 고객 유치를 하고 있다. 예컨대, 올림푸스는 높은 이자로, 아이언파이낸스와 앵커는 담보 대비 많은 자금을 빌릴 수 있게 하는 레버리지 생태계를 구축했다.

2022년, 2023년 하락장을 견뎌낸 디파이 서비스 제공자들은 블록체인 시장의 이런 자금의 속성을 잘 알고 있다. 2022년 루나 사태, FTX 기업회생 등 수 많은 사건사고로 시장의 스트레스 테스트를 이기지 못한 서비스 제공자들은 파산했고, 위험을 극복한 디파이 서비스 제공자들이 대다수의 마켓쉐어를 차지하고 있는 형국이다. 여기서 한가지 문제가 있다. 레거시 디파이 서비스 제공자들은 신규 디파이 프로젝트들과 경쟁할 수 있는 새로운 무기가 없다는 것이다. 왜냐하면 블록체인 유저들에게 신선한 내러티브와 추가 수익에 대한 기대감을 주기 어렵고, 시장에 95% 가량의 토큰이 유통되어 있는 반면, 신규 프로젝트들은 토큰 발행 전이므로 드림 레이토Dream Ratio가 높아 레거시 디파이 서비스 제공자와 경쟁하기 쉽기 때문이다.

이러한 이유로 레거시 디파이 프로젝트들은 새로운 상승 네러티브를

상승장과 하락장에서 모두 수익을 올리는 알트코인 투자

모색 중에 있다. 사용자들이 프로토콜에 유동성을 제공함과 동시에 시장의 주도권을 잡을 수 있는 모델을 개발함으로써 토큰 가치의 상승을 도모하고 있다. 커브파이낸스^{Curve}와 같은 예를 들어보면 적절하다. 커브는 안정적인 AMM 모델을 기반으로 유동성을 확보했다. veCRV 모델을 통해 리워드를 지급하여 더 많은 유동성을 확보할 수 있었고, 유동성을 담보하여 스테이블코인인 crvUSD를 발행했고, 이로써 랜딩 비즈니스로 사업을 확장할 수 있었다.

초기에는 단순 교환기능만 제공하던 커브파이낸스는 자신들의 큰 유동성 풀을 활용하여 스테이블코인과 대출시장까지 업역을 넓혀 디파이 시장을 주도할 수 있는 무기를 만들었다. 오늘날 메이커 다오의 엔드게임, AAVE의 GHO 소셜머니, dydx의 코스모스 기반 앱체인, FRAX의 FRAX 생태계 앱체인 등 레거시 디파이들이 자신들이 모은 유동성을 활용하여 레버리지하고 시장의 주도권을 확보하는 것에 집중하고 있다.

2024년부터 레거시 디파이 서비스 제공자들은 토큰의 매력을 높이기 위해 자신들이 확보한 유동성으로 스테이블코인 발행이나 앱체인 구축에 집중할 것으로 판단된다. 필자는 얼마나 다양한 단기 상품에 투자하고 레버리지를 창출할 수 있는지가 이번 상승장에 승자를 가르는 중요 포인트가 될 것으로 전망한다. 이는 블록체인의 모든 섹터들에 해당된다. 유동성 확보, 레버리지, 시장의 주도권을 기반으로 한 머니 파이팅을 얼마나 잘해내는지가 관건인 셈이다.

2. 새로운 국면에 접어든 디파이

이번 사이클에서 주목할 또 다른 중요한 포인트는 담보와 담보 리스크 시장이다. 지금까지 디파이는 자산 담보 리스크를 측정하는 방법이 원시적이었으며, 담보 자산 리스크 자체가 디파이 사용자들 사이에서 큰 쟁점으로 여겨지지 않았다. 그렇지만 미국국채, 회사채, 파생상품 등 Real World Assets^RWA를 필두로 한 증권형 담보들이 디파이에 접목되면서, 신규 담보 평가에 대한 중요도가 나날이 높아지고 있다.

이더리움 내 리스테이킹^Restaking 시장이 열리면서 기존 ETH-stETH 디패깅 추이만 보면 되던 시장이 ETH-stETH-Restaking^AVS로 복잡해짐에 따라 리스크 관리가 어려워지고 있다는 점이 시장의 문제로 대두되었다. Gauntlet곤틀렛, Chaos Labs카오스랩스 등이 새로운 디파이 리스크를 측정하고 관리하는 역할을 수행하고 있으나 AAVE의 CRV 악성 부채 사태가 발생한 것처럼 역부족인 상태다. 2022년 S&P가 컴파운드^Compound, 스테이블코인의 리스크를 평가한 것처럼, 거버넌스 토큰을 위임받아 간접적으로 대출 자산을 리스크 평가를 할 것으로 예상된다. 나아가 2024년부터는 크립토 네이티브 평가사 뿐만 아니라 S&P, 무디스와 같은 전통 평가사가 참여하는 시장이 될 수 있을 것이다.

3. 디파이 내 주목 받을 섹터는?

상승장은 일반적으로 높은 변동성을 특징으로 하며, 거래량이 증가하는 경향이 있다. 이러한 환경에서 혜택받는 디파이 섹터 중 하나는 무기한 선물거래소Perp DEX를 들 수 있다. Perp DEX의 핵심은 유동성 유치와 레버리지에 있으며, 주요 유동성 확보뿐만 아니라 롱테일 유동성의 확보가 더욱 중요하다.

특히, 일반 중앙화 거래소CEX는 규제에 더 노출되어 있고, 상장한 자산에 대해 직접 유동성을 관리해야 하는 리스크를 짊어져야 하기 때문에, 롱테일 에셋을 상장하는 데 어려움을 겪고 있다. 이러한 상황은 아이러니하게도 DEX에 유리하게 작용하여, 다양한 디지털 자산에서 발생하는 롱테일 유동성의 합계가 DEX로 흐르면서 CEX와 비슷한 거래량을 생성하는 결과로 이어졌다.

이 논리는 Perp DEX에도 동일하게 적용된다. 사람들은 주요 거래를 위해 Perp CEX를 사용할 수 있지만, 롱테일 유동성이 확보된 Perp DEX는 온체인 알파 레버리지 거래에 대한 큰 수요를 확보할 수 있다. 롱테일 유동성을 확보하는 방법으로는 Central Limit Order BookCLOB 모델의 마켓 메이킹 전략, Automated Market MakerAMM, 오토메이티드 마켓 메이커 모델의 리워드 제공 등이 있으며, 일부는 Initial Exchange OfferingIEO, 인터널 익스체인지 오퍼링 방식을 채택하여 단기적으로 현물-선물 거래 유동성을 확보하는 전략을 사용할 수 있다.

Perp DEX는 CLOB 모델을 통해 중앙화 거래소의 호가창 시스템을 도입하여, 지정가 주문을 가능하게 하는 등 기술적으로 많은 이점을 얻을 수 있다. CLOB는 오프체인으로 작동하며, 다양한 Layer 1 및 Layer 2에 분산된 유동성을 하나로 모아 자본 효율성을 크게 높일 수 있다. 향후에는 Perp DEX가 롱테일 에셋뿐만 아니라, 변동성이 높은 파생상품을 다수 리스팅하게 되어 사용자들이 온체인에서 리스크를 헤지하는 데 큰 이점을 얻을 것으로 예상된다. LST, LRT 마켓을 포함한 다양한 상품을 리스팅하여, 사용자들이 보유한 LST의 디페깅 리스크를 헤지할 수 있는 상품들이 출시될 것으로 예상한다.

〈3〉 알아서 척척해주는 월렛의 등장, 인텐트와 계정 추상화

크립토는 사실 사용자 경험 측면에서는 상당히 불친절하고 귀찮은 부분들이 많은 편이다. 반대로 웹2 서비스는 사용자의 목적과 취지에 맞는 서비스를 이른바 '알아서 척척' 제공한다. 이를 '인텐트Intent'라고 한다.

그렇다면 웹3 지갑에서의 인텐트 요소에는 무엇이 있을까? 가장 간단한 예시는 사용자가 '코인 A를 B로 바꾸고 싶어'라고 생각하고 있을 때, 수수료나 슬리피지 같은 부수적인 요소들을 알아서 최적화해주고 사용자가 원하는 '결과'를 제시해 주는 것을 생각해 볼 수 있다.

세세한 요소를 알지 못하고 인텐트를 통해 디파이를 안전하게 이용할 수 있는 시대가 오고 있다. 필자는 모두가 편하게 전자 지갑을 쓸 수 있어야 크립토 대중화가 현실이 된다고 여긴다. 2023년 초, 이 인텐트를 구현 가능하게 하는 기술이 등장했는데 그것이 바로 '계정 추상화AA'다.

이더리움은 원래 AA기능을 가지고 있지 않았지만, 지난해 ERC-4337이 표준으로 채택되면서 AA 애플리케이션이 빠르게 쏟아지고 있다. 아울러 RIP-7560 덕분에 L2에도 자체적으로 AA 스택이 도입되어 이더리움 생태계에 전반적으로 AA가 필수적인 기술이 되었다.

1. 계정추상화(AA)의 현재 위치는?

1) L1/L2

AA는 일종의 스마트 컨트랙트이기 때문에 아직까지 이더리움에서 사용하기에는 가스비 부담이 있다. 그래서 수수료가 상대적으로 저렴한 폴리곤, 옵티미즘, 아비트럼, 베이스에서 많이 사용되고 있다. 특히, 폴리곤이 현재 다른 L2에 비해 상대적으로 트랜잭션 비용이 저렴하고 AA 호환하는 Dapp이 많기 때문에 AA 시장 점유율 약 80~85%를 차지하고 있다.

2) ERC-4337 트래픽의 증가

2024년도 에어드랍의 수요가 늘어나면서 4337 솔루션을 제공하는 지갑과 탑재한 Dapp의 사용량이 늘어나고 있는 추세다. 지갑 솔루션 중에서는 사이버Cyber가 에어드랍을 통해 사용량이 일시적으로 늘어나는 패턴이 나타났다. 앞으로도 이런 패턴이 지속될 가능성이 높아 보인다.

3) 릴레이어와 번들러Relayer/Bundler

릴레이어는 AA의 단일 혹은 멀티 UserOps(거래)를 번들로 처리하여 잠재적인 수익성을 얻을 수 있는 곳이다. 2025년 초에는 95%의 릴레이어가 수익을 창출 못했는데 지금은 30%로 개선되었다. 알케미Alchemey, 바이오코미Biconomy, 파티클Particle 같은 RPC, AA 업체가 번들러 사업을 진행하고 있지만 눈에 띄는 수익성을 만들지는 못하고 있다. 앞으로 AA 사용 빈도가 늘어나면서 수익성이 개선될 것으로 예측한다.

4) 프라이빗 멤풀Private Mempool

현재 AA 지갑들은 대다수 사용자들에게 더 나은 UX, MEV 저항성을 갖기 위해서 자기만의 프라이빗 멤풀을 구축한다. 현재 이더리움 전체 블록에서 프라이빗 멤풀이 차지하는 비율이 여전히 약 10~15%대로 움직이고 있다. 하지만 DEX 프론트엔드, 라우터, 릴레이어에서 프라이빗 멤풀을 차지하는 비율이 매일 30~40%를 차지하고 있다. 사용자들이 토큰을 거래할 때 MEV 리스크가 있는 퍼블릭 멤풀보다는 프라이빗 멤풀을 지원하는 DEX, 텔레그램봇Telegram Bot을 선호한다는 것을 볼 수 있다.

5) AA Factories(AA 팩토리즈)

AA Factory는 AA를 모듈화 하여 개발자들이 원하는 기능만 디앱에 적용할 수 있게 하는 제품이다. 2023년 제로데브ZeroDev가 제공한 AA 솔

상승장과 하락장에서 모두 수익을 올리는 알트코인 투자

루션을 접목하여 디앱을 개발한 비율이 55%에 육박하고 있다. 바이코노미는 29%를 차지하고 있다. 이 둘은 타 AA 업체들이 완제품을 납품할 때 모듈러 솔루션을 제공하여 개발에 대한 유연성을 높였기 때문이 높은 시장 점유율을 가져갈 수 있었다.

2. AA의 궁극적인 방향성

계정추상화AA 시장에서는 편의성이 높은 개발자용 개발도구SDK와 다수의 프라이빗 멤풀에 연결되는 릴레이어 생태계를 구축한다면 지속 가능한 현금 수입을 창출할 수 있다. 이를 비자VISA와 비교하면 비자가 블록체인 분야에서 추진하려는 사업을 생각해 볼 수 있다. 즉, 고객의 거래들을 모아서 검증자들에게 전송하는 독립적 공급망 네트워크 사업이 좋은 예이다. 공급망이 확장됨에 따라 네트워크를 구축하는 기업의 수익성은 증가할 것이다.

이처럼 AA는 '모듈러 지갑'이라는 아기자기한 상품을 만들어낼 수 있다. 모듈러 지갑이란 사용자가 평소에 자주 쓰는 인텐트 기능을 커스터마이징하는 콘셉트의 지갑을 말한다. 여기서 검증된 모듈을 사용자에게 제공하여 web2의 앱스토어 처럼 앱을 제공하는 일종의 플랫폼 역할을 담당하는 모듈 스토어를 상상해볼 수 있다. 모듈 스토어에서 사용자들이 자신이 원하는 모듈들을 토큰으로 결제하여 사용하게 한다면, web2 앱스토어의 단순 수수료 비즈니스 보다 더 다양한 비즈니스 모델을 구축할 수 있다. 발생하는 수수료를 개발자⇒사용자⇒AA⇒ 플랫폼 순으로 제공하여 모듈 생태계가 지속 가능한 성장 플라잉 휠을 작동할 수 있다. 물론 이는 필자의 개인적인 바람이기도 하다.

AA는 크립토에서 유일하게 사람의 인텐트 관련 행위 데이터를 AI과 연결할 수 있는 영역이기도 하다. AA와 접목된 인공지능이 사람의 인텐트를 '알아서 척척' 수행하는 시대가 된다면 크립토 금융에 완전히 새로운 기회가 열릴 것으로 보인다.

현재 시점에서는 아무도 AA로 이렇다 할 돈을 벌지 못하고 있다. 그러나 미래성과 잠재력을 감안했을 때 AA의 성장성은 매우 높다고 전망한다. 결국 AA 솔루션 인프라와 사용자 생태계를 동시에 확보하는 프로젝트가 승자가 될 것이며, 이렇게 될 경우에는 새로운 크립토 네이티브인 페이팔Paypal, 스트라이프Stripe 만큼의 잠재 성장성을 가지고 있다고 여겨진다.

〈4〉 디파이의 새로운 미래, RWA

1. RWA와 STO를 구분할 것

본질적으로 봤을 때 STO와 RWA는 모두 온체인에 없었던 자산을 온체인에서 거래할 수 있도록 토큰화시켰다는 공통점을 가지고 있다. 더먼저 등장했던 STO가 흥행에 실패했던 핵심적은 배경은 경험의 부재였다. 온체인에서 자산을 조각으로 소유하는 경험을 아무도 해본 적이 없었던 것이다. 반면, RWA는 STO처럼 똑같은 실물 자산 토큰화의 개념을 가지고 있지만, 이미 사용자층을 어느 정도 확보하고 있다는 차이점이 있다. 가장 중요한 차이점은 '자산 취득'의 개념을 강조한 STO와는 달리, RWA는 '자산 활용'에 초점이 맞춰져 있다는 것이다.

2. 변동성 높은 하락장에 나타난 변동성 해지상품, RWA

RWA가 확보한 사용자는 대부분 디파이를 경험한 크립토 생태계 플레이어들이다. 이 사용자 안에는 단순 투자자도 있지만 프로토콜, DAO, 인프라 관련 스타트업 등 다양한 참여자들이 포진해 있다. 이들은 현실세계처럼 크립토 변동성 리스크를 헤지하기 위해 RWA 상품을 찾는다.

보통 하락장이 왔을 때, 크립토 생태계에는 소위 말하는 '먹을 게' 빠르게 없어진다. 상승장에는 자금을 빌려서 레버리지 투자를 하기 때문에 디파이 생태계도 활성화되는데, 하락장에는 그렇게 돈을 마련해서 투자

할만한 자산이 일거에 사라져버리기 때문이다. 디파이 내 스테이블 담보 대출을 일으키는 사람이 없으니 예치 금리도 빠른 속도로 낮아진다.

그러나 2021년 이후 하락장에 등장했던 RWA에는 이런 법칙이 적용되지 않았다. RWA는 디파이 판에서 홀로 높은 금리를 제공하는 것으로 이목을 끌었는데, 그럴 수 있었던 이유는 대부분의 RWA가 미국 국채를 담보로 하는 상품이었기 때문이다. 미국 국채가 5% 이상의 이자를 주니까 그것을 기반으로 만든 RWA도 안정적으로 비교적 높은 이자를 지급할 수 있었던 것이다. 이런 상황은 크립토 생태계에 RWA를 주축으로 무위험 이자농사 수요를 촉진시켰다. 미국 국채 기반의 연이율 5% 스테이블코인 대출 수요가 폭증했으며, USDC, USDT 이외에도 sDAI, USDM 등의 발행량도 빠르게 증가했다.

3. 아무거나에 RWA를 붙이지 말 것

다양한 프로젝트들이 우후죽순 등장했다. 대표적으로 L2 프로젝트인 노시스 체인Gnosis Chain, 블라스트Blast, 만타Manta 등이다. 이들은 매입한 미국 국채 기반으로 일드 베어링Yield Bearing 레이어를 만들고 있다. 일드 베어링이란 생태계 토큰을 보유만 해도 이자 수익을 내는 토큰을 말한다. 예컨대, 이더리움 코인은 무한발행되는 인플레이션 자산이다. 검증자에게 현재 연간 4% 금리를 제공한다. 우리가 만일 연간 4% 이상의 수익률을 달성하지 못하면 우리의 자산 가치는 하락한다. 그러나 대부분 4% 이상 수익을 얻는 것이 그리 쉬운 일이 아니기 때문에 일드 베어링 체인들이 우리 대신 달성해 준다는 의미다. 더불어 L2에 이더리움을 브릿지를 통해 넣으면 이더리움 인플레이션을 방어해준다는 뜻이기도 하다.

노시스 체인은 디파이 생태계를 촉진하기 위해 100M sDAI 매입하여 사용자들이 노시스 체인 DAI를 입금하면 sDAI 보다 높은 이자를 지급할 수 있는 모델을 만들어 TVL 2배 성장을 이뤘다. 블라스트, 만타는 미국 국채를 담보로 하는 스테이블코인이 기축통화가 되어 스테이블코인을 가만히 갖고만 있어도 미국 국채에 대한 이자 수익을 얻을 수 있다.

크립토 생태계 플레이어들은 은행이 아니다. 그래서 자신의 크립토 자산을 직접 미국 국채와 연계하려면 불필요한 시간을 상당히 소비하게 된다. 그래서 대부분 RWA 발행사에서 발행한 US트레져리US Treasury 담보 스테이블코인을 구매하여 포트폴리오에 간접적으로 미국 국채 투자 효과를 내는 방식을 사용한다. 2025년 현재, RWA 자산 중 미국 국채가 약 60%를 점유하고 있으며, 당분간 미국 국채가 대부분의 담보 비율을 차지할 것으로 예상된다. 다른 RWA 에셋 클래스인 사모대출, 주식, 부동산 등은 자산 특성상 안정감이 떨어지고 일부는 크립토 자산들과 변동성 측면에서 큰 차이가 없는 경우도 많다. 이런 자산들은 RWA화 해봐야 그 수요층이 매우 한정적이고 적을 것으로 예상된다.

그럼 무조건 미국 국채 담보 RWA로 천하통일이 될까? 몇 가지 가능성이 있는 섹터들이 있다. 크립토 플레이어들이 매우 진입하고 싶지만, 기본적인 진입장벽이 높아서 투자가 불가능했던 섹터의 핵심 자산들을 토큰화하면, 그 시장을 기반으로 한 RWA는 성공가능성이 있다. 대표적인 예가 비트코인 채굴 업체들이다.

비트코인 채굴기는 개인이나 소규모 투자자는 살 엄두를 내기 어렵다. 예를 들어 나스닥에 상장한, 신용도 높은 채굴 업체가 채굴기나 해시레이트, zkProve 등을 토큰화해서 PoW 채굴을 간접적으로 투자할 수 있는 온체인 상품을 만드는 것은 충분히 가능해 보인다.

4. RWA 발행 방식

RWA 공급망은 단순하게 발행사, 평가사, 자금조달 플랫폼으로 구성되어 있다. 현재는 이들이 생태계 플레이어의 거의 전부라고 해도 과언이 아니다. RWA 발행 방식에는 크게 다음의 두 가지 방식이 있다.

먼저, RWA 발행사가 펀드를 운영한다. 이들은 KYC 인증이 완료된 사용자들로부터 자금을 모으고, 거기에 이미 보유하고 있던 자금을 얹어 실물 자산(제시 예 : 미국 채권 ETF)을 매입한다. 자산을 매입하는 만큼 온체인 토큰화를 실행한다. 이는 RWA 발행사가 이미 실물 자산을 보유하고 있는 경우다. 이때 발행사는 자산과 1:1로 대응하는 양의 토큰을 발행한다. 회계상으로는 이 토큰이 부채가 된다.

다음으로는 토큰을 발행 후 RWA 플랫폼에 유통한다. 독특한 점은 이

때 토큰과 실물 자산, 즉 온-오프체인을 평가하는 RWA 평가사가 따라붙는다는 점이다. 평가사는 사용자들이 온체인에 자금조달하는 풀^{Pool}의 자금을 관리할 수 있으며, 동시에 커스터디되고 있는 실물자산의 구조 및 리스크를 오딧 위주로 진행한다.

5. RWA의 대표적인 사례

사실 크립토는 상승장 때는 더할 나위 없이 바람직하다. 반면, 하락장에는 리스크가 상당히 커질 수 있다는 점이 단점이 있다. 그런데 RWA가 나오면서 RWA 발행사나 평가사를 할 경우, 하락장에서도 안정적으로 현금 수입 흐름을 만들 수 있게 되었다. 시장 상황이 어떻든 크립토 업체들로 하여금 수익을 낼 수 있게 만들었다는 점이 RWA의 진짜 매력이다.

이를 잘하는 대표적인 크립토 기업이 '크립토 헤지펀드인 블록타워'다. 이곳은 미국 국채 및 사모 대출$^{Private Credit}$을 센트리퓨즈^{Centrifudge} 기반으로 토큰화하여 Maker DAO에게 판매하여 일부 마진을 얻는 비즈니스를 진행 중이다.

두 번째 예시는 신용대출 프로토콜인 메이플 파이낸스$^{Mapple Finance}$다. 이곳은 자체적인 RWA 신용 평가사를 만들어 발행사의 구조 및 실물 자산 리스크를 파악하고 프라이빗 크레딧$^{Private Credit}$ 상품을 만든다. 동시에 스테이블코인을 많이 보유하고 있는 크립토 스타트업이 미국 국채 금리에 대한 확정 수익을 얻을 수 있는 콘셉트의 예치 상품도 공급하고 있다.

스타트업은 고정비용으로 인해 출금 빈도가 잦은 특징을 이용하여 24~48시간 내에 빠른 출금을 지원한다. 이처럼 메이플 파이낸스는 이미 크립토 버전인 실리콘 밸리 은행처럼 스타트업, VC 입맛에 맞는 대출 상품을 만들어 크립토 시장이 커질수록 특정 유저들을 위한 RWA 마켓도 커질 수 있는 잠재력이 존재한다.

아울러 발행사와 평가사가 $100b RWA을 처리하는 시대가 온다면 자연스럽게 기관전용 DeFi 제품과 협력하여 CeDeFi 상품이 만들어질 것으로 예상한다. 예를 들어 RWA 발행사가 기관전용 디파이 서비스인 AAVE ARC, 컴파운드 프로토콜Compound Tresury을 이용한 미국 국채 토큰 레버리지 3x 상품을 만들어 하락장에 낮은 리스크로 높은 이자를 얻을 수 있는 상품을 만드는 것이다. 기관전용 디파이 서비스는 기관이 직접 디파이를 하기 위해 사용하는 것보다는 파생상품 제작용으로 사용하는 일이 더 많을 것으로 예상된다. 이러한 CeDeFi 네러티브는 디파이가 전통 금융 시장에 매력을 어필하는 계기가 될 수 있으며, 종국적으로는 디파이 TVL 1T 시대를 앞당길 수 있는 유력한 촉매제 중 하나이다.

6. 디파이 내 KYC는 선택이 아닌 필수

앞으로 RWA 시장이 커질수록 규제 위험성을 헤지하는 온체인 KYC 솔루션들이 많이 나올 것이다. 이미 RWA 발행사에 KYC를 등록하면 화이트리스트된 지갑들만 RWA 거래할 수 있는 솔루션들이 준비되고 있다. 미국의 암호화폐 거래소 코인베이스가 만든 Based베이스드는 코인베이스 클라우드를 통해 온체인 KYC를 도입하여 1억 명의 클린머니Clean Money를 온체인에 사용할 수 있게 만들고 있다. KYC 전용 L2인 Kinto킨토는 ETH 브릿지할 때부터 KYC를 진행할 수 있게끔 만든다는 점을 어필하고 있다. 이곳은 KYC 끝나면 SBT를 지급하는데, SBT 보유한 유저들만 온체인에 트랜잭션을 발생시킬 수 있다.

결국, 미국을 위시한 세계 각국의 규제 때문에 미래의 RWA 발행사들은 클린 머니 레이어를 만들고 유지하는 L1/L2만 사용하게 될 가능성이 높다. 클린 머니TVL이 높아질수록 기관 선호도가 높고 RWA TVL이 자연스럽게 높아질 것이다. 아울러 이런 내러티브에 동참하는 L1/L2의 가치도 더 커질 것으로 예상된다.

대표적인 예로 GRVT가 있다. GRVT는 zkSync의 첫 번째 앱체인이며, 무기한 선물 거래 서비스를 제공하는 Perp Dex이다. zkSync를 기반으로 자체 생태계를 구축한 GRVT의 주요 특징은 모든 사용자가 KYC(본인 인증) 절차를 거쳐야만 서비스를 이용할 수 있다는 점이다. 초기에는 DeFi와 KYC의 결합이 다소 낯설게 느껴졌지만, RWA(실물 자산) 시장의 확장으로 인해 결국 모든 DeFi가 나아가야 할 방향이 되었으며, 더 큰 규모의 자금이 기관 투자자로부터 유입되기 위해서는 선택이 아닌 필수가 되었다. Perp Dex는 KYC를 도입한 최초의 사례로서 살펴보는 것이 좋다.

7. 기대해 볼 RWA 내러티브

앞서 규제 친화적 RWA의 미래에 대해 긍정적으로 말했지만, 모든 일이 제대로 되기 위해서는 언제나 시간이 필요한 법이다. 2024년에 RWA는 중요한 섹터이지만 여전히 불투명한 리스크로 인해 성장 업사이드를 크게 볼 수 없는 섹터이기도 하다. 근본적으로 RWA는 회사가 보유한 미국 국채의 SPV 채무 토큰화 구조이기에 실제 미국 국채를 보유했다기보다는 SPV 채무를 보유하고 있다고 봐야 한다. 현재 RWA는 대다수 오프체인 장부로 관리하고 온체인에는 단순 2차 회계 기록으로만 관리하기 때문에 철저히 미국 규제 아래에 영업시간 기준으로 거래된다. 대표

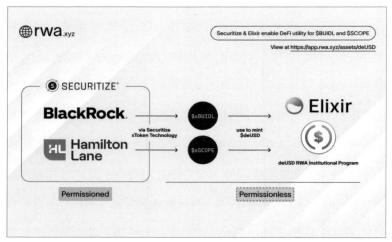

[그림 40] 블랙록의 비들펀드, 시큐리타이즈, 엘릭서, 전통 기관투자자가 합작하여
기관 전용 스테이블 코인인 deUSD 출시

상승장과 하락장에서 모두 수익을 올리는 알트코인 투자

적인 예로 프랭클린 템플턴Franklin Templeton이 스텔라에 발행한 미국 국채 RWA는 오로지 전통 금융 애플리케이션내에 거래 가능하다는 것을 볼 수 있다.

RWA는 아직 비수탁형, 완전한 실시간 청산을 하기 위한 솔루션이 필요하며, 체인링크 CCIP처럼 풀리 온체인RWA Fully Onchain RWA 솔루션을 제공하는 탈 중앙화 인프라 위에 전통 금융권들이 적극적으로 채택하는 프로토콜이 앞으로는 내러티브를 주도할 것으로 보인다. 쉽게 말해, 금융자산 데이터를 블록체인 위에서 처리하는 기업이 가치를 인정받을 것이다.

〈5〉 레이어1, 2의 생존법칙을 이해해야 덜 물린다

1. 구세대 알트 레이어1L1, 레이어2L2

지난 상승장에 나왔던 L1들은 치열한 세력 전쟁을 벌여야 했다. 각 L1에 소속되어 있던 디앱dAPP들은 론칭만 되어도 L1들이 토큰 리워드를 지급해 주는 일이 많아서 매우 호황을 누렸다.

현재 구세대 L1들은 대부분 모든 토큰이 언락되고 유통량이 시장에 출하된 상태다. 보통 이런 환경에서는 네트워크 가치를 부양하기 어렵기 때문에 L1들은 시장이 상승 탄력을 받으려는 조짐이 보이면 시장이랑 궁합이 잘 맞는, 설득력있는 내러티브를 만들곤 한다. 앞서 디앱들에게 뿌린 자금을 잘 회수해야 하는 시기인 것이다. 이 성적은 지난 싸이클에 투입한 토큰 대비 얼마만큼 벨류에이션이 높은 내러티브 디앱^{dAPP} 과 인프라들을 그 동안 준비했는지에 따라 판가름나는 경우가 많다.

언제나 시장에서는 항상 새롭고 신선한 내러티브가 잘 먹히는 법이다. 단순한 기존 문법을 반복하는 디파이보다는 GameFi^{게임에프아이}, DePIN^{디핀}처럼 이해 관계가 복잡한 섹터들이 시장에 새로운 느낌을 주고 신규 유동성을 더욱 잘 끌어모으는 이유다. 구세대 알트 L1, L2들은 이런 내러티브를 통해 토큰 업사이드를 만들 수 있다.

L1, L2은 사실 어느정도 부동산 장사와 비슷한 속성을 가지고 있다. 자기 블록체인 네트워크의 블록 공간을 지속적으로 사용자에게 판매해야 한다는 측면에서다. 핫플레이스가 위치한 상권에 사람이 몰리듯, 사용자들은 내러티브가 있는 L1, L2에 관심을 갖기 마련이고, 이는 이들의 블록 공간 판매로 연결된다.

반면, 이런 내러티브 마켓핏을 형성하지 못한 L1, L2는 자연스럽게 BTC 대비 퍼포먼스가 낮아지며 존재감이 사라진다. 이것을 직관적으로 확인할 수 있는 것이 바로 사토시 차트^{Token/BTC}다. 사토시 차트가 직전 사이클의 저점보다 더 낮은 가격대를 유지하고 있다면, 대다수는 매력적인 내러티브 구축에 실패한 것이다. 이런 악순환에 빠진 프로젝트는 비트코인보다 퍼포먼스가 확연히 떨어지는 양상을 보인다(제시 예 : Polkadot, Cosmos, Tron, Near etc.).

2024년 기준으로 레이어들이 만든 내러티브가 시장과 딱 맞아 떨어진 좋은 예는 솔라나Solana와 메티스Metis를 들 수 있다. 솔라나는 지난 상승장에 사용자 인프라, 디파이, DePIN에 큰 투자를 하여 생태계를 구축했고 FTX로 인한 과도한 하락은 솔라나 재단과 이해관계가 깊은 기관들이 상승장에 베팅하면서 극복됐다. 그 결과, 2024년 1월 16일 기준 시가총액 $41B 수준에 안착했다. 메티스도 L2 내러티브를 재빨리 알아차려서 탈 중앙화 시퀀서 기반으로 토큰 유틸리티 추가 및 생태계 펀드 출시 등으로 저점 대비 6배가 상승하는 좋은 성적을 거뒀다.

2. 신생 알트 레이어1과 레이어2

구세대 알트코인과 신생 알트 L1은 내러티브 환경이 약간 다르다. 새로 생긴 알트 L1은 아무래도 새로 등장한 만큼 더 기회가 많다. 기존 L1보다 더 좋은 사용자 환경을 만드는 '정공법'으로 내러티브를 구축하거나 기존 크립토의 알려진 유산들을 적극적으로 가져옴으로서 레버리지 효과를 내는 방법이 있다. 예를 들어 아발란체 대표 DEX인 트레이더 조가 아비트럼에서 크게 성장한 일이 있다.

정공법은 후발 주자가 더 좋은 기술 환경에서 프로젝트를 만든다는 점에서 쉽게 이해할 수 있다. 후발 주자는 개발 언어, 확장성, VM(버추어 머신), 유동성 등 메인넷의 여러 측면에서 기존 알트 레이어1 보다 더 빠르게, 동시에 낮은 비용으로 유저 온보딩, 개발자 환경을 구축할 수 있다. 토큰 유통도 상당 부분 언락 기간이 남아있는 상황이 대부분이라 내러티브에 따라서 브랜딩만 잘 한다면 높은 토큰 가격 상승을 기대할 수 있다(제시 예 : Aptos, Sui, Sei, dydx, Celestia etc.)

'크립토의 알려진 유산들'이란 다른 게 아니다. 앞서 누군가 해당 내러티브를 이용해 큰 토큰 가치 상승을 이룬 역사가 있다면 그것들은 모두 유산이 된다. 대표적인 것이 디파이의 페어런치Fair Launch다. 2024년 중순 흥행한 디파이 프로젝트 대부분이 페어런치 형태를 차용해 토큰을 발행하고 있는 것도 이런 이유 때문이다.

페어런치 이외의 크립토 유산들로는 작업증명PoW, 인스크립션, 영지식 증명 등이 있다. 이런 유산들을 차용한다면 앞서 성공한 제품들에 좋은 인상을 가지고 있는 커뮤니티도 그대로 가지고 올 수 있다는 것이 장점이다. 크립토의 커뮤니티 문화를 아무것도 없는 상태에서 구축하는 것은 매우 어려운 일이다. 하지만 크립토 유산을 레버리지해서 커뮤니티를 만들면 비교적 적은 비용으로 생태계를 꾸리고 사용자를 유치해, 토큰 가치의 높은 상승을 도모할 수 있다(제시 예 : Kaspa카스파, Bittensor비트텐서, Berachain베라체인).

신생 알트 L1과 L2 특징은 지난 하락장에서 펀드레이징 및 생태계 프로젝트들을 모집하여 상승장 사이클에 토큰 발행TGE, Token Generating Event을 한다는 것이다. 그래서 시장 유통량이 전체 발행량 대비 10~15% 구간을 유지하는 특성이 있다. 특히, 유통량이 낮기 때문에 오직 내러티브를 어떻게 짰느냐에 따라서 유동성이 요동치는 경우가 많다. 내러티브를 잘 짜서 '대박'이 터진 신생 알트 L1과 L2들은 계속 높은 시가총액 수준을 지속하기 위해서는 생태계 관리에 들어가야 한다. 펀드도 조성하고 계속 네트워크에 활기를 불어넣어 줄 구조적 장치를 마련해야 한다.

결국, 모든 것은 돌고 도는 셈이다. 신생 알트 레이어1과 레이어2 역시 토큰 발행을 잘 마친 후에는, 좋은 구세대 알트 L1과 L2가 될 준비를 해야 한다. 생태계 펀드를 구축하고, 각종 인센티브로 실사용자들을 끌어들어야 한다. 아직 락업된 토큰 물량이 많기 때문에 일부 토큰 물량을 디파이 생태계 적극적으로 뿌려서 높은 APR 일드를 미끼로 새로운 사용자와 유동성을 확보할 수도 있다. 네이티브 토큰 리워드, 에어드랍 포함한 높은 APR 형성 ⇒ 유동성 창출 및 확보 ⇒ 토큰 가격 상승 ⇒ 담보 대출 및 파생상품 거래량 증가 ⇒ x2~x10 유동성 레버리지⇒ 토큰 가격 상승 및 TVL 유치의 순으로 유동성 선순환 모델을 돌리는 것도 가능하다.

이렇게 유동성 인프라를 구축하면 밈, 거버넌스, 게임 등 생태계 토큰의 가치를 보다 더 높게 형성할 수 있으며 알트 레이어1, 레이어2 토큰의 업사이드를 만들 수 있는 엔진 역할을 할 수 있다. 대표적인 예로는 그 전 사이클의 아발란체, 폴리곤, 솔라나가 L1 전쟁에 유동성 인프라를 구축하여 업사이드를 만들었으며, 이번 사이클에는 SUI, ARB, MANTA,

BLAST 등이 업사이드를 만들기 위해 각종 생태계 프로그램 통해 유동성 인프라를 구축하고 있다.

35

비트코인 모으기 운동 :
BTCFi의 탄생

크립토 자본시장에서는 "비트코인 개수를 늘려라!"라는 격언이 있다. 상
승장이든 하락장이든 지금까지 비트코인 가격은 장기적으로 우상향해
왔고, 그 개수를 늘리면 크립토 산업이 커지는 것만큼 일정 수익률 이상

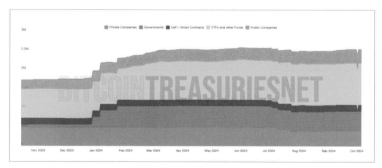

[그림 41] 비트코인 소유권 분포

을 손쉽게 추구할 수 있다는 믿음이 만들어낸 대표적인 크립토 시장 전략 중 하나다.

2024년도 말, 시장의 비트코인 개수 증가 부분을 살펴보면, 절대적으로 기관이 주도하고 있는 모습이다. 기관이 비트코인을 대대적으로 노출할 수 있게 된 것은, 지난 7년 동안 전통 금융에서 크립토 기업의 상장(코인베이스)과 파생상품의 상장(비트코인 선물) 등이 비트코인에 신뢰와 투명성을 주었기 때문이다. 이와 관련해 비트코인 트레저리 사이트의 데이터에 따르면, 기관들은 최소 250만 개의 비트코인을 누적 보유하고 있는 것으로 추정된다.

기관들이 보유하고 있는 비트코인 중에는 비교적 과거에 누적된 것들이 많다. 대표적인 사례는 ICO가 번성하던 2016년 전후로 비트코인을 통해 레이징을 받았던 프로젝트들이다. 블록원**Blockone**은 당시 ICO를 통해 $4B을 BTC로 모았고, 지금도 16만 4,000개의 비트코인을 그대로 보유하고 있다. 비트코인 가격이 비교적 많이 오른 요즘에도 '비트코인 모으기'는 성공한 크립토 기관들이 선호하는 투자 방법 중 하나이다. 한 해 약 50억 달러 이상의 순익을 올리고 있는 가장 큰 스테이블코인 발행사인 테더는 2024년부터 수익의 15%를 비트코인으로 비축하고 있으며, 지금까지 총 7만 5,354개의 비트코인을 보유하고 있다. 크립토 네이티브가 아닌 기존 금융 플레이어들도 비트코인을 모으는데 열심이다. 나스닥 상장사인 마이크로스트레티지와 마라톤 디지털은 주식을 레버리지해 낮은 이자로 전환사채를 발행한 후, 그 돈으로 비트코인을 매입했다. 비트코인 가격 상승에 따라 주식 가격이 오르면, 또 그만큼 전환사채를 발행하는 방법으로 비트코인을 모아가고 있다.

1) 점점 줄어드는 비트코인 가격 변동성과 떨어지는 기대수익률

'비트코인 모으기'는 비트코인 대중화 정도가 높아질수록 쉽게 고수익을 올릴 수 있는 쉬운 투자 전략 중 하나이다. 하지만 여기에는 어쩔 수 없는 모순적인 문제가 하나 있다. 바로 비트코인 시가총액이 커지면서 그만큼 자산의 변동성이 낮아진다는 것이다. 비트코인은 이미 기존 금융과 많은 접점이 생겨버렸고, 절대적인 가격은 점점 비싸지는 반면, 과거처럼 크리티컬한 상승률을 보이지는 못하고 있다. 상승률은 앞으로는 더 낮아질 것이다. 따라서 뒤늦게 시장에 뛰어드는 기관들 입장에서는 수익률 측면에서 점점 매력이 떨어질 수 있는 셈이다.

〈1〉 매크로 유동성과의 상관관계

2020년부터 2021년까지 이어졌던 지난 상승 사이클에서 전 세계 각국 정부가 코로나19 극복을 위해 유동성을 풀었다. 통화 가치가 떨어지면서 자산 가치가 상승하는 것을 모두가 확인할 수 있었다. 오늘날 비트코인도 시장 규모가 커지면서 매크로 유동성 흐름에 따라 주식만큼 영향이 큰 자산이 되었다. 다음 페이지의 그래프에 따르면 글로벌 유동성

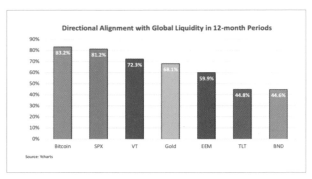

[그림 42] 매크로 유동성과 영향력이 밀접한 자산 리스트

추이 12개월 기간 중 83% 기간 동안 비트코인 가격은 유사하게 유지되는 것을 볼 수 있다. 이는 비트코인이 인플레이션을 헷지하는 자산으로서 글로벌 유동성의 영향과 제일 높은 상관관계를 갖고 있는 자산임을 알게 해준다.

한편, 매크로 경제 유동성 증가와 달러 약세가 이루어지면 비트코인 가격 상승률이 높아지는 것을 볼 수 있다. 반대로 유동성 축소와 달러 강세가 진행되면 비트코인 가격도 크게 영향을 받게 된다. 고금리 시대에 경제 침체가 오면 유동성 축소와 달러 강세로 인해 비트코인 가격 상승률도 제한적으로 움직일 수 있다.

〈2〉 낮아지는 중인 시장 사이클 가격 변동폭

비트코인은 잘 몰라도 '반감기'라는 단어는 아는 분들이 많다. 반감기

상승장과 하락장에서 모두 수익을 올리는 알트코인 투자

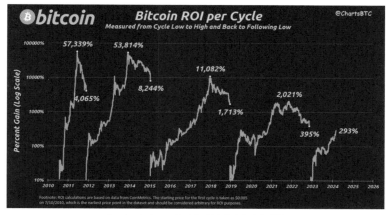

[그림 43] 비트코인 반감기 주기마다의 수익률

는 비트코인 채굴 보상이 절반으로 줄어드는 이벤트로, 비트코인 가격이 오르고 내리며 사이클을 형성하게끔 만드는 핵심 요소 중 하나이다. 비트코인은 이 사이클에 따라 가격이 오르내리는 경향을 보이는데, 상승장과 하락장의 상승률 차이가 매우 크게 벌어지는 특징을 가지고 있다. 이전 사이클의 데이터에 따르면, 하락장에 크립토 시장에서 발생한 여러 악재로 인해 고점 대비 -70~80% 하락할 수 있지만, 하락한 만큼 매크로와 크립토 시장에 호재가 존재한다면 사이클의 저점 대비 고점이 최소 3배에서 20배 상승률을 기록할 수 있다.

지난 네 번의 반감기 사이클을 보면, 반감기를 중심으로 비트코인 가격이 오르내리는 현상 자체는 꾸준히 반복되지만 그 변동폭은 줄어드는 것을 확인할 수 있다. 반감기 전후로 가격이 오르는 것은 틀림없는 경향성을 보이지만, 점점 그 상승과 하락의 폭이 줄어들고 있다. 이런 추세를 감안하면 다음 다섯 번째 반감기에서는 비트코인 상승율이 더 줄어들 가능성이 있다.

정리하면, 지금까지 기관투자자들은 오로지 가격 상승률 하나를 바라보고 비트코인을 축적해왔으며, 그 실적이 지금까지는 나쁘지 않다. 하지만 앞으로는 상승률 측면에서 비트코인의 매력이 점점 떨어질 것으로 보인다. 이는 기관투자자들의 비트코인 수요를 떨어뜨리는 제한점으로 작용할 것이다. 이에 비트코인의 지속 가능한 수요와 함께 그간 축적했던 비트코인을 활용하는 방안이 새롭게 떠오르는 중이다.

2) BTCFi : 비트코인으로 이자놀이를 할 수 있다면?

비트코인은 원래 이자가 발생하지 않는 자산이다. 하지만 사람들이 비트코인을 필요로 한다면 이자를 부담하고 빌려갈 것이고, 그 과정에서 이자가 자연스럽게 발생할 것이다. 사실 2020년 즈음부터 CeFi 머니 마켓을 중심으로 이런 작업들이 시작되었다. CeFi는 전통적인 과담보 대출 방식으로 비트코인 담보 대출 수요를 창출했다. 비트코인 담보를 통해 동시에 달러 fiat를 대출해 그레이스케일 비트코인을 구매하는 레버리지 투자 전략을 많이 사용했던 헤지펀드들이 이 상품을 주로 애용했다. 여기서 비트코인 담보로 돈을 빌려주는 사람은 대략 3% 정도의 이자 수익을 얻을 수 있다. 그러나 끝이 좋지 않았다. 기관의 과도한 레버리지와 FTX에 CeFi를 활용하여 이자 수익을 창출할 수 있는 상품은 부활하기 쉽지 않을 것으로 예상된다.

DeFi 쪽에서는 2020년 디파이 썸머 때부터 연관된 콘셉트의 프로젝트들이 속속 등장했다. 기관들이 모았던 비트코인을 이더리움에 활용할 수 있는 wbtc로 발행하여 AAVE, SKY(구 Maker DAO)에 담보로 맡기고 스테이블 코인을 대출해 대출 금리보다 높은 유동성 채굴 리워드로 이자 차익거래를 하는 방법이다. 일반적인 투자전략은 낮은 LTV를 유지하여 리스크가 낮은 스테이블코인 LP풀Pool에 예치하여 리워드를 얻는 전략을 많이 사용했다. 이 방법이 호응을 얻으면서 Wbtc는 비트코인이 온체인 디파이 수익률 마켓에 참여할 수 있는 기축 통화가 되었다. 이 과정에서 약 28만 개의 비트코인이 이더리움으로 넘어오게 되었다. 문제는 전반적인 크립토 시장의 유동성이 긴축되면서 유동성 채굴로 나오는

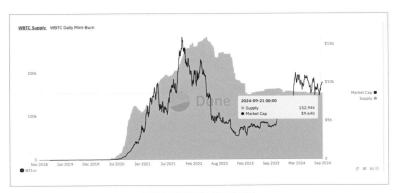

[그림 44] WBTC 공급량 변화

토큰의 수요가 낮아져 디파이 시장의 수익률이 하락했다는 점이다. 또한, 현재 진행하고 있는 프로젝트들은 유동성 채굴의 경우 높은 공급 압력으로 인해 리워드를 즉각 지급하는 것보다 PointFi로 토큰을 지급하는 주기가 늘어났다.

결과적으로 wbtc를 담보로 스테이블코인 대출을 하는 수요가 낮아졌고, wbtc 발행량 역시 더이상 늘어나지 못했다. 현재는 15만 개에서 유지되고 있다.

지난 디파이 썸머 사이클에서 흥미로웠던 부분은 만약 온체인에 리스크 대비 비트코인 수익성이 높은 상품이 나온다면, wbtc를 발행했던 수요처럼 기관들은 충분히 일부 비트코인을 온체인 이자 상품에 노출할 것이라는 점이다. 또한, CeFi 상품들이 이자를 일정 수준 위에서 유지하기 위해서는 일부 비트코인을 디파이 프로토콜에 예치하여 운용에 사용할 수 있다. 대표적인 예로는 파산한 CeFi 업체인 셀시어스Celsius가 예치 이자를 일정 수준으로 유지하기 위해서 컴파운드Compound, 뱃저다오 Badger DAO 등 토큰으로 유동성 채굴을 진행했던 이력이 있다.

기관투자자들은 비트코인을 많이 가지고 있다. 그리고 이 비트코인을 그냥 놔두지 않고 싶어 한다. 안전하게 이자 수익을 추구할 수 있는 모델이 나타나면 적극적으로 보유한 비트코인을 레버리지하여 수익률을 도모하는 경향이 있다.

2024년 중순, 이런 수요를 감안해 등장한 분야가 바로 'BTCFi'라는 섹

상승장과 하락장에서 모두 수익을 올리는 알트코인 투자

터이다. 이 섹터는 크립토에서 가장 단단하고 가격 방어력이 높은 비트코인을 레버리지해 지속 가능한 수익성을 유치할 수 있는 여러가지 디파이 상품을 만드는 분야를 말한다. 2025년 현재, 나와 있는 라인업으로는 Staking, LST/LRT, 일드 마켓이 있다.

3) 바빌론 : BTCFi의 시작

⟨1⟩ 비트코인 스테이킹

바빌론은 BTCfi를 탄생시킨 대표적인 디파이 프로젝트 중 하나이다. 스테이킹된 비트코인을 이용해 '네트워크 보안성'을 지분증명PoS 네트워크에 빌려주고 그 대가로 이자의 형태로 수익을 올릴 수 있는 인프라

[그림 45] 바빌론 리스테이킹 구조

솔루션이라고 설명할 수 있겠다. 간단히 살펴보면 다음과 같다.

PoS의 스테이킹이란 네트워크에 예치 형태로 맡겨진 자산의 가치를 보안성과 신뢰로 바꿔주는 기술이다. 문제는 비트코인에는 스마트 컨트랙트라는 구조가 없기 때문에 스테이킹이 불가능하다는 것이다. 바빌론은 이 문제를 풀기 위해 컴파일러 기능인 커버넌트 에뮬레이터Covenant Emulato를 도입했다. 이를 이용하면 비트코인 메인넷에 있는 바빌론 멀티시그 주소에 비트코인을 전달하고 스테이킹/언스테이킹/슬래싱 기능을 사용할 수 있다.

〈2〉 비트코인 스테이킹이 PoS에 기여할 수 있는 측면

PoS의 안전성은 전체 네트워크의 시가총액이 결정한다. 사용자 수가 적고 가치가 낮은 PoS 프로젝트는 그만큼 해킹이 쉽기 때문에 보안성이 떨어지고, 시총이 높은 PoS는 그만큼 높은 신뢰도를 가지게 된다. 거꾸로 네트워크에 묶여있는(스테이킹된) 자산 가치가 높은 PoS 프로젝트는 더 많은 사용자가 유입되기도 한다. 이런 측면에서 비트코인 스테이킹을 활용하는 것은 소규모 PoS 블록체인들에게는 낮은 비용으로 높은 안전성을 구축하는 좋은 기회이자, 더 많은 사용자를 확보하는 계기가 될 수 있다. 단순히 비트코인 스테이킹을 도입하는 것만으로도 PoS의 고질적 문제가 해결되기도 한다. 블록체인 공격 방법 중 큰 시가총액이 낮은 네트워크를 공격해서 기존 블록의 기록을 조작하고 새로운 블록데이터

상승장과 하락장에서 모두 수익을 올리는 알트코인 투자

를 동기화하는 것을 '롱 레인지 어택'이라고 한다. 가장 흔한 PoS 공격 방법인데, 바빌론에는 PoS 네트워크의 블록 데이터를 비트코인 블록에 데이터를 저장하여 문제가 발생하는 경우에 서로 대조하는 비트코인 타임스탬핑 프로토콜이 탑재되어 있다. 롱 레인지 어택 자체가 불가능해지는 셈이다. 그동안 롱 레인지 어택 때문에 PoS 프로젝트들이 어쩔 수 없이 채택해 왔던 스테이킹 지연(코스모스는 21일) 같은 문제도 비트코인 타임스탬핑 기술을 통해 약 1일(비트코인 메인넷의 100블록)로 줄일 수 있다.

〈3〉 바빌론을 통한 비트코인 보유자의 기대 수익

바빌론은 약 $516B의 시장 가치를 가진 PoS 네트워크로부터 수익을 창출할 수 있다. 아이겐 레이어와 같이 비트코인 네트워크의 안정성을 대여함으로써 말이다. 만약 네트워크 보안성과 탈 중앙화성이 떨어지는 중소형 PoS 기반 앱 체인들(총 약 $50B 규모)이 시가 총액의 약 5%를 바빌론에게 보안 비용 명목으로 지불한다면, $500M 매출을 발생시키는 비즈니스 모델로 발전할 수 있다.

[그림 46] 바빌론이 수익화 할 수 있는 최대 시장 규모

구체적으로, 현재 PoS 체인들에게 제일 많은 쓸모를 제공하는 툴은 코스모스의 SDK다. 바빌론은 이를 기반으로 하기 때문에 IBC를 통해 코스모스 생태계 프로젝트들(셀레스티아 등)에 비트코인 네트워크 보안성을 제공할 수 있다. 이는 마치 이더리움 롤업이 이더리움 DA를 사용하는 대가로 비용을 지불하는 것과 유사하다. 바빌론은 PoS 네트워크 전용 비트코인 DA를 구축했다.

앞으로 바빌론에 연결되는 PoS 네트워크는 비트코인 생태계까지 포섭할 수 있는 기회를 얻을 것이다. 바빌론에 스테이킹된 비트코인 기반으로 구축된 BTCfi가 탄생하였고, 인프라 비즈니스의 성공이 비트코인 생태계 내에서 지속 가능한 수익률을 만들 수 있다는 잠재력을 확인하는 사례가 되었다.

상승장과 하락장에서 모두 수익을 올리는 알트코인 투자

36

비트코인 디파이(BTCFi) 섹터의 현재 구조

1) 바빌론을 중심으로 진화하는 BTCFi

비트코인 디파이BTCFi를 자처하는 바빌론 위에는 10월 9일 기준(다음 페이지 그래프 참고), 총 2만3891BTC가 모여 있다. 점차 바빌론에 대한 주목도가 높아지고 비트코인으로 안전한 이자수익을 창출해 보고 싶다는 투자자들의 욕구가 중첩되면서, 바빌론의 토큰 에어드랍과 수익률을 확보하기 위해 비트코인을 예치하는 수요가 증가하고 있다.

'비트코인 디파이'라는 말은 분명 적절하지만, 비트코인이 사용하기에 편한 블록체인은 아니다. 그래서 시작부터 약간의 난점이 있었다. 다시 말해, 일반 사용자들은 바빌론에 비트코인 예치하는 과정에서 기존 디파이에 비해 느리고 비싼 비트코인 메인넷 자산 관리를 하는 데에 큰 어

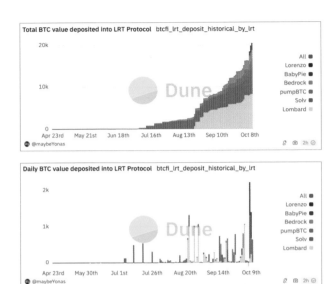

[그림 47] 비트코인 리스테이킹 규모(비트코인 갯수)

려움을 겪는다는 것이다. 이렇다보니 먼저 등장한 것이 바빌론 연계 리퀴드 스테이킹LST/리스테이킹LRT 솔루션들이다. 비트코인에도 아이겐 레이어 같은 것이 있다.

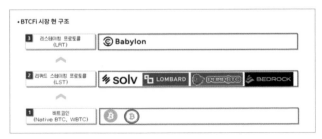

[그림 48] BTCFI 시장 구조

　상승장과 하락장에서 모두 수익을 올리는 알트코인 투자

현재 비트코인의 LST/LRT 프로젝트들은 기본적으로 바빌론 스테이킹을 염두에 두고 설계되었다. 크게 나눠보면 다음과 같은 대략 세 가지 정도의 방향성이 있다.

〈1〉 바빌론 스테이킹 유동화

이것은 가장 기본적인 단방향 크로스체인 랩핑 방식이다. 일단 바빌론을 이용해 BTC 메인넷에서 1:1 비율로 스테이킹을 한 후, 스테이킹된 BTC의 유동화 토큰을 이더리움 블록체인 위에서 발행하는 방법을 사용한다. 대표적인 프로젝트는 SolvBTC BBN, LBTC, pumpBTC, babypie의 mBTC 등이다.

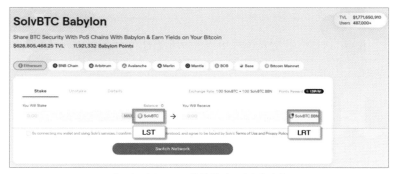

[그림 49] 솔브(Solv)를 통한 리스테이킹 과정

〈2〉 BTC LRT

이더리움 위에서 LBTC 또는 WBTC 같은 BTC 기반 자산을 담보로 삼아 Symbiotic심바이오틱과 Karak카락 같은 플랫폼을 이용해 리스테이킹하는 방식이다. 이와 관련된 대표적인 프로젝트는 Etherfi의 eBTC, Swell의 swBTC 등이 있다.

〈3〉 커스터디 비트코인 유동화

이더리움 블록체인 위에서 WBTC를 담보로, 별도 오라클을 통해 비트고Bitgo에 스테이킹 증명을 전달하여 비트고에서 언락된 네이티브 BTC를 바빌론Babylon에 스테이킹해 수익을 발생시키는 다소 복잡한 방식이다. 사용자들이 WBTC를 예치하면 오라클을 통해 스테이킹 증명을 비트코Bitgo에 전달한다. WBTC를 수취한 비트고는 비트코인 네트워크의 네이티브 BTC를 언락하여 바빌론에게 전달 후 스테이킹하여 수익을 창출한다. 대표적인 프로젝트는 베드록Bedroc이 있다.

그렇다면 왜 이렇게 복잡한 방법을 사용할까? 앞서 설명한 〈1〉과 〈2〉 두 개의 유형은 비트코인 메인넷에서 더 많은 BTC 자산을 ETH 생태계로 브릿지하거나 언락하는데 집중하고 있지만, 마지막 유형은 ETH에서 만든 WBTC 자산을 언래핑하여 네이티브 비트코인을 바빌론에 역방향으로 스테이킹하는 것이 특징으로 하기 때문이다.

아키텍처 측면에서 공통점은 BTC가 BTC 메인넷의 커스터디 기관(제

시 예: Cobo 또는 Copper)에 저장되어 자산을 보호한다는 것인데, 이는 가장 저렴하고 편리한 방법이다. 실제로 어떤 서비스를 사용할 것인지 결정하기 위해서는 구체적인 스펙을 알아보는 과정이 필요할 것이다. 전체 BTC LST/LRT의 구도를 보다 명확하게 제시하기 위해 아래 표에서 일부 BTC LST/LRT가 어떻게 작동하는지에 관해 살펴보았다.

LST/ LRT Wrapper	민팅/브리지 구조	리딤/인출 구조
SolvBTC BBN	Copper, Ceffu, Cobo, Fireblock 등의 커스터디 서비스를 의존하며, UTXO3525와 규칙 분석 기술 등을 활용해 기관이 참여할 수 있음.	양방향
Lombard (LBTC)	LBTC는 CubeSigner로 생성된 MPC 지갑 기반으로 네이티브 BTC를 예치하여 이더리움에 LBTC를 발행할 수 있음.	단방향 (인출 불가능)
Babypie	네이티브 BTC가 MPC 지갑으로 전송되며, Babypie 관리자가 호출 및 검증한 후 체인링크를 통해 ETH에 mBTC를 발행함.	단방향 (인출 불가능)
Bedrock	Bedrock에 담보된 WBTC는 체인링크 오라클을 통해 BitGo(WBTC 커스터디 관리)의 언래핑된 비트코인을 Babylon에 예치함.	양방향 (30일 후 인출 가능)
Lorenzo (stBTC)	Lorenzo MPC 지갑을 통해 바빌론에 비트코인 스테이킹하여 EVM 상호운용이 가능한 Lorenzo 네트워크웨이 stBTC를 발행함. 리워드와 보안성은 바빌론 네트워크의 IBC를 통해 BTC 스테이킹 데이터를 동기화하여 보장함.	양방향
PumpBTC	커스터디 및 MPC를 통해 검증 및 발행/리딤이 이루어짐.	단방향 (인출 불가능)
Etherfi (eBTC)	LBTC 기반으로 eBTC를 주조함. LBTC는 Symbiotic/Karak에 리스테이킹하여 이자 수익을 얻을 수 있음. 주요 과정 요약 : LBTC를 사용해 eBTC를 주조하고, eBTC를 Symbiotic 또는 Karak 플랫폼에 담보하여 2차 수익을 얻음.	양방향 (7일 후 인출 가능)
Swell (swBTC)	WBTC 기반으로 Symbiotic 및 Karak에 리스테이킹됨. 현재 바빌론을 지원하지 않음.	양방향 (3일 후 인출 가능)

대다수의 비트코인 LST/LRT는 이더리움의 WBTC 유동성을 활용하기 위해 이더리움에 발행된다. 하지만 LST/LRT의 생태계가 확장되면서 자연스럽게 WBTC 발행량이 늘어나야 하는 것이 정상이다. 아직까지 기존 WBTC 홀더들이 LST/LRT를 사용하면서 이더리움의 WBTC 발행량이 정체되는 상황이다. 따라서 기존 랩핑 비트코인 발행량이 늘어나야만 비트코인 스테이킹과 LST/LRT 시장도 커질 것으로 예상된다.

랩핑 비트코인에서 두 번째로 발행량이 큰 바이낸스의 BTCB와 솔브 프로토콜은 유니크한 성장 사례를 가지고 있다. 현재 멀티체인 형태로 비트코인 LST/LRT 운영하는 솔브 프로토콜Solv Protocol은 BTCB를 중점으로 홀더와 발행량을 촉진시켰다.

솔브는 약 2만2,800개의 멀티체인의 랩핑 비트코인을 LST 형태로 Solv BTC를 발행하는데, 그 중 약 13,000 SolvBTC는 BTCB를 통해 발행

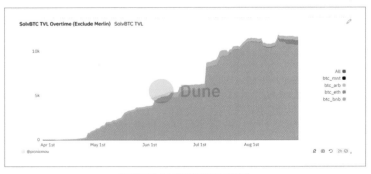

[그림 50] 솔브의 비트코인 예치량

상승장과 하락장에서 모두 수익을 올리는 알트코인 투자

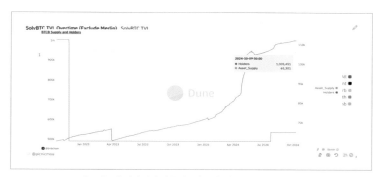

[그림 51] 시계열에 따른 솔브(Solv) 비트코인 예치 규모

되었다. BTCB 발행량은 원래 6만501개로 정체되었지만, 2024년 8월 초를 기점으로 4,800개가 증가하여 총 6만5,301개까지 증가한 상황이다. 이 중 SolvBTC가 BTCB 총 발행량 중 20%를 차지하고 있다.

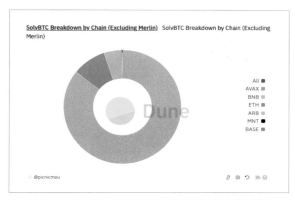

[그림 52] 솔브 내 예치된 BTC은 어떤 체인이 주를 이룰까?

현재 BTCB 유틸리티 증가로 민팅한 SolvBTC는 BNB 체인뿐만 아니라 주로 WBTC가 보유한 이더리움, 아비트럼 순으로 홀더가 골고루 분배되었으며 SolvBTC를 스크롤, 리니아, Fuel퓨얼, Mezo메조 등에 더블 포인트 파밍 시스템을 도입하여 약 6,000개의 SolvBTC가 공급되었다. 더불어 LST/LRT 프로젝트들은 바빌론만 집중하는 것과 달리 SolvBTC는 바빌론, Core DAO, 에테나에 다양한 수익률이 나오는 곳에서 비트코인 스테이킹 LRT를 지원하고 있다.

필자는 솔브 프로토콜을 보면서 비트코인의 LST/LRTfi 본질은 역시 '비트코인 개수 늘리기'에 있는 게 아닌가 싶었다. 이는 이자가 발생하지 않는 자산인 비트코인을 그대로 보존하면서 추가 수익을 도모하는 것에

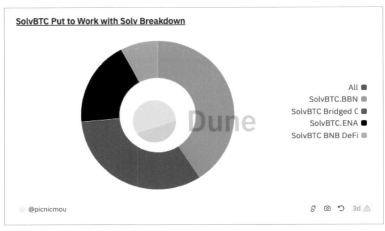

[그림 53] 솔브(Solv) 내 예치된 비트코인은 어떤 디파이에서 유입 되었을까?

상승장과 하락장에서 모두 수익을 올리는 알트코인 투자

관심을 가진 투자자들이 많다는 얘기이다. 바빌론이 비트코인에 기본 스테이킹 수익률을 가져다 주었다면, 앞으로 추가적으로 바빌론에는 스테이킹된 비트코인 위에 더 많은 수익률을 만드는 작업이 중요하다. 아마도 이미 나와 있는 LST/LRTfi에 높은 수익률을 추구할 수 있는 파생상품 공간을 만드는 방향이 될 것이다. 따라서 약간 더 높은 투자 리스크를 감수하면서 더 높은 리턴을 도모해 보고 싶어 하는 비트코인 홀더들에게는 어필이 될 수 있을 것으로 예상한다.

2) 아이겐레이어로 BTCFi가 된다고?

바빌론과 바빌론 기반으로 발행된 LST/LRT는 '비트코인 이자놀이'의 기본 레이어로 자리가 잡힌 상황이다. 여기서 바빌론이 커버하지 못하는 레이어2, AVS 마켓을 석권한 리스테이킹 솔루션들이 비트코인 쪽으로 역진출하는 사례가 늘어나고 있는데, 현재 셋 레이어Sat Layer, 펠 네트워크Pell Network, Symbiotic심비오틱, Karak카락, Eigen Layer아이젠 레이어 등이 관련 자산들을 지원 중이다.

LST/LRT는 기본적으로 리스테이킹 솔루션 수익률이 있고, 거기에 바빌론 수익률을 더할 수 있는 구조다. 그렇다 보니 이자 수익 측면에서 유리하기 때문에 TVL이 빠르게 유치되고 있다. 현재 리스테이킹 솔루션들은 이더리움 기반으로 확장되고 있으며, 지원하는 자산과 TVL의 현황은 다음 페이지의 표와 같다.

리스테이킹 플랫폼 (ETH)	자산 지원	TVL ($USD)
Pell Network	전체 BTC 제품	$243M (*그 중 대부분은 BTC L2 담보를 통해 이루어짐)
Symbiotic	WBTC, LBTC, tBTC	$124.4M
Satlayer	FBTC, WBTC, UniBTC, LBTC, SolvBTC.BBN, PumpBTC	$23.4M
Karak	LBTC, wBTC, FBTC	$58K
Eigenlayer	WBTC, tBTC, stBTC, UniBTC	-

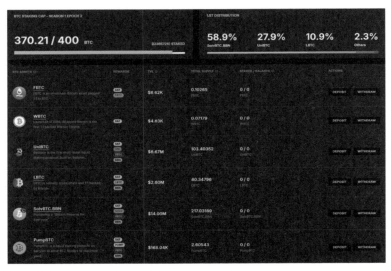

[그림 54] 솔브(Solv) 리스테이킹 현황

　구체적으로 살펴보면, 전체적으로 이더리움에서 약 1억 5,000만 달러 상당의 BTC가 리스테이킹 되고 있다는 것을 확인할 수 있다. 그중 대부분은 심바이오틱Symbiotic에 속하고 일부는 솔트레이어SatLayer에 예치되

　　　　상승장과 하락장에서 모두 수익을 올리는 알트코인 투자

어 있다. 심바이오틱은 단독으로 WBTC와 tBTC를 포함하여 1억 2,400만 달러 상당의 BTC 제품과 1,000만 달러 상당의 스테이킹된 BTC LST를 보유하고 있다. 반면, 카락Karak의 BTC 자산은 약 10만 달러에 불과하다. 이러한 BTC 자산은 심바이오틱 TVL의 총 7% 정도를 차지하고 있다.

한편, 펠 네트워크Pell Network는 비트레이어Bitlayer와 비투네트워크 B2network와 같은 다양한 BTC 레이어2 솔루션을 통해 대량의 BTC LST를 리스테이킹 하는 데에 성공했다. 이러한 자산은 바빌론과 아이겐 레이어에서 사용되는 모델과 유사하게 공유 보안 서비스를 제공하고 수익을 창출하는 데 사용된다.

이더파이EtherFi와 같은 일부 프로토콜은 BTC LST/LRT를 이용해서 바빌론에서 한 차례 이자 수익을 내고, LST를 아이겐 레이어, 심바이오틱, 카락과 같은 다른 리스테이킹 플랫폼에 다시 스테이킹 하여 BTC-LST를 활용해 2차 수익을 창출하고 있다. 이와 같은 전략은 스테이커들이 레버리지된 수익을 누리고 단일 자산의 자본 효율성을 극대화할 수 있게 하지만, ETH LST와 동일한 위험에 직면하게 된다. 다시 말해, 바빌론과 심바이오틱에서 동시에 슬래싱을 당할 수 있다는 것이다. 슬래싱 방지 정책은 ETH에서 어느 정도의 슬래싱을 방지할 수 있지만, 바빌론 스테이킹 슬래싱에 대한 정보는 아직 명확하지 않다. 따라서 투자자들은 이점에 유의해야 한다.

3) 단순한 이자 농사는 심심해! 비트코인 이자 파생상품의 세계

BTCFi를 처음 접하는 분들은 '이거 생각보다 진행된 게 많구나!' 하는 인상을 받았을 것이다. 일단 바빌론에서 기본적으로 비트코인 이자를 발생시킬 수 있고, 여기에 아이겐레이어, 에테나, 이더파이 같은 리스테이킹 솔루션을 이용해 추가 이자 수익률을 도모해 볼 수 있는 상황이기 때문이다. 당연히 이런 토양을 이용해 수익률이 높은 일종의 '이자 파생상품'을 만드는 프로젝트들도 이미 들어와 있다. 바로 '펜들 파이낸스'와 '기어박스'이다.

먼저, 펜들 파이낸스는 BTC LST/LRT의 미래 수익과 에어드랍 토큰을 활용하여 SolvBTC.BBN, LBTC, eBTC 등의 PT/YT 같은 여러 전용 시장을 만든다. 특히, YT는 원금이 손실되지만 향후 에어드랍을 얻을 수 있는 포인트를 최대한 레버리지 할 수 있는 상품이다.

SolvBTC.BBN의 YT는 기본 토큰을 예치하는 것보다 69배 더 많은 바빌론 포인트와 206배 더 많은 콘 포인트를 얻을 수 있다. 포인트를 배팅하는 유저들로 인해 BTC의 포인트 시장은 총 1억 3,600만 달러 이상의 비트코인을 유치했으며, 토큰 인센티브와 일드 파밍의 수요가 커지면서 전 분기 대비 150% 성장했다.

이러한 펜들 파이낸스는 주기적으로 거버넌스 투표를 통해 PENDLE 토큰을 분배하여 PT/YT에 유동성 인센티브를 제공하고 있다. 이와 같은 새로운 PENDLE 토큰의 인센티브 라운드는 사람들이 BTC LST/LRT

[그림 55] 팬들을 활용한 솔브(Solv) 비트코인 디파이 사례

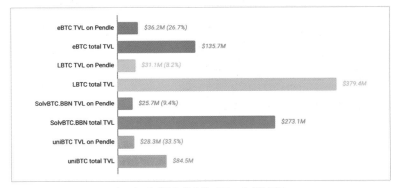

[그림 56] 팬들을 활용한 비트코인 예치 규모

에 점점 많은 관심을 가지고 있음을 분명하게 보여준다.

예를 들어, BTC 풀에서 SolvVBTC.BBN은 팬들에서 가장 많은 유동성을 유치하기 위해 인센티브 라운드에 제일 많은 투표를 받았다. 이러한 성장세는 펜들 토큰 리워드가 BTC 풀에 투표수가 많아지면서 앞으로 펜들의 BTC LST/LRT 자산의 공급이 지속 증가할 것으로 예상된다. 일부 사용자들은 펜들 파이낸스의 YT 원금 손실률이 포인트 잠재적인 일드 수익률보다 낮다고 생각하면, YT의 원금 손실률보다 낮은 대출 프로토콜을 통해 담보-재대출의 방식으로 포인트 레버리지 파밍을 할 수 있다.

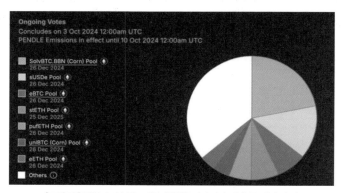

[그림 57] 펜들과 솔브(Solv)를 활용한 디파이 수익 추구 전략 사례

다음으로 기어박스는 크립토 담보 대출을 제공하는 머니마켓 플랫폼으로서 LBTC 포인트 레버리지 풀에서 WBTC를 최대 7배까지 레버리지로 빌려 최대 28.6배의 롬바드와 바빌론 포인트를 제공한다. 레버리지 플랫폼 특성상 담보 자산의 유동성으로 인한 제한이 있기에 해당 풀에서 최대 대출할 수 있는 금액은 약 250만 달러에 불과하다.

이러한 포인트 레버리지 전략 외에도 Botanix보타닉스, Mezo와 Binance

[그림 58] 롬바드 비트코인을 활용한 디파이 수익 추구 전략 사례

Labs바이낸스 랩스가 지원하는 Com과 같은 일부 레이어2 네트워크는 노드
가 브릿지된 BTC LST/LRT를 담보로 스테이킹할 수 있도록 함으로써
BTC의 가치를 활용하고 있다. 그 대가로 노드는 검증 과정에 참여하여
$BTC 수수료를 벌게 된다. 이는 BTC를 활용하고 이들 네트워크의 TVL
을 부트스트랩하여 앞으로의 생태계 성장을 촉진하는 좋은 시도이다.
현재까지 Mezo는 BTC 관련 자산 1억 2,100만 달러와 2,000만 달러의
Com을 유치했다.

　지금까지 분명한 것은 BTC LST/LRT와 관련된 대부분의 DeFi 활동이
주로 인센티브에 의해 주도된다는 것이다. BTC의 채택이 증가하고 있
지만, 장기적으로 BTC LST/LRT를 생성하는 실제 수요는 바빌론의 수익
성과에 크게 의존할 것이며, 이는 BTC LST/LRT를 ETH보다 한층 더 매
력적인 자산으로 만들 수 있다.

37

BTCFi 문제

1) 코스모스에 기반한 중소형 PoS 네트워크의 성장성 문제

현재 BTC 생태계로 확장되고 있는 BTCfi의 구조를 보면, 바빌론 네트워크가 그 중심에 있다는 사실을 쉽게 알 수 있다. 이는 BTCfi의 핵심이 비트코인의 고유 자산 특성을 유지하면서도 지속 가능한 수익(일드)을 창출할 수 있는지의 여부에 있기 때문이다. 바빌론은 1조 달러에 이르는 비트코인 시가총액을 활용해 새로운 PoS 네트워크에 높은 보안성을 제공하려는 서비스를 지향하고 있으며, '왜 바빌론이 이 시장에 필요한가'를 증명해 나간다. 이처럼 바빌론은 검증의 신뢰성을 비트코인 담보로 보장하며, 검증 실패 시 예치된 비트코인이 소실되는 구조를 통해 목표를 실현하고 있다.

바빌론은 시장 점유율과 내러티브 선점에 성공하면서, 짧은 시간 내에 상당한 양의 BTC를 유치하는 데 성공했다. 그렇지만 자체적으로 이자 창출이 어려운 비트코인 생태계 내에서 장기적으로 안정적인 수익(이자)을 만들어낼 수 있을지는 여전히 추가적인 검증이 필요한 상황이다. 이번 주제에서는 BTCFi의 잠재적인 리스크에 대해 자세히 살펴보겠다.

바빌론은 현재 코스모스 생태계를 기반으로 출시되어, 코스모스 SDK로 구축된 네트워크(레이어1, 레이어2)에 '네트워크 보안성'을 대여하는 모델을 지향한다. 이 모델은 자체 벨리데이터를 운영하는 것보다 비트코인을 예치하고 데이터 검증을 수행하는 벨리데이터가 신뢰성이 높다는 가설을 바탕으로 한다.

이러한 이유로 바빌론의 보안성 대여 서비스는 솔라나처럼 시가총액

Architecture	Profits	Costs
Cosmos Appchain + Skip	Fees (app) + (MEV + Fees) * % of app stake	Sync composability - 3rd party infrastructure costs - validator setup / replicated security
App specific rollup	Fees (app) + MEV + Fees - DA - settlement	Sync composability - 3rd party
Self-sequenced app	Fees (app) + MEV + Fees - settlement/execution	Sync composability - 3rd party
App specific rollup with shared sequencer	Fees (app) + MEV + Fees - DA - settlement - shared seq fee + shared seq surplus (?)	Devex(?) - 3rd party - design uncertainty
App on general purpose L1/L2	Fees (app)	Congestion

[그림 59] 네트워크 운영에 따른 손익 구조

이 큰 PoS 네트워크보다는 상대적으로 덜 알려진 신생 중소형 PoS 네트워크들이 주로 활용하며, 초기에는 바빌론의 이름을 빌려 비즈니스를 확장하려는 경향을 보인다. 그러나 몇 가지 장애물이 있으며, 그중 가장 큰 부분은 '높은 비용'이다. 현재 코스모스 SDK로 앱체인을 구축할 때는 첫째, 벨리데이터 셋업, 둘째, 인프라 구축 비용, 셋째 써드파티 API 서비스 비용 등이 필수적으로 요구된다.

코스모스 SDK로 구축된 EVM은 상호운용성에 제한이 있어, 앱을 빌딩하는 데 추가적인 어려움이 존재한다. 반면, EVM 기반 롤업은 옵티미즘과 아비트럼이 제공하는 RaaS^{Rollup as a Service} 덕분에 써드파티 인프라 구축과 초기 벨리데이터 셋업 비용이 상당히 줄어들었다. 이는 초기 앱체인들이 코스모스 SDK보다 롤업 인프라 위주로 구축되는 경향을 보이는 주요한 이유 중 하나가 된다. 특히, 코스모스 SDK는 EVM 기반 롤업 인프라에 비해 비용과 복잡성 면에서 진입장벽이 높다는 점이 더욱 부각되고 있다. 따라서 바빌론의 사업 성공을 위해서는, 초기 고객 확보를 위한 콜드 스타트 문제가 우선적으로 해결되어야 한다.

2) 바빌론 기본 일드 디파이의 한계

바빌론은 비트코인을 스테이킹하여 PoS 네트워크에 보안을 제공한다. 그 대가로 PoS 네트워크의 자체 네이티브 토큰을 인플레이션 보상으로 받는다. 즉, '보호 비용'을 받는 것이다. 동시에 바빌론은 스테이킹 사용자에게 수수료를 제외하고 보상을 제공한다. 따라서 스테이킹의 수익은 첫째, 바빌론의 네이티브 토큰$BBN 보상과 둘째, PoS 네트워크의 네이티브 토큰 인플레이션 보상에서 나온다. 이는 아이겐 레이어와 유사하다.

나아가 비트코인의 스테이킹 수익률은 비트코인 락업량과 바빌론을 통해 비트코인 네트워크 보안을 임대하는 PoS 소비 체인의 수에 따라 달라진다. 바빌론을 채택하는 PoS 네트워크가 많아질수록 비트코인의 스테이킹 수익률도 상승할 것이다. 하지만 이는 BBN 토큰과 PoS 네트워크의 인플레이션 보상이 지속적으로 수요를 창출하여 견고한 가격대를 형성해야만 가능해진다. 수요가 낮은 PoS 네트워크의 토큰 가치는 시간이 지남에 따라 하락할 수 있으며, 이는 결국 비트코인 스테이킹 수익률을 낮추는 결과로 이어지기 때문이다.

또한, 바빌론의 예치액이 급격히 성장하면서 아이겐 레이어와 같은 리스크가 발생할 수 있다. 아이겐 레이어와 같은 공유 보안 및 유동성 스테이킹/리스테이킹 프로토콜은 공급 측면에서는 충분한 자원을 보유하고 있지만, 보안 소비 측면의 수요가 이에 맞춰지지 않으면 경제적 선순환을 이루기 어려워질 수 있다. 이러한 구조의 장기적 성공을 위해서는 보안에 비용을 지불할 의향이 있는 고품질 프로토콜의 수요가 지속적으로 증가해야 하며, 이를 통해 프로젝트가 악순환을 방지하고 지속가능한 성장을 이루게 된다.

대표적인 예로, 아이겐 레이어는 초기 토큰 에어드랍을 통해 150억 달러 가치의 TVL를 유치했지만, 아이겐 레이어에 예치된 TVL 중 3% APY를 제공하려면 약 5억 달러가 필요하다. 이 수치는 론칭한 AVS의 초기 유통량을 모두 아이겐 레이어에 제공해도 충분하지 못하며, 예치자들이 예상하는 수익률과 매우 다르게 조성될 수 있다. 나아가 이것은 ETH의 스테이킹 수익률이 예상보다 낮아질 것이며, ETH 출금이 가능해진 후 락업 자금의 유출에 직면할 것임을 의미한다.

그러므로 바빌론이 고려해야 할 문제는, ETH 유동성 스테이킹/리스테이킹 프로토콜과 마찬가지로 프로젝트 초기에는 비트코인 스테이킹이 계속 증가할 것으로 예상되지만, 충분한 스테이킹 수요가 없다면 스테이킹 수익은 필연적으로 감소할 것이라는 점을 명확히 인식하는 것이다. 수익률이 일정 수준 이하로 떨어지면 비트코인 보유자들의 참여 의지도 감소하여 프로젝트의 발전이 병목 상태에 이르거나 하향세로 접어들 수 있다는 점도 인지해야 한다.

그러므로 프로젝트가 지속적으로 발전할 수 있는지는 비트코인의 스테이킹 양과 수익률의 크기에 달려 있으며, 수익률은 궁극적으로 지속 증가하는 PoS 네트워크 수와 그들의 발전 상황에 달려 있다. 즉, 스테이킹 수요 측면이 공급 측면과 맞출 수 있는지가 프로젝트가 병목을 돌파하는지의 핵심이 될 것이며, 이는 프로젝트팀의 비즈니스 개발 능력에 장기적인 도전이기도 하다. 아울러 프로젝트팀은 사용자들의 투기적 성향에 대응하고, 사용자들이 '초기 포인트 파밍' 후 이탈하는 것을 방지하기 위해 '어떻게 하면 한층 더 강력한 방어 체계를 구축할 수 있을까?'에 관해 고민해야 한다.

3) 비트코인 스테이킹이 지닌 근본적인 리스크

비트코인 스테이킹 구조를 자세히 살펴보면 스테이킹 과정에 브릿지와 같은 신뢰 가정을 없앴지만, 근본적으로 이더리움처럼 내부적으로 PoS를 탑재하는 것이 아니기 때문에 여전히 슬래싱 리스크가 있다. 이더리움은 PoS 네트워크에 맞게 비콘체인을 별도로 구축하여 스테이킹과 슬래싱의 규칙을 설정했다. 현재까지 바빌론의 비트코인 스테이킹에 대한 슬래싱 기준이 명확하지 않다. 따라서 코드로 짜여진 규칙에 의한 제어가 아닌 BBN 토큰 홀더, 소수의 위원회 및 멀티시그 참여자만 참여하는 거버넌스로 인한 리스크가 발생될 수 있다는 점을 반드시 고려해야 한다. 비트코인 트러스트리스Trustless는 훌륭하지만, 바빌론 합의 구조가 적용되는 지점부터는 자신의 비트코인을 제어할 수 없는 상황이 발생하는 리스크가 존재하기 때문이다.

이와 같은 리스크는 결국 BBN의 토크노믹스를 통해 해결하는 것이 가장 자연스럽다. BBN은 커브의 veCRV처럼 기관, LST/LRT, PoS 네트워크와 같은 이해관계자들이 공정하게 참여할 수 있는 토크노믹스를 필요로 한다. 이들이 비트코인과 BBN 두 개의 암호화폐를 홀딩하는 이해관계자라는 점을 감안했을 때, 향후 개인 참여자보다는 기관에 의해 운영되는 네트워크로 성장할 것으로 예상된다.

4) LST/LRT 유동성 리스크

바빌론의 LST/LRT는 스테이킹 비트코인을 유동화 구조로 가져가기 때문에 리스크가 높은 레버리지 효과를 얻게 된다. LST/LRT는 기본적으로 멀티시그, 커스터디 형태로 보관하여 유동화되기 때문에 써드파티 자산 의존도와 팬들 파이낸스, 기어박스와 같이 포인트 레버리지 파생상품의 리스크는 충족한 유동성이 있어야 급변하는 시장 속에서 발생하는 청산 리스크를 해소할 수 있다. 유동화의 본질은 모종의 이유로 발생하는 악성 순환 뱅크런 문제를 해결할 수 있는 보완책에 있다. 그러므로 필수적으로 온체인에 즉시 인출할 수 있는 리저브와 유동성을 확보하여 LST/LRT의 뱅크런 리스크를 헷지할 수 있어야 한다. 2025년 현재, LBTC

[그림 60] 유동성 부족에 따른 리스크가 존재

상승장과 하락장에서 모두 수익을 올리는 알트코인 투자

는 $350k 어치를 Uni V3에 스왑을 진행한다면 약 4%의 슬리피지가 발생하기 때문에 TVL이 높더라도 상응하는 유동성을 유치해야 앞으로의 리스크에 대비할 수 있다.

5) 비트코인 이자의 꿈

현재까지 비트코인은 15년 동안 가치가 우상향 되어, 오늘날 명실공히 '디지털 골드'라는 가치저장 수단으로 등극했다. 비트코인은 시가총액이 커지면서 자연스럽게 가격 상승률이 낮아지게 된다. 그러나 다년간 비트코인 가격이 일정하거나 낮아지게 되면 '디지털 골드'라는 비트코인의 내러티브가 의심받을 수 있다. 그래서 비트코인에 새로운 일드(Yield, 이익)를 만들 수 있으면, 충분히 보유자들의 비트코인 보유 동기와 수요가 증가될 수 있을 것이다. 이러한 측면에서 바빌론의 'BTCfi 내러티브'는 비트코인을 많이 보유한 기관들에게도 큰 관심을 받게 되었다. 이는 오늘날 수많은 기관들이 바빌론의 BTCfi 내러티브에 베팅한 것을 통해 쉽게 볼 수 있다. 바빌론의 투자자 중 ICO를 통해 16만 개의 비트코인을 모은 EOS의 모회사 불리시Bullish도 바빌론의 마지막 라운드에 투자했다.

디파이라마DefiLlama의 데이터에 따르면, 현재 비트코인은 $100억 이상의 가치를 가지고 있으며, 주로 대출 마켓 분야에 집중되어 있고 연간 수익률APY은 0.01%에서 1.25% 사이로 매우 낮다. 대부분의 POS 네트워크에서 네이티브 토큰의 스테이킹 수익률은 3%에서 20% 사이로, 이는 비트코인 대출 수익률보다 50배 이상 높다. 이는 단기적으로 높은 수익률을 원하는 보유자들에게 상당한 유혹이 될 것이기에 비트코인 스테이킹 수요를 크게 증가시킬 것으로 판단된다.

한편, 셀시우스는 지난 2021년 파산하기 전에 비트코인 보유자들에게 연간 8%의 수익을 약속하여 한때 4만 3,000개의 비트코인을 유치했었다. 이는 높은 수익률이 비트코인 보유자들에게 상당한 매력을 가진다는 것을 단적으로 보여준다. 실제로 암호화폐 시장의 주요한 성장 동인(動因)은 새로운 사용자들의 높은 수익에 대한 갈망에서 비롯된다. 이런 점에서 바빌론의 성장은 곧 크립토 생태계가 전반적으로 네러티브와 제대로 작동되는 비즈니스 모델 중심으로 돌아가는 시장으로 성장할 수 있음을 잘 보여준다. 이와 같이 바빌론이 만든 비트코인의 기본 수익률 레이어 물결은 앞으로 기관들에게는 불가피한 선택지가 될 수 있을 만큼 거대한 성장 가능성이 있음을 의미한다.

비트코인, BTCFi에 의해
디지털 화폐로 혁신하다

시가총액이 지속 증가하면서 비트코인은 새로운 도전에 직면하고 있다. 바로 '가격 상승률 둔화'다. 기관투자자들과 대형 투자자들은 여전히 미래의 가격 상승을 기대하면서 레버리지를 써서 비트코인을 적극적으로 확보하고 있지만, 다른 한편으로는 고민도 깊다. 이러한 전략은 이자 부담과 청산 리스크를 동반하며, 과도하게 낙관적인 시장 전망은 더 이상 유효하지 않기 때문이다. 현재까지도 비트코인을 보유하지 않고 있는 주체들도 고민은 마찬가지다. 이들은 여전히 비트코인을 화폐의 대안으로 인정하지 않고, 비트코인은 실질적 생산 가치 창출이 없는 자산이라고 판단하고 있다. 불안정한 국제 정세로 인해 비트코인에 대한 수요는 지속 창출될 것으로 예상되지만, 신규 보유자들을 유치하기 위해서는

[그림 61] 비트코인 디파이

그들의 투자 논리에 부합하는 구조를 설계해야 한다. 이런 측면에서 이제는 비트코인만의 고유한 가치를 구축하여 설득력 있는 논리를 준비해야 할 시점이라고 여겨진다.

비트코인 생태계에서 가장 주목할 만한 변화는 토큰 발행 시장의 급격한 성장이다. 오디널스Ordinals, BRC-20, 룬스Runes와 같은 인스크립션 프로토콜을 통해 발생한 누적 거래 수수료가 6,920 BTC에 달했다. 이는 단순한 토큰 발행을 넘어서는 의미를 지닌다. 발행된 토큰들의 유동성이 증가하면서, 비트코인만의 특성을 활용한 디파이DeFi 모델이 등장했고, 이는 다시 'BTCFi'라는 새로운 영역을 형성하게 되었다. 이를 통해 우리는 비트코인이 단순한 '디지털 골드' 내러티브를 넘어 '디지털 화폐'로까지 확장할 수 있는 일종의 잠재성을 확인할 수 있었다.

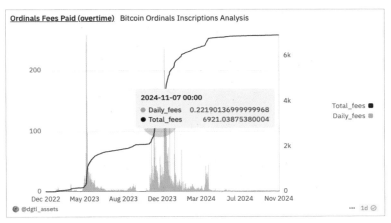

[그림 62] 오디널스 성공 이후 비트코인 네트워크 수수료 증가

하지만 아직 문제는 남아있다. 여전히 비트코인은 활용이 쉽지 않은 자산이다. BTCFi를 하기에는 비트코인 위에 발행된 자산을 제대로 활용할 수 있는 곳이 없으며, 트랜잭션 처리 속도 역시 매우 느린 상황이다. 이런 이유로 많은 룬스 토큰들은 사용자 편의성 때문에 솔라나로 확장하고 있다. 이는 비트코인 시장이 점차 다른 온체인으로 흡수되고 있는 것을 보여준다. 아울러 이것은 필연적으로 사용자 이탈과 비트코인 수수료 감소를 부르는데, 비트코인은 2024년 4분기 기준으로 매 달 42M 수익을 창출하고 있으며, 이는 수수료가 저렴한 솔라나의 2분의 1 수준에 불과하다.

비트코인을 레이어 1으로서 다시 위대하게 만들기 위해서는 BTCFi가 필요하다. BTCFi의 시작점은 바빌론이 제시한 비트코인 스테이킹 모듈

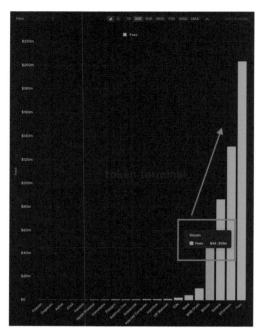

[그림 63] 급격히 상승한 비트코인 네트워크 수수료 수익

이다. 이는 네이티브 비트코인을 브릿지 없이 비트코인 메인넷에서 직접 스테이킹할 수 있게 하며, PoS 네트워크, AVS, 파생상품 등을 통해 수익을 창출할 수 있는 기반을 마련했다. 또한, 인스크립션 열풍으로 인해 비트코인 네트워크의 확장성에 대한 수요가 증가하면서, 다양한 확장성 솔루션들이 속속 등장하고 있다. 이러한 솔루션들은 바빌론의 모델을 참고하여 네이티브 비트코인 기반의 시퀀서/검증자 형태로 설계된다.

비트코인 확장성 모델은 이더리움 레이어 2와 표면적으로 유사해 보

상승장과 하락장에서 모두 수익을 올리는 알트코인 투자

이지만, 근본적인 차이가 있다. 이더리움 레이어 2는 모든 수익을 레이어 2가 독점하며, 이더리움 L1에는 Blob(블롭)이라는 새로운 공간을 만들어 저렴한 DA 수수료만 지급되어 디플레이션 자산인 이더리움이 오히려 인플레이션으로 전환되는 문제가 있다. 반면, 비트코인 레이어 2는 발생한 수수료를 비트코인 스테이킹 리워드 형태로 분배하며, 별도의 공간 없이 기존 비트코인 네트워크의 DA 비용을 활용한다.

무엇보다 비트코인 확장성 모델의 가장 큰 특징은 채굴자에게 다양한 형태의 수수료 모델을 제공할 수 있다는 점이다. 네이티브 비트코인 보유자들은 생태계 네트워크 활동을 기반으로 한 스테이킹 리워드를 받을 수 있으며, 이는 생태계 전체의 이해관계가 일치하는 결과를 가져온다. 이는 단순한 거래 속도 개선을 넘어 새로운 경제 모델을 구축하는 것에 중점을 둔 접근이라 하겠다.

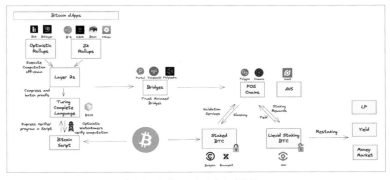

[그림 64] 비트코인 디파이 시장 구조

크립토 자산 중 가장 높은 유동성을 보유한 비트코인은 이제 새로운 전환점을 맞이하고 있다. 과거부터 비트코인을 축적해온 기관들은 비트코인의 지속 가능한 경제를 위해 BTCFi라는 새로운 형태로 참여를 확대할 것으로 예상된다. 이에 시가총액 1조 달러 규모의 비트코인 시장에서 BTCFi 중심의 확장성 솔루션은 중요한 전환점이 될 것이며, 신규 비트코인 보유자를 유치할 수 있게 설득할 수 있는 중요한 내러티브가 될 것이라 확신한다.

비트코인 확장성 솔루션

1) 상태 채널State Channel

BTCFi 기반 확장성 솔루션에 주목하기 위해서는 '확장성 모델'에 관해 명확히 이해해야 한다. 역사적으로 현재까지 비트코인 확장성 모델은 크게 다음의 네 가지가 있다. '상태 채널'은 비트코인 확장을 시도한 가장 초기의, 제일 정통성 있는 솔루션 중 하나로 꼽을 수 있다. 이는 나카모토 사토시가 초기 백서에 제시한 '피어 투 피어 전자 현금 시스템A Peer-To-Peer Electronic Cash System' 비전을 계승한 비트코인 확장성 솔루션이다. 그 중 가장 유명한 대표 프로젝트는 라이트닝 네트워크이다. 이는 상태 채널의 두 당사자 또는 여러 당사자 간에 채널을 구축하고, 해당 채널 내에서 여러 거래를 수행하며, 최종 상태만 비트코인 메인체인에 기록함으로써 속도를 높이고 비용을 절감한다.

상태 채널의 작동 원리는 다음의 간단한 사례로 설명할 수 있다. 여러 사람이 보증금을 제출하여 카카오 오픈채팅 송금 그룹을 만들면, 이 그룹 내에서 발생하는 거래는 수수료가 낮고 속도도 빠르며, 그룹이 해산될 때 그룹 내에서 발생한 모든 지불 상태가 확인 후 비트코인 메인넷에 업데이트된다. 이처럼 상태 채널의 운영 로직을 이해하면, 장·단점이 매우 명확해진다.

먼저, 장점은 거래 수수료를 낮추고 거래 효율성을 높일 수 있으며, 채널 내에서 여러 번의 거래가 가능하므로 이론상 솔라나 이상의 TPS를

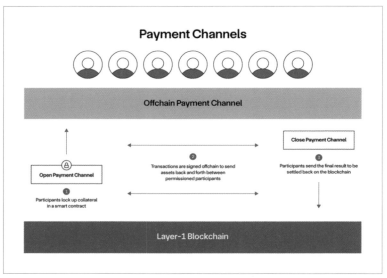

[그림 65] 상태 채널 아키텍처

상승장과 하락장에서 모두 수익을 올리는 알트코인 투자

실현할 수 있게 한다는 점이다. 또한, 거래의 최종 상태를 비트코인 메인넷에 검증하므로 비트코인의 보안성을 계승할 수 있다. 반면, 단점은 채널 생성 시 기술적으로나 비용적으로나 진입장벽이 높으며 사용자는 연결되는 채널 내의 사용자와만 거래할 수 있어 많은 제약이 있다는 부분이다. 제일 중요한 것은 채널마다 예치된 유동성만 활용되며, 유동성 파편화 문제로 소액 지불 형태 트랜잭션만 제약되어 있다.

2) 사이드체인

사실 사이드체인의 개념도 오래되었는데, 이 솔루션은 본질적으로 독립적인 체인으로, 사이드체인과 메인체인이 병행 운영되며 사용자가 자산을 비트코인 메인체인에서 사이드체인으로 이전하여 상호작용할 수 있게 하고, 양방향 페깅Two-Way Peg 메커니즘으로 연결되는 것을 특징으로 하고 있다. 이 기술을 구현한 프로젝트도 많은데, 우리에게 잘 알려진 스택스Stacks뿐만 아니라 신예 프랙탈 비트코인Fractal Bitcoin도 커뮤니티의 주목을 받고 있다. 이러한 사이드체인은 비트코인 메인넷과 독립적이기 때문에 이론적으로 비트코인 자체의 기술적 프레임워크 제한을 뛰어넘어 가장 선진적인 설계를 선택해 더 높은 성능과 더 나은 경험을 실현할 수 있다.

하지만 역시 사이드체인은 비트코인 메인넷과 독립적이기 때문에, 비트코인의 강력한 보안 기반을 잘 계승하지 못하고, 신뢰 기반은 자체

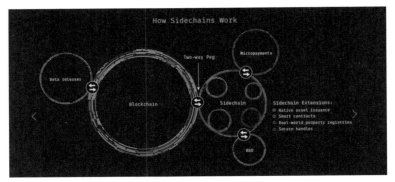

[그림 66] 사이드 체인 작동 방식

합의 메커니즘으로 구축되며, 초기 운영 시 중앙화 문제가 상당히 크다. 물론, 현재 많은 사이드체인 프로젝트들이 이 문제에 대해 혁신적인 해결책을 제시하며, 각자의 합의 메커니즘에서 비트코인 보안 기반과 더욱 잘 연동되도록 노력하고 있는 상황이다.

3) 롤업

롤업에 대한 대다수의 인식은 주로 이더리움 레이어 2에서 비롯되었다고 여기는 점이다. 특히, 치열한 이더리움 레이어 2 경쟁에서 롤업 솔루션을 채택한 프로젝트들이 압도적으로 많았으며, 이번 비트코인 기반시설 붐에서도 롤업 기술은 비트코인 생태계에서 새로운 빛을 발하고 있다. 비제곱 네트워크B² Network, 비트레이어Bitlayer 등은 이미 비트코인 생태계의 인기 프로젝트로 발전한 상황이다. 롤업의 구체적인 작동 로

상승장과 하락장에서 모두 수익을 올리는 알트코인 투자

직을 살펴보면, 롤업은 체인 외부에서 거래를 실행하고 여러 거래를 배치로 통합한 후, 이 배치들을 한 번에 메인체인에 게시한다. 이러한 메커니즘은 데이터 가용성을 메인체인에 두어 메인체인의 보안성과 탈 중앙화 정도를 계승하며, 체인상에 저장해야 하는 데이터량을 크게 줄여 비트코인 네트워크의 혼잡 상황을 완화시키고 거래 비용을 낮출 수 있게 한다.

이더리움 롤업과의 차이점은, 이더리움은 가상머신이 있어 대부분의 이더리움 롤업이 이더리움 블록체인을 데이터 가용성 레이어와 합의 레이어로 사용할 수 있다는 부분이다. 비트코인은 가상머신이 없어서 현재 BitVM이라는 비트코인 연산 및 데이터 유효성 증명을 할 수 있는 솔루션이 개발 난이도가 높아 시간이 걸릴 것으로 예상된다. 또한, 아직까지 '비트코인 L1이 어떻게 롤업 증명의 유효성을 검증할 것인가'라는 문제가 남아있는데, 이는 롤업 기술 솔루션을 선택한 비트코인 확장 프로젝트들에게 더 많은 도전거리를 제시한다고 할 수 있겠다. 현재 비트코인 생태계에는 주로 세 가지 다른 유형의 롤업이 있지만(하단 참조), 이들 모두 완벽하지는 않은 상황이다.

'OP 롤업'은 신뢰 원칙에 기반하여 거래가 기본적으로 유효한 것으로 간주되지만 이의제기 기간이 있다. 이 모델은 더 단순하고 통합하기 쉬우며 더 큰 규모의 확장성을 허용하지만, 분쟁 기간이 있어 거래의 최종 확정성에 지연이 발생한다.

소버린 롤업Sovereign Rollup은 더 독립적인 접근 방식을 취하여 데이터 가용성은 메인체인에 두지만 자체 합의 메커니즘으로 거래를 검증하고 실행한다. 이 모델은 롤업이 비트코인의 보안 기반을 공유하면서도 비트코인 스크립트의 제한을 받지 않게 하지만, 롤업 자체의 합의 메커니즘에 매우 높은 요구사항을 제시한다.

'유효성 롤업(ZK 롤업 포함)'은 암호학적 증명을 사용하여 오프체인 거래 배치의 정확성을 검증하면서도 데이터를 노출하지 않는다. 이 방법은 효율성과 보안성을 모두 고려하지만, ZK 증명 생성의 복잡성과 계산 요구사항이 계속해서 과제로 남아있다.

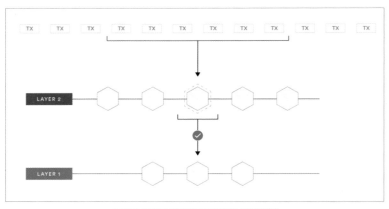

[그림 67] 롤업을 활용한 레이어2 작동 방식

UTXO + 클라이언트 검증

대부분의 사람들에게 롤업이 이더리움의 '수입품'처럼 보인다면, UTXO + 클라이언트 검증은 비트코인의 고유한 특성을 기반으로 설계된 맞춤형 솔루션에 가깝다. 비트코인에는 계정 개념이 없고, 그 대신 UTXO(미사용 거래 출력) 모델을 사용한다. 이는 비트코인 거래의 핵심 개념이자 UTXO + 클라이언트 검증 기술의 설계 기반이다. 구체적으로, 이 솔루션은 비트코인 UTXO를 기반으로 오프체인 트랜잭션 계산을 수행하고 클라이언트 검증을 통해 트랜잭션의 진실성을 보장하고자 한다. 이 구상은 2016년 피터 토드Peter Todd가 제안한 일회용 봉인Single-Use Seal과 클라이언트 측 검증Client-Side Validation 개념에서 시작되어 최종적으로 RGB 프로토콜의 탄생으로 이어졌다. 일회용 봉인은 말 그대로 전자 봉인과

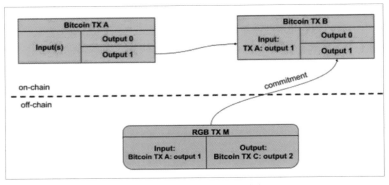

[그림 68] 오리지널 RGB 아키텍처

같아서 메시지가 한 번만 사용될 수 있도록 보장하며, 클라이언트 측 검증은 토큰 전송의 검증을 비트코인의 합의 계층에서 체인 외부로 옮겨 특정 거래와 관련된 클라이언트가 검증하도록 한다.

RGB는 비트코인 UTXO를 봉인으로 사용하여 RGB 상태 변경을 비트코인 UTXO의 소유권과 대응시킨다. 특히, 비트코인 UTXO가 이중 지출되지 않는 한, 연결된 RGB 자산도 이중 지불이 발생하지 않아 비트코인의 강력한 보안성을 계승할 수 있다는 장점이 있다.

이처럼 분명 RGB의 탄생은 비트코인 생태계에 중요한 의미를 가지지만, 모든 것이 그렇듯 초기 단계에는 거칠 수밖에 없어서 RGB에도 여전히 많은 결함이 존재한다. 예를 들어, 일반 사용자가 단순한 클라이언트 제품을 사용할 때 모든 거래 기록을 보관할 능력이나 자원이 없어 거래 상대방에게 거래 증명을 제공하기 어렵다는 문제가 있다. 각 클라이

상승장과 하락장에서 모두 수익을 올리는 알트코인 투자

언트(사용자)는 자신과 관련된 데이터만 저장하고 다른 사람의 자산 상태를 볼 수 없어 클라이언트 데이터 고립 문제가 쉽게 발생한다. 이처럼 전체적으로 볼 수 없고, 데이터가 투명하지 않은 방식은 디파이 등 응용 프로그램의 발전을 심각하게 저해한다. 또한, RGB 거래는 비트코인의 확장 거래로서 P2P 네트워크를 통해 전파되어야 하는데, 사용자들이 서로 송금할 때도 상호작용이 필요하므로 이 모든 것이 비트코인 네트워크와는 별개의 P2P 네트워크에 의존하고 있는 실정이다. 이와 같은 다양한 문제들이 존재하기 때문에, 기술력이 뛰어난 기존 퍼블릭 체인 프로젝트인 '너보스 CKB'가 보다 최적화된 해결책을 모색하기 시작했고, 그 결과 RGB++가 탄생하게 되었다.

RGB++의 핵심 아이디어는 원래 사용자가 수행하던 데이터 검증 작업을 검증된 너보스 CKB, 카르다노와 같은 UTXO 기반 L1에 이전하여

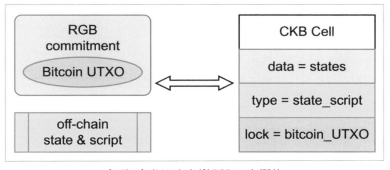

[그림 69] 너보스가 제시한 RGB++ 아키텍처

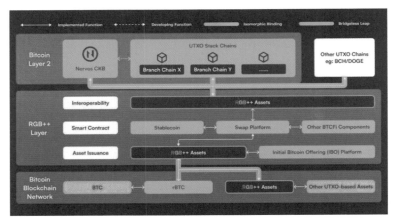

[그림 70] RGB++를 활용한 너보스 생태계 흐름

전역적 검증이 가능하도록 만드는 것이다. 검증 작업을 이전하기 위해서는 '동형 바인딩'을 통해 진행된다. 동형 바인딩은 비트코인 위에서 발생한 거래가 업데이트 되면 동시에 너보스 CKB에 UTXO 데이터도 업데이트 되는 것을 뜻한다. 다시 말해, 비트코인과 너보스 CKB는 상태 데이터가 동시에 동기화되는 구조로서, 너보스 CKB는 비트코인의 그림자 체인처럼 작동한다.

특히, 너보스 CKB는 RGB 자산의 공개 데이터베이스와 체인 외부 사전 정산 계층 역할을 하면서 더 안정적인 데이터 관리와 RGB 계약 상호작용을 실현할 수 있다. 아울러 BTC 자산이 브릿지 없이 직접 CKB 체인 상의 자산과 상호작용하는 등의 기능을 통해 디파이 등 더 많은 사용 사례를 가능하게 한다. RGB++는 브릿지리스 크로스체인 Leap리프 기능이 탑재되어 UTXO 체인의 자산은 브리지 없이도 다른 UTXO 체인으로 이동할 수 있다. 이는 더 강력한 보안성을 제공할 뿐만 아니라 더 높은 상호운용성을 실현하여 카르다노Cardano, 도지코인Dogecoin, BSV, BCH 등 UTXO 체인의 다양한 자산들이 비트코인 생태계에 원활하게 통합될 수 있게 만든다.

41

비트코인 확장성 솔루션의 미래

1) 라이트닝 네트워크 : 정통성의 대명사, 멀티에셋 네트워크로의 도약

라이트닝 네트워크의 정통성은 2009년으로 거슬러 올라간다. 비트코인 창시자 사토시 나카모토(中本哲史)가 Bitcoin 1.0(비트코인 1.0)에 페이먼트 채널의 코드 초안을 포함시켰는데, 이것이 라이트닝 네트워크의 원형이었다. 이후 10여 년의 발전을 거쳐 라이트닝 네트워크는 이미 매우 성숙해진 상태다. 1ML의 통계에 따르면, 현재 라이트닝 네트워크는 1.27만 개의 노드, 4.83만 개의 지불 채널, 약 5,212 BTC의 채널 자금을 보유하고 있으며, 다수의 소셜 및 결제 프로젝트와 협력 관계를 맺고 있다. 2024년 5월의 1.36만 노드, 5.17만 채널, 4,856 BTC 자금 데이터와 비교해보면, 라이트닝 네트워크는 지금 증가 속도가 둔화될 뿐만 아니라, 채널 수가 오히려 감소했음을 알 수 있다. 또한, 커뮤니티의 여론을 살펴보아도 몇 년간 부정적인 평가가 증가하고 있다. 라이트닝 네트워크의 초기 개발 단계에서 많은 개발자들이 이미 이 기술의 확장성 측면에서의 여러 제한과 도전 과제를 인식했다. 라이트닝 네트워크 프로토콜이 너무 복잡하여 개발 진행이 느리고, 어려우며, 시간이 많이 소요된다는 것을 인지하게 되었다. 이에 수년간의 발전에도 불구하고, 여전히 대부분의 사람들은 이를 지불 측면에만 한정하여 인식하고 있었다. 그런데 라이트닝 네트워크의 핵심 개발자 중 한 명인 안톤 쿠마고로디스키 Anton Kumaigorodski는 소셜 미디어를 통해 '지불 외에도 다른 방향을 모색해야 한다'라고 솔직하게 밝히기도 했다. 이는 라이트닝 네트워크가 전환의 갈림길에 서게 되는 계기가 되었다.

그러나 더욱 안타까운 점은, 팀의 의견 차이가 라이트닝 네트워크의 발전을 지속 가로막는듯한 인상을 준다는 것이었다. 게다가 지난 1년여간 여러 개발자들이 잇따라 퇴사하면서 어려움이 가중되었다. 물론, 이러한 어려움에 직면해서도 라이트닝 네트워크는 손을 놓고 있지만은 않았다. 기존의 장점을 계속 발전시키고 소액 결제 분야를 깊이 있게 발전시키는 것 외에도, 결제 분야에서의 다년간의 경험을 바탕으로 라이트닝 네트워크는 점차 비트코인 자산보다 비트코인 통화 네트워크 서사가 더 매력적이라는 것을 인식하고 멀티에셋 네트워크 구축을 향해 나

아가기 시작했다. 그 결과, 2024년 7월 23일, 라이트닝 랩스Lightning Labs
는 멀티에셋 라이트닝 네트워크의 첫 메인넷 버전을 출시하여 공식적으
로 탭루트애셋Taproot Assets을 라이트닝 네트워크에 도입했다.

탭루트애셋 프로토콜이 등장하기 전에는 라이트닝 네트워크가 비트
코인만을 결제 통화로 지원했기 때문에 응용 시나리오가 매우 제한적이
었는데, 멀티에셋 라이트닝 네트워크 메인넷 버전의 출시와 함께 이제
누구나 또는 어떤 기관이든 탭루트애셋 프로토콜을 사용하여 자신의 토
큰을 발행할 수 있게 되었고, 법정화폐에 대응하는 스테이블코인 발행
도 지원한다.

탭루트애셋 프로토콜의 자산은 라이트닝 네트워크와 완전히 호환되
어 라이트닝 네트워크를 통한 전 세계 즉시 결제의 외환 거래, 스테이블
코인으로 상품 구매 등의 응용 시나리오가 현실화되기 시작했으며, 이
는 라이트닝 네트워크가 글로벌 결제 네트워크의 기반 인프라가 되는
것을 더욱 촉진할 것으로 보인다.

2) 살아있는 화석, 스택스Stacks부터 신생 비트코인 보타닉스 Botanix까지

비트코인 생태계에서 스택스는 매우 독특한 존재다. 스택스는 2017년
에 출시된 OG 프로젝트일 뿐만 아니라, 2019년에는 미국 증권거래위원
회SEC로부터 Regulation레귤레이션 A+ 규정에 따른 승인을 받아 SEC 승인을

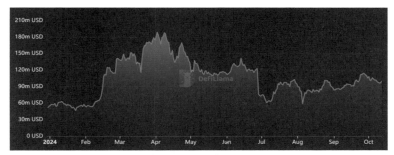

[그림 71] 2024년 스택스 TVL 변화

받은 최초의 토큰 판매가 되었다. 디파이라마DeFi Llama의 데이터에 따르면, 인스크립션 열풍과 함께 스택스의 TVL(총 예치 가치)은 2024년 초부터 지속 증가하여 4월 초에 1.83억 달러까지 치솟았지만, 인스크립션 열기가 식으면서 TVL도 하락하여 현재는 약 1억 달러 수준이다. 하지만 주목할 만한 점은, 수년간의 발전을 거치면서 스택스 체인상의 DeFi 활동이 눈에 띄게 활발해졌다는 것이다. 예컨대, TVL 순위 1위인 유동성 스테이킹 프로젝트 스택킹 다오Staking DAO는 3만 명 이상의 실제 스테이킹 사용자를 보유하고 있으며, 스택스의 누적 독립 지갑 수도 121만 개를 넘어섰다.

스택스 생태계의 가장 중요한 이정표는 스택스 나카모토 업그레이드라고 할 수 있다. 이번 업그레이드는 스택스에 더 강력한 보안성을 가져올 뿐만 아니라, 블록 확인 시간을 크게 단축하여 5-10초 정도의 거래 속도를 실현함으로써 현재 거래 속도 대비 약 100배 향상될 예정이다. 이

[그림 72] 보타닉스 투자 유치 규모

와 동시에 스택스 핵심 팀은 sBTC도 함께 개발하고 있다. BTC를 비트코인 메인 레이어에서 다른 체인으로 브리징하는 무신뢰 솔루션으로서, sBTC는 비트코인 네트워크와 스택스 체인 사이에 BTC 자산의 다리를 놓았다. 무엇보다 특별한 허가가 필요 없고, 참여가 개방적인 특성은 Stacks의 DeFi 혁신을 가속화하여 앞으로 100억 달러의 TVL 기회를 가져올 것으로 기대된다.

2024년에는 다른 방식으로 개발된 사이드 체인이 있다. 바로 '보타닉스'이다. 이들은 폴리체인과 플레이스홀더Placeholder로부터 1,150만 달러 투자를 유치해 큰 주목을 받았다. 보타닉스는 기존의 사이드 체인이 가지고 있는 단점들을 커버하여 다음과 같이 개선하고 있다.

상승장과 하락장에서 모두 수익을 올리는 알트코인 투자

〈1〉스파이더 체인

보타닉스는 스파이더 체인이라는 탈 중앙화 멀티시그와 네이티브 비트코인 구조 아래에 지분증명을 구현했다. 스파이더 체인은 네이티브 비트코인을 안전하게 스테이킹하기 위해서 오케스트레이터Orchestrator 역할을 갖고 있는 검증자가 비트코인이 매 블록을 생성할 때 마다 새로운 멀티시그 월렛을 생성하여 사용자들이 비트코인 네이티브 스테이킹을 더 안전하게 보관할 수 있다.

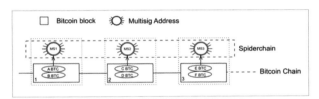

[그림 73] 보타닉스 스파이더 체인 아키텍처

〈2〉보타닉스 EVM

보타닉스의 사이드체인은 이더리움과 상호운용이 가능한 EVM 기반으로 개발되었다. 기본적으로 이더리움 위에서 작동되는 디파이 애플리케이션들은 보타닉스에 활용할 수 있다. 사용자는 스파이더 체인의 오케스트레이터으로부터 생성된 멀티시그 지갑에 비트코인을 보관하여 보타닉스 EVM 체인에서 사용할 수 있는 비트코인으로 지급받는다. 보타닉스 EVM은 비트코인으로 기축통화를 사용하여 가스 수수료와 브릿지 수수료에 활용된다. 여기서 비트코인을 스테이킹 유저 및 오케스트 레이터는 수수료를 통해 리워드를 얻을 수 있어, BTCFi 형태로 네이티 브 비트코인 일드를 얻을 수 있다.

〈3〉 비트코인 보안성 계승

스파이더 체인의 지분증명 합의 알고리즘을 통해 보타닉스 EVM 체 인의 트랜잭션을 검증하여 암호화 한 머클트리 루트 해시값을 비트코인 매 블록에 저장한다. 비트코인 매 블록 생성할 때마다 오케스트레이터 가 검증한 보타닉스 EVM 체인의 트랜잭션을 하나로 묶어 머클트리 루 트 해시값을 저장한다. 만약 악의적인 오케스트레이터가 조작된 머클트 리 루트 해시값을 제출하면, 사전에 다른 오케스트레이터에 전파된 검 증한 해시값을 대조하여, 제출한 조작된 해시값이 조작된지를 확인할 수 있다.

이처럼 악의적인 오케스트레이터를 방지하기 위해 직접 비트코인을 보증금 형태로 스테이킹한다. 악의적인 행위가 적발시 보증금으로 예 치된 비트코인이 슬래싱을 진행하고, 슬래싱된 비트코인은 피해가 입힌 사용자에게 보상으로 지급된다. 이렇게 보타닉스는 비트코인 보안성을 활용하기 위해 지분증명 기반으로 데이터를 검증하여 네이티브 비트코 인 슬래싱으로 악의적인 행위를 방지하는 구조를 구축했다.

역사가 오래된 프로젝트인 스텍스부터 비트코인 스테이킹 모듈을 새로 개발한 보타닉스까지 사이드 체인은 변화하는 BTCFi 생태계에 네이티브 비트코인 활용안을 확장하는 데에 큰 도움을 주었다. 하지만 사이드체인 프로젝트들의 발전은 여러 가지 도전과제에 직면해 있는 것이 사실이다.

대표적인 문제점은 체인의 보안성이 스텍스 마이너의 예산에 크게 의존하고 있다는 부분이다. 스텍스 체인과 비트코인 네트워크 간의 연결 구조(전송 증명 메커니즘 등)는 탈 중앙화와 보안성을 높이는 데 도움이 되지만, 체인상의 성능과 확장성을 제한한다. 또한, 스택스의 독자적인 언어인 클리어리티Clarity로 인해 개발 진입장벽이 높아 메인넷이 출시된 지 8년이 되었지만, 여전히 생태계를 확장하는 데에 상당한 제약이 있다.

다른 한편으로는, 사이드체인이 더 높은 유연성을 가지고 있지만, 본질적으로 비트코인 체인 외부에 새로운 체인을 구축하고 독립적인 거버넌스 구조와 거래 모델을 가지고 있기 때문에 일부에서는 사이드 체인이 정통성을 갖추지 못했다고 보고 있으며, 비트코인 커뮤니티에서의 인정도가 높지 않다고 여겨진다.

3) BitVM : 비트코인에 스마트 컨트랙트 로직 도입

앞서 언급했듯, 비트코인에는 가상머신이 없어 롤업 증명의 유효성을 검증하기 어렵다. 이에 BitVM의 탄생은 비트코인 자체를 변경하지

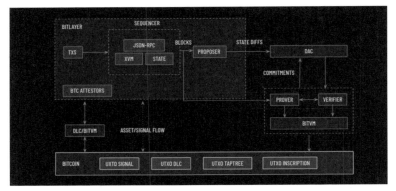

[그림 74] 비트VM 아키텍처

않고도 스마트 컨트랙트 로직을 비트코인에 직접 도입하여 오프체인 계산을 실현하고 비트코인 위에서 모든 계산을 검증할 수 있도록 돕는 것을 목표로 한다. 이러한 발전은 보안성과 효율성을 강조할 뿐만 아니라, 비트코인의 프로그래밍 가능성(예: 튜링 완전한 스마트 컨트랙트)에 대한 문을 활짝 열었다고 할 수 있겠다.

비트VM이 초기 단계에 있음에도 불구하고 프로젝트와 커뮤니티의 관심을 끌었으며, 현재 Bitlayer비트레이어, Citrea시트레아, Yona요나, Bob밥 등 여러 프로젝트가 비트VM을 채택하고 있다. 현재 비트VM은 자체 메커니즘의 완성도를 계속 높이고 있으며, 곧 출시될 비트VM2 주요 업그레이드와 비트VM브리지가 그 좋은 예이다.

특히, BitVM2는 오프체인에서 복잡한 계산을 실행하고 체인상에서 사기 증명을 수행하는 것을 목표로 한다. 이 설계는 비트코인의 제한된

상승장과 하락장에서 모두 수익을 올리는 알트코인 투자

스크립트 능력을 이용해 튜링이 완전한 계산 검증을 교묘하게 구현했다. 아울러 비트VM브리지는 새로운 1-of-n 보안 모델을 채택했는데, 이 모델에서는 단 한 명의 정직한 참여자만 있어도 도난을 막을 수 있다. 이는 비트코인의 크로스체인 보안성과 탈 중앙화 정도를 크게 향상시키고 BTCFi 발전을 이끄는 촉매제로 여겨진다. 여기서 주목할 만한 점은, 비트VM2가 검증 과정을 크게 단순화했지만 체인상 검증의 가스 비용이 여전히 낮지 않다는 것이다. 비트VM은 본질적으로 실제 구현되지 않은 가상 컴퓨터 개념이며, 그 작동 로직이 ZK 롤업과 옵티미스틱 롤업의 각각의 제한을 완전히 돌파하지 못했기 때문에, 많은 구성원들이 비트VM에 대해 관망적인 태도를 보이고 있다.

4) 피버네트워크Fiber Network : RGB++와 라이트닝 네트워크의 새로운 조합

너보스 CKB는 RGB++ Layer 기반으로 혁신자가 되는 것 외에도 경직된 비트코인 생태계에 변화와 활기를 불어넣는 데 더욱 주력하고 있다. 특히, 강자들의 연합을 통해 유동성과 응용 시나리오를 더욱 통합하여 비트코인 생태계의 추가 폭발적 성장을 촉진하고 있으며, UTXO Stack UTXO스택과 피버 네트워크Fiber Network가 그 대표적인 예이다.

2024년 9월, UTXOStackUTXO스택은 라이트닝 네트워크 스테이킹 레이어로의 전환을 발표했고, 상태 채널의 유동성을 강화하기 위해 사용자

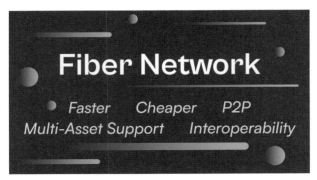

[그림 75] RGB++와 라이트닝 네트워크를 활용한 피버 네트워크

들이 CKB와 BTC를 스테이킹하도록 장려하는 토큰 인센티브 메커니즘을 도입했다. 이러한 일련의 조치들은 라이트닝 네트워크에 더 나은 유동성과 수익 모델을 제공하여 라이트닝 네트워크의 대규모 보급을 위한 길을 닦는 것을 목표로 한다. 무엇보다 피버 네트워크는 CKB 기반의 라이트닝 네트워크로, 초기 기능은 라이트닝 네트워크와 유사하며 고성능, 저비용의 소액 거래 지불 네트워크가 되는 것을 목표로 한다. 하지만 라이트닝 네트워크와 비교할 때, CKB의 튜링 완전성 덕분에 피버 네트워크는 유동성 관리 면에서 더 높은 유연성을 가지고 있으며, 효율성은 더 높고 비용은 더 낮으며, 사용자 경험은 더욱 좋다. 여기서 더 중요한 것은, 라이트닝 네트워크가 BTC 단일 화폐에 집중하는 것과는 다른 전략을 사용한다는 점이다. 피버 네트워크의 또 다른 주요 특징은 BTC, CKB 및 비트코인 네이티브 스테이블코인 RUSD 등 RGB++ 자산을 포함

상승장과 하락장에서 모두 수익을 올리는 알트코인 투자

한 다양한 자산을 지원한다는 것이며, 이는 복잡한 크로스체인 금융 애플리케이션의 길을 닦을 것이라 전망된다.

그러나 본질적으로 피버 네트워크의 탄생은 라이트닝 네트워크를 대체하기 위한 것이 아니다. 피버 네트워크의 궁극적인 목표는 비트코인 생태계의 프로그래밍 가능성 확장 솔루션이 되는 것이며, 이 과정에서 피버 네트워크는 라이트닝 네트워크와 긴밀히 협력할 것으로 판단된다. 이러한 피버 네트워크의 기술 스택은 주로 CKB의 Cell, RGB++ Layer, 비트코인 스크립트의 HTLC, 라이트닝 네트워크의 상태 채널을 포함하며, 피버 네트워크의 첫 테스트 버전에서 이미 탈 중앙화 방식으로 BTC 라이트닝 네트워크상의 자산을 CKB로 이전하는 것이 가능하다는 것이 검증되어, 더 많은 BTC 자산이 CKB에서 순환할 수 있게 되었다.

피버 네트워크와 라이트닝 네트워크는 기술적인 동형성을 가지고 있

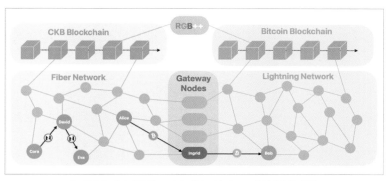

[그림 76] 피버 네트워크 기반 너보스와 비트코인 상호운용 흐름

어, 둘 사이에는 본질적으로 크로스체인 원자 스왑을 구현할 수 있는 기반이 있다. 이러한 '비트코인 수준의 보안성 + 이더리움 수준의 기능성 + 라이트닝 네트워크 수준의 속도'의 결합은 지불 영역에서 긍정적인 역할을 할 뿐만 아니라 비트코인 생태계가 네이티브 스테이블코인, 네이티브 대출, 네이티브 DEX 등 DeFi 애플리케이션을 구현하도록 촉진하여 BTCFi의 폭발적 성장을 더욱 가속화할 것으로 보인다.

코인 투자,
그 무한가능성을 놓치지 말 것

오늘날 비트코인은 여러 번의 시장 사이클을 거치며 새로운 비트코인 지지자층이 나타나, 비트코인 맥시멀리스트가 지지하는 P2P 캐시가 아닌, 새로운 세대가 지지하는 이른바 '디지털 골드'로서의 정체성을 확립했다. 비트코인의 확장성 또한 보수적인 비트코인 커뮤니티로부터 인정받은 정통성을 이어받아야만 그 확장성을 인정받는 불문율이 있다. 하지만 이번 사이클에 진입한 마이크로스트래티지, 마라톤 디지털, 블랙록 등과 같은 새로운 비트코인 지지자들을 위한 확장성 솔루션이 활발히 제시되고 있다. 앞으로 주축이 될 새로운 비트코인 지지자들은 현실 세계에서 금으로는 할 수 없었던, '제어받는 금융 시스템'에서 벗어나 비트코인을 통해 '무허가성 디파이'를 활용하여 가치저장을 확장하려는 수요를 점차 확대시킬 것이다.

　앞서 언급했듯이 비트코인의 BTCFi는 크게 비트코인 경제 보안성을 대여하는 바빌론 스테이킹과 비트코인 네트워크 활성도가 높아짐에 따라 수수료를 발생시키는 레이어 2 스테이킹이 있다. 전자(前者)는 전반적인 알트코인 시장이 커지면서 수혜를 받는다면, 후자(後者)는 비트코인 네트워크가 번영하면서 수익 모델이 선순환 작동하는 것에 수혜를 받을 수 있다. 이처럼 현재 비트코인은 단순 트랜잭션으로 창출하는 수익 모델을 넘어, 블록 공간에 다양한 수익 모델을 만들어 프로그래밍이 가능한 블록체인의 다각화된 수익 모델에 접근하고 있다. 향후 레이어 2는 비트코인 위에 발행된 자산만을 취급하여 브릿지 없이 레이어 2에서 활동할 수 있도록 구축될 것으로 예상된다. 이에 사용자는 타 체인에서 경험하지 못한 네이티브 비트코인의 보안성과 편의성을 동시에 누릴

Monthly Rollup Data Cost by Size (KB) + Rollup Break Even Tx Fee by Tx Cnt

Source: Galaxy Research

| KB/Post | Monthly Avg BTC L1 Tx Fee Rate | | |
	10 Sat/vByte	20 Sat/vByte	50 Sat/vByte
	Monthly Data Posting Cost (730 Blocks)		
25 KB	$28,744	$57,488	$143,719
50 KB	$57,488	$114,975	$287,438
100KB	$114,975	$229,950	$574,875
200KB	$229,950	$459,900	$1,149,750
300KB	$344,925	$689,850	$1,724,625
400KB	$459,900	$919,800	$2,299,500
800KB	$919,800	$1,839,600	$4,599,000
1MB	$1,149,750	$2,299,500	$5,748,750
1.5MB	$1,724,625	$3,449,250	$8,623,125
Tx/Month	**Avg. Rollup Tx Fee by Rollup Tx Cnt to Break Even***		
50,000	$9.20	$18.40	$45.99
100,000	$4.60	$9.20	$23.00
1,000,000	$0.46	$0.92	$2.30
2,000,000	$0.23	$0.46	$1.15
5,000,000	$0.09	$0.18	$0.46
10,000,000	$0.05	$0.09	$0.23
20,000,000	$0.02	$0.05	$0.11

Data: Galaxy Research

*Assumes Rollup posts 400KB to Bitcoin L1 every 6 blocks

[그림 77] 비트코인에 롤업 데이터 저장 비용

상승장과 하락장에서 모두 수익을 올리는 알트코인 투자

수 있게 될 것이다. 아울러 비트코인 레이어 1 측면에서는 자산 발행, 자산 동기화, 레이어 2의 데이터 가용성 증명 등 최소 세 가지 이상의 트랜잭션을 통해 블록공간의 수요를 만들 수 있을 것이다. 대표적으로는 비트코인의 데이터 가용성이 새로운 수익 창구가 될 수 있다.

또한, 레이어 2들은 ZK롤업 형태로 발전하여 데이터를 게시하게 될 것이다. ZK롤업이 게시하는 DA 크기는 기본적으로 400KB 정도이며, 매달 $500K~1M 정도의 수익이 비트코인 상에서 발생한다. 롤업이 증가하면 자연스럽게 비트코인의 온체인 매출도 늘어날 것이다. 비트코인의 한정된 4MB 블록 크기는 DA 저장에 제약이 존재하며, 채굴자와 레이어 2의 MEV 공급망이 새롭게 구축될 것으로 예상된다. 이로 인해 비트코인은 자체적인 MEV 생태계를 보유하게 되며, 이를 통한 수익도 증가할 것으로 전망된다.

BTCFi에서 레이어 2 스테이킹에 집중하는 이유는 바빌론 스테이킹보다 비트코인이 얻는 수혜가 더 크기 때문이다. 바빌론 스테이킹은 비트코인 기술을 활용해 지분증명 네트워크에 기여하는 데 중점을 두고 있으며, 비트코인 네트워크의 번영에 직접적인 영향을 주지 않는다. 반면, 레이어 2 스테이킹은 비트코인 번영 중심으로 설계되어 지속 가능한 비트코인 네트워크 활동의 성장 잠재력을 보유하고 있다. 이는 이더리움, 솔라나, 수이 등과 같이 네트워크의 번영만이 가치를 향상시키고 새로운 지지자를 확보할 수 있다는 점을 단적으로 보여준다.

현재 비트코인의 확장성 솔루션 개발 방향을 보면, 이더리움과 솔라나의 사용자 기반을 신규 비트코인 지지자로 전환하는 것을 목표로 하고 있다. 이들은 비트코인의 정통성보다 사용성을 중시하는 사용자들이므로, 기존에 사용하던 환경과 같은 편리한 UX와 비트코인만의 고유한 특성에 끌릴 것으로 예상된다. 비트코인은 여전히 다른 레이어 1보다 토큰화에 대한 수요가 존재하며, 레이어 2가 이러한 수요에 맞는 확장성을 제공한다면, 비트코인의 내재가치를 상승시킬 수 있을 것이다. 이는 비트코인을 축적해온 사용자들이 앞으로도 더 많은 축적이 필요하다고 판단할 만한 중요한 요소로 작용할 것이다.

비트코인에 관한
열 가지 거짓과 진실

1. 비트코인의 높은 변동성은 가치 저장 수단으로 적절하지 않다?

비트코인은 가격 변화에 따른 공급 변화가 없는 '공급비탄력적Supply Inelasticity' 상태이며 정부 개입이 없는 시스템이기 때문에 '높은 변동성'을 수반한 것뿐이다. 비트코인은 가치를 저장하는 수단으로서 인정받아 금융 상품화되고 있으며, 비트코인을 기초자산으로 한 투자상품과 파생상품이 더 많이 출시되고 있다. 이는 결국, 비트코인의 변동성을 줄이는 역할을 할 것이다. 더 많은 사람들이 비트코인을 간접적 또는 직접적으로 소유함으로써, 비트코인의 가격은 상승하게 된다.

2. 비트코인은 결제 수단이 될 수 없다?

비트코인의 가치를 결제 수단이라는 기준으로 판단한다면 비자VISA나 마스터카드Mastercard와 같이 많은 거래를 빠르게 처리할 수 없다. 다만, 비트코인 vs. 비자 vs. 마스터카드를 동일한 속성을 가진 결제수단으로서 비교할 수는 없다. 왜냐하면 비자, 마스터카드의 거래는 세틀먼트가 하루 뒤에 일어나는 반면, 비트코인은 즉시 일어나기 때문이다. 그러나 일상생활 결제 수단보다는 국제결제나 큰 금액 송금하는 등 특정 사용 사례로 비교하면 비트코인은 기존 결제 시스템보다 우수하다. 일반 사람들의 결제는 라이트닝 네트워크와 같은 비트코인 L2 솔루션으로 대체할 수 있다.

3. 비트코인은 에너지 낭비와 환경 문제를 일으킨다?

비트코인 채굴 중 상당 부분이 신재생에너지를 사용한다. 비트코인 채굴에 사용되는 전체 에너지 소비량에서 신재생 에너지가 차지하는 비중은 39%를 기록하고 있다. 또한, 비트코인 채굴이 석탄을 활용하여 채굴하게 된다고 해도 전 세계 이산화탄소 배출량의 0.17%를 넘지 않는다. 결론적으로 전 세계 다른 에너지 사용처와 비교했을 때 비트코인 채굴은 상대적으로 적은 화석 연료 에너지를 소비하고 있다.

4. 비트코인은 이더리움 같은 경쟁자들에 의해 대체될 것이다?

비트코인의 네트워크 효과, 탈 중앙화, 커뮤니티 등을 고려할 때, 경쟁사가 비트코인을 대체하기 위해서는 막대한 자본과 시간이 든다. 비트코인의 시가총액과 인프라 측면에서 비트코인의 시장점유율이 계속 커지고 있는 이유이다. 비트코인의 소프트웨어는 오픈 소스이기 때문에 포크되어 개선될 수 있지만 사용자, 채굴자, 검증자, 개발자, 서비스 제공자로 구성된 이해관계자들이 만드는 '사회적 합의Social Consensus'는 쉽게 복제할 수 없다.

5. 비트코인은 어떤 가치에 의해 뒷받침되지 않는다?

비트코인은 현금 흐름, 산업적 유틸리티, 정부 법령에 의해 뒷받침되지 않는다. 대신, 비트코인은 코드와 이해관계자 간의 사회적 계약, 즉 비트코인 고유의 속성을 보장하는 사회적 합의에 의해 뒷받침된다.

6. 코드 버그로 인해 비트코인의 가치가 떨어질 수 있다?

비트코인의 역사에서 두 번의 버그가 있었다. 비트코인 커뮤니티에서 빠르게 문제를 해결하였다. 또 다른 오류가 발생할 가능성은 존재하지만 비트코인 코드의 오픈 소스 특성과 문제를 해결하고자 하는 이해관계자들의 강력한 인센티브가 있기 때문에 네트워크에 돌이킬 수 없는 손상을 초래할 가능성은 점점 줄어들고 있다.

7. 규제기관은 비트코인의 대중화를 늦출 것이다?

규제는 비트코인 대중화에 긍정적인 신호이다. 비트코인이 아무런 가치가 없고 사라질 운명이라면 비트코인을 규제할 필요가 없었을 것이다. 현시점에서의 규제 불확실성은 비트코인의 대중화와 발전을 방해할 수 있다. 하지만, 명확하고 적절한 규제는 비트코인의 성장에 도움이 될 수 있다.

8. 사람들은 얼마 지나지 않아 비트코인에 흥미를 잃을 것이다?

비트코인의 가치는 사용자와 투자자들의 주관적인 선호에 변한다. 투자자들은 비트코인의 핵심 가치이자 특성인 희소성, 불변성, 탈 중앙화, 검열 저항성 등에 더 매력을 느끼고 사용할 것이라고 생각한다. 비트코인의 네트워크 효과와 비트코인을 축적하고 있는 사람들이 늘어나고 있다는 것은 사회적으로 지속적인 관심이 있다는 것을 시사한다. 온체인 데이터에 의하면 비트코인을 계속 모으거나 팔지 않고 유지하는 지갑 수가 늘고 있다. 2014년, 10 비트코인을 이상을 갖고 있는 지갑이 96%가량이었는데, 현재는 82%로 감소했다. 이는 10 비트코인 미만을 갖고 있는 지갑의 수가 18%를 차지하고 있다는 것이고 2014년보다 319% 많은 지갑이 늘었다는 것을 의미한다.

9. 비트코인 네트워크의 문제점은 무엇일까?

비트코인 네트워크는 신뢰 높은 거래를 가능케 하는 인프라로, SWIFT와 같은 전통 금융 거래망과 다르게 즉시 거래가 종결된다는 특징이 있다. 예를 들어, 국내 은행에서 미국에 있는 뱅크오브아메리카로 자금을 송금하면 2일이 넘는 시간이 소요된다. 거래의 종결은 미국 뱅크오브아메리카에 자금을 수신한 사람의 계좌로 자금이 넘어가고 인출 가능한 상태가 되어야 하는데, 블록체인은 10분 내로 이 종결이 일어나는 장점이 있다.

하지만, 블록체인의 큰 문제는 비트코인 전송 외에 할 수 있는 것이 없다는 점이다. 기존 금융 시스템의 문제를 해결하기 위해 나온 기술이지만, 금융 상품을 비트코인 네트워크 기반으로 만들 수 없다. 이는 비트코인 네트워크가 단순한 전송에 특화되어 있어, 네트워크 위에서 프로그램을 통한 애플리케이션을 만들거나 새로운 가치를 갖고 있는 토큰을 발행할 수 없기 때문이다. 결국, 은행의 이체 기능 외에는 할 수 있는 것이 없으니 기존 금융 시스템을 대체하기 어려웠다.

10. 비트코인 네트워크의 문제점을 해결한 것은 무엇일까?

이 문제를 해결하기 위해 등장한 것이 바로 '이더리움 네트워크'이다. 이더리움 네트워크는 비트코인과 동일하게 과반 수 이상의 검증자들이 거래를 처리하며, 이해관계 없는 검증자들이 전 세계에 퍼져 있어 신뢰 높은 거래를 가능케 하는 네트워크를 재구현했다. 그러나 이더리움은 비트코인과 한 가지 다른 점이 있는데, 네트워크 위에 다양한 애플리케이션을 배포할 수 있는 구조를 갖추고 있다는 점이다. 이더리움에서는 서로가 특정 조건을 담은 계약을 할 수 있고, 기계적으로 계약 조건이 완결되면 거래가 일어나는 P2P 방식의 계약 및 실행을 가능케 했다.

이로 인해 이더리움 네트워크는 비트코인보다 더 유연하고 다양한 금융 상품과 서비스를 제공할 수 있는 플랫폼으로 자리매김하게 되었다. 다양한 디앱DApp: Decentralized Application이 개발되어 금융, 게임, 소셜 미디어 등 다양한 분야에서 활용되고 있으며, 스마트 계약Smart Contract을 통해 자동화된 계약 실행이 가능해져 새로운 경제적 기회를 창출하고 있다.

이미지 링크

1 https://bitcoin.org/en/bitcoin-paper
2 https://river.com/learn/what-is-a-bitcoin-node/
3 https://originstamp.com/blog/what-is-ethereum-and-what-are-its-use-cases/
4 https://www.bitpay.com/blog/what-is-the-lightning-network
5 https://www.mdpi.com/1999-5903/14/11/326
6 https://medium.com/coinmonks/rwa-tokenization-what-is-it-and-what-does-it-do-0ecbe6d839d0
7 https://4irelabs.com/articles/real-world-asset-tokenization/
8 https://qz.com/1145833/cryptokitties-is-causing-ethereum-network-congestion
9 https://medium.com/cryptokitties/cryptokitties-birthing-fees-increases-in-order-to-accommodate-demand-acc314fcadf5
10 https://soliditydeveloper.com/deploy-to-matic
11 https://www.nervos.org/knowledge-base/zk_rollup_vs_optimistic_rollup
12 https://stakin.com/blog/what-is-celestia-a-comprehensive-overview-of-the-first-modular-blockchain
13 https://www.webopedia.com/crypto/learn/what-is-an-automated-market-maker-amm/
14 https://medium.com/@kinaumov/back-to-the-basics-makerdao-380252c65870
15 https://collectiveshift.io/defi/amm-guide/
16 https://chain.link/education-hub/oracle-computation
17 https://news.bitcoin.com/what-is-the-merge-a-brief-explanation-of-ethereums-transition-from-proof-of-work-to-proof-of-stake/
18 https://chain.link/education-hub/liquid-staking
19 https://www.nethermind.io/blog/eigenlayer-and-eigen-token-explained
20 https://www.theblock.co/data/stablecoins/usd-pegged
21 https://feeder.media/
22 https://feeder.media/feed/2513
23 https://feeder.media/feed/2513
24 https://feeder.media/feed/2513
25 https://feeder.media/feed/2513
26 https://feeder.media/feed/2513
27 https://feeder.media/feed/2513
28 https://feeder.media/feed/2513
29 https://feeder.media/feed/2513
30 https://feeder.media/feed/2513
31 https://feeder.media/feed/2513
32 https://feeder.media/feed/2513
33 https://feeder.media/feed/2513
34 https://feeder.media/feed/2513
35 https://feeder.media/feed/2513
36 https://feeder.media/feed/2513
37 https://feeder.media/feed/2513

38 https://feeder.media/feed/2513
39 https://feeder.media/feed/2513
40 https://x.com/elixir
41 https://feeder.media/feed/2489
42 https://feeder.media/feed/2489
43 https://feeder.media/feed/2489
44 https://feeder.media/feed/2489
45 https://feeder.media/feed/2489
46 https://feeder.media/feed/2489
47 https://feeder.media/feed/2497
48 https://feeder.media/feed/2497
49 https://feeder.media/feed/2497
50 https://feeder.media/feed/2498
51 https://feeder.media/feed/2499
52 https://feeder.media/feed/2500
53 https://feeder.media/feed/2501
54 https://feeder.media/feed/2502
55 https://feeder.media/feed/2503
56 https://feeder.media/feed/2504
57 https://feeder.media/feed/2505
58 https://feeder.media/feed/2506
59 https://feeder.media/feed/2507
60 https://feeder.media/feed/2508
61 https://feeder.media/feed/2503
62 https://feeder.media/feed/2503
63 https://feeder.media/feed/2504
64 https://feeder.media/feed/2505
65 https://feeder.media/feed/2506
66 https://feeder.media/feed/2507
67 https://feeder.media/feed/2508
68 https://feeder.media/feed/2509
69 https://feeder.media/feed/2510
70 https://feeder.media/feed/2511
71 https://feeder.media/feed/2512
72 https://feeder.media/feed/2513
73 https://feeder.media/feed/2514
74 https://feeder.media/feed/2515
75 https://feeder.media/feed/2516
76 https://feeder.media/feed/2517
77 https://feeder.media/feed/2518